权威·前沿·原创

皮书系列为
"十二五""十三五"国家重点图书出版规划项目

GREEN BOOK

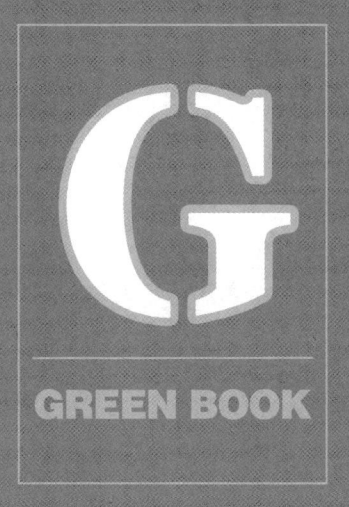

智库成果出版与传播平台

中国社会科学院创新工程学术出版资助项目

休闲绿皮书
GREEN BOOK OF CHINA'S LEISURE

2019~2020年
中国休闲发展报告

ANNUAL REPORT ON CHINA'S LEISURE DEVELOPMENT (2019-2020)

中国社会科学院旅游研究中心
顾　问／何德旭　闫　坤　夏杰长　刘德谦
主　编／宋　瑞
副主编／金　准　李为人　吴金梅

社会科学文献出版社
SOCIAL SCIENCES ACADEMIC PRESS (CHINA)

图书在版编目(CIP)数据

2019~2020年中国休闲发展报告/宋瑞主编．－－北京：社会科学文献出版社，2020.11
（休闲绿皮书）
ISBN 978－7－5201－7532－6

Ⅰ.①2… Ⅱ.①宋… Ⅲ.①闲暇社会学－研究报告－中国－2019－2020 Ⅳ.①D669.3

中国版本图书馆CIP数据核字（2020）第209172号

休闲绿皮书
2019~2020年中国休闲发展报告

主　　编／宋　瑞
副 主 编／金　准　李为人　吴金梅

出 版 人／王利民
责任编辑／王　展
文稿编辑／李惠惠

出　　版／社会科学文献出版社·皮书出版分社（010）59367127
　　　　　 地址：北京市北三环中路甲29号院华龙大厦　邮编：100029
　　　　　 网址：www.ssap.com.cn
发　　行／市场营销中心（010）59367081　59367083
印　　装／天津千鹤文化传播有限公司

规　　格／开　本：787mm×1092mm　1/16
　　　　　 印　张：18.5　字　数：273千字
版　　次／2020年11月第1版　2020年11月第1次印刷
书　　号／ISBN 978－7－5201－7532－6
定　　价／128.00元

本书如有印装质量问题，请与读者服务中心（010－59367028）联系

▲ 版权所有 翻印必究

"休闲绿皮书" 编委会

顾　问　何德旭　闫　坤　夏杰长　刘德谦

主　编　宋　瑞

副主编　金　准　李为人　吴金梅

编　委　(以姓氏音序排列)

　　　　　陈　田　杜志雄　冯　珺　高舜礼　金　准
　　　　　李为人　刘德谦　马惠娣　宋　瑞　王诚庆
　　　　　王琪延　魏小安　吴必虎　吴金梅　夏杰长
　　　　　张广瑞　赵　鑫　Geoffrey Godbey

本书编撰人员名单

主报告一
　　撰稿人　课题组
　　执笔人　宋　瑞　冯　珺

主报告二
　　撰稿人　课题组
　　执笔人　金　准　王瑞婷

专题报告撰稿人（以专题报告出现先后为序）
　　吴文智　王丹丹　程遂营　程卫进　程　丽　方　圆
　　王　铭　张海霞　薛　瑞　周　寅　黄梦蝶　尹德涛
　　李　毅　崔　枫　刘晓峰　李登黎　张昱竹　刘晓洁
　　沈　涵　齐　飞　宋文龙　吴金梅　曲丽萍　郭卿宇
　　舒　展　黄　翠　王　莹　陆娟萍　蒋　艳

"休闲绿皮书"编辑部办公室
　　孙鹏义　史瑞应　曾　莉　李曦冉

主要编撰者简介

宋 瑞 产业经济学博士,中国社会科学院旅游研究中心主任,中国社会科学院财经战略研究院研究员、博士生导师,主要研究方向为休闲基础理论与公共政策、旅游可持续发展等。

金 准 管理学博士,中国社会科学院旅游研究中心秘书长,中国社会科学院财经战略研究院副研究员,长期从事旅游与休闲相关研究工作,主要研究方向为旅游政策、城市旅游等。

李为人 管理学博士,中国社会科学院旅游研究中心副秘书长,中国社会科学院研究生院公共政策与管理学院副院长、副教授,近年来主要研究方向为财税理论与政策、税收管理、旅游管理等。

吴金梅 管理学博士,研究员,正高级经济师,中国社会科学院旅游研究中心副主任,长期从事城市投资、建设、运营工作,主要研究方向为旅游产业发展、旅游投资、旅游房地产等。

摘 要

《2019~2020年中国休闲发展报告》（"休闲绿皮书"NO.8）由中国社会科学院旅游研究中心组织相关专家编写完成。本书是社会科学文献出版社"皮书系列"的重要组成部分，全书由两篇主报告和13篇专题报告组成。

本书主报告一从国民经济发展环境、休闲相关领域政策、主体产业发展趋势、国民休闲趋势动态等角度全面回顾了中国休闲发展状况，指出受到公共卫生环境变化等诸多因素影响，2019~2020年我国经济增长出现波动，但迅速得以恢复；社会发展体现全面建成小康社会的内在要求，民生领域的政策力度进一步加大；消费市场多元化特征更加明显，公共政策和财政投入力度加大，以更好地满足居民休闲需要。未来应当加快建构系统的休闲制度和政策体系，持续加强居民的休闲时间保障，通过政策组合加大对休闲相关产业的扶持力度，培育休闲消费新增长点，进一步实现休闲高质量发展。主报告二基于对12220份有效网络问卷的调查，从休闲时间，休闲活动，休闲消费，休闲动机、态度和效果，休闲制约和休闲服务期待等方面刻画了当下我国国民休闲状况的立体图景。调查发现：我国国民对休闲的重视程度越来越高；在线休闲发展迅速，且不同群体参与度差异较小，已成为日常休闲生活不可或缺的一部分；休闲需求大大释放，供需仍然存在不平衡问题；休闲时间和休闲场所是制约休闲活动开展的两大因素。

其他十余篇报告分属休闲需求与消费、休闲供给与产业两个篇章，涉及公共文化场馆、主题公园、博物馆、民族传统体育、演艺、电影等领域以及家庭休闲、观鸟摄影等议题，基于北京、杭州、沈阳和布宜诺斯艾利斯等地的案例分析，为我们了解不同区域范围内休闲发展的特点提供了直接依据。

作为国内最早涉及休闲发展的皮书，本书是政府、业界、学界和公众了解我国休闲发展前沿的重要读物。

目 录

序 …………………………………………………… 宋 瑞 / 001

Ⅰ 主报告

G.1 2019～2020年中国休闲发展与未来展望
………………………… 中国社会科学院旅游研究中心 / 001
  一 2019～2020年中国休闲发展环境 ………………… / 002
  二 休闲相关产业特征 ………………………………… / 014
  三 休闲发展趋势与相关建议 ………………………… / 021

G.2 中国国民休闲状况调查（2020）
………………………… "中国国民休闲状况调查"课题组 / 026
  一 休闲时间 …………………………………………… / 028
  二 休闲活动 …………………………………………… / 035
  三 休闲消费 …………………………………………… / 049
  四 休闲动机、态度和效果 …………………………… / 054
  五 休闲制约 …………………………………………… / 057
  六 休闲服务期待 ……………………………………… / 058
  七 结论 ………………………………………………… / 062

001

Ⅱ 休闲需求与消费

G.3 美好生活背景下的中国式度假：兴起、表征与行业应对
　　　　　　　　　　　　　　　　　　　　吴文智　王丹丹 / 071

G.4 我国城市居民家庭休闲：现状与趋势
　　　　　　　　　　　　　　　程遂营　程卫进　程　丽 / 091

G.5 休闲消费背景下国民对 SUV 购买需求的变化
　　　　　　　　　　　　　　　　　　　　　方　圆　王　铭 / 112

G.6 作为休闲场所的公共文化场馆使用状况调查
　　——以杭州为例……　张海霞　薛　瑞　周　寅　黄梦蝶 / 128

G.7 休闲观鸟摄影现状分析
　　——以沈阳及其毗邻地区为例………………………尹德涛 / 141

Ⅲ 休闲供给与产业

G.8 中国主题公园发展趋势与前瞻
　　………………李　毅　崔　枫　刘晓峰　李登黎　张昱竹 / 153

G.9 博物馆休闲：现状与展望………………………刘晓洁　沈　涵 / 169

G.10 中国民族传统体育发展现状与展望
　　——以北京为例 …………………………齐　飞　宋文龙 / 182

G.11 4.0时代中国演艺产业发展路径探析………………吴金梅 / 193

G.12 新形势下中国电影市场的转型与应变 ………曲丽萍　郭卿宇 / 205

G.13 智慧科技助力休闲创新与升级
　　——以腾讯文旅为例 ……………………………舒　展　黄　翠 / 218

G.14 网红经济下的乡村休闲产业发展机遇、变革与突破
.... 王 莹 陆娟萍 / 230

G.15 国外城市休闲空间分类及其特征研究
——以布宜诺斯艾利斯为例
.... 蒋 艳 / 243

Introduction to China's Leisure Development Report 2019–2020 .... / 261
Contents .... / 263

序

今年的"休闲绿皮书"比上年又晚了一些。突如其来、席卷全球的新冠肺炎疫情自然是首要原因。除此之外，也与本书的整体编排，特别是其中的一项重要调查不无关系。

二战结束后，全球很多国家开始定期或不定期地开展全国性的休闲参与状况调查（Leisure Participation Survey），从而为制定相关政策提供科学依据。为弥补我国在这方面的空白，经过多年酝酿，中国社会科学院旅游研究中心于2013年联合相关机构开展了第一次全国性国民休闲状况调查，通过科学抽样、入户调查，详细了解城乡居民的休闲时间，休闲活动，休闲消费，休闲动机、态度和效果，休闲制约，休闲服务期待等。按照最初计划，此项调查将作为"休闲绿皮书"的主体内容持续进行，以期形成覆盖全民、内容全面，横向可与国际对接、纵向可做历史比较的系列调查。遗憾的是，由于各种原因，这一愿望最终未能实现。之后几年中，我们不断寻找机会，希望弥补这一缺憾。

正所谓念念不忘，必有回响。2020年，我们与腾讯就此项工作达成共识。在腾讯文旅研究院和腾讯用户研究与体验设计中心（CDC）的大力支持下，搁浅已久的"中国国民休闲状况调查"再次启动。此次调查与上次调查既有连续性，也有差异性。连续性体现为两次调查思路、主体框架、主要问题、总样本量和样本结构等均保持一致；差异性体现在调查方式从入户调查改为线上调查，同时问卷设计中的部分问题也根据调查方式的不同进行了必要调整。

调查显示了一些可喜的变化。例如，受访者工作日的休闲时间明显增加；更多人认同休闲的重要性，把休闲视为幸福生活的重要组成部分，认为在休闲上投入时间和金钱是值得的；更多人体验或感受到休闲所带来的各种好处；在线休闲快速发展，丰富了人们的休闲生活，也加速了休闲方式的转变；等等。当然，整体数据并不直接等同于个体感受，尤其是线上调查方式的样本代表性相对有限，但是无论如何，我们确实看到了社会经济发展对国民休闲的促进作用。

目前我国正在编制"十四五"规划。"十四五"时期是我国全面建成小康社会、实现第一个百年奋斗目标之后，乘胜而上开启全面建设社会主义现代化国家新征程、向第二个一百年奋斗目标进军的第一个五年，我国将进入新发展阶段。在此阶段，人们的休闲需求将更加强烈和多元，对休闲的期待将更加丰富和美好，为此迫切需要把满足人民群众的休闲需求放在更加重要的位置，制定系统政策，从休闲时间、休闲空间、休闲设施、休闲服务等方面给予保障，从而使更多人通过丰富的休闲生活增强获得感、幸福感和安全感。

《诗经》中有言，民亦劳止，汔可小康，汔可小休，汔可小息，汔可小愒，汔可小安。在全面建成小康社会之后，我们期待与更多机构和人士一道，继续为促进中国休闲的更好发展尽绵薄之力！

是为序。

2020 年 9 月 9 日

主 报 告

General Reports

G.1
2019~2020年中国休闲发展与未来展望

中国社会科学院旅游研究中心*

摘　要： 2019~2020年，受到公共卫生环境变化等诸多因素影响，我国经济增长出现波动，但迅速得以恢复；社会发展体现全面建成小康社会的内在要求，民生领域的政策力度进一步加大；消费市场多元化特征更加明显，公共政策和财政投入力度加大，以更好地满足居民的休闲需要。从相关休闲产业的特征来看，文旅融合、业态创新、夜间经济等支撑旅游休闲发展，市场重心向国内游倾斜；文化休闲发展更加均衡，线上产品

---

* 执笔人：宋瑞，中国社会科学院旅游研究中心主任，中国社会科学院财经战略研究院研究员、博士生导师，主要研究方向为休闲基础理论与公共政策、休闲产业政策、旅游管理等；冯珺，中国社会科学院旅游研究中心特约研究员，北京体育大学体育商学院讲师，主要研究方向为休闲经济学、服务经济学、体育和休闲相关产业等。

和服务亮点纷呈；体育休闲的政策引导更加完善，呈现产业融合发展趋势。产品和服务品质提升、线上优势扩大、市场以国内大循环为主体、治理现代化进程加速等构成了休闲行业的主要特征。未来应当加快建构独立的休闲制度和政策体系，持续加强居民的休闲时间保障，通过政策组合加大对休闲业的扶持力度，培育休闲消费新的增长点，进一步实现休闲高质量发展。

关键词： 休闲产业　公共政策　产业创新

一　2019~2020年中国休闲发展环境

（一）经济发展：增长波动，恢复迅速

2019~2020年，我国经济发展面临复杂的环境变化，积极因素与挑战并存。第一，2020年是"十三五"规划的收官之年和全面建成小康社会的决胜之年，我国供给侧结构性改革的成效不断显现，一系列引领经济持续高质量发展的新动能逐步形成。总体而言，我国已经基本实现全面建成小康社会目标[1]。第二，公共卫生风险显著提升，给经济发展目标带来挑战。2019年底以来，新型冠状病毒性肺炎疫情（以下简称"新冠疫情"或"疫情"）成为影响公共卫生环境和经济发展目标的重要风险点，造成了生产生活方式的深刻变化。截至2020年第三季度，我国疫情得到有效控制[2]，经济活动迅速恢复。第三，经济发展的外部环境受到国际关系与地缘

---

[1] 习近平：《关于全面建成小康社会补短板问题》，《求是》2020年第11期。
[2] 国家卫生健康委员会：《2020年8月19日新闻发布会文字实录》，http://www.nhc.gov.cn/xcs/yqfkdt/202008/ceaddd24067640fca0073b3bfd838bbd.shtml，2020年8月19日。

政治影响，逆全球化等外部风险显著上升。对此，加快形成以国内大循环为主体、国内国际双循环相互促进的新发展格局成为我国经济中长期发展的重大战略选择。

《中华人民共和国2019年国民经济和社会发展统计公报》显示，2019年全国国内生产总值（GDP）为99.09万亿元，较2018年增长6.1%（见图1）；人均GDP为7.09万元，较2018年增长5.7%。根据上海财经大学高等研究院"中国宏观经济形势分析与预测"课题组发布的《2020年中国宏观经济形势分析与预测年中报告》，2020年中国经济在基准情形下预计增长1.2%左右，在乐观情形下预计增长2.0%左右①。根据世界银行发布的《中国经济简报》，2020年中国经济预计增长1.6%左右，乐观情形下预计增长2.2%左右，但2021年经济增长预计将大幅回升至7.9%左右②。根据亚洲开发银行发布的《亚洲发展展望报告》，2020年中国经济预计增长1.8%左右，2021年经济增长预计将大幅回升至7.4%左右③。

尽管宏观经济环境受到疫情影响，增长有所波动，但中国经济高质量发展的基本形势并未发生根本变化，经济增长潜力依然具有持久韧性。这集中表现为供给侧结构性改革的经济效果持续释放，服务业对经济增长的拉动贡献进一步增强，并构成了新的消费增长点。从服务业的经济结构特征来看，2019年服务业增加值为53.42万亿元，较2018年增长6.9%（见图2），占GDP的比重为53.9%，高于第二产业14.9个百分点，较2018年提高0.6个百分点；全年规模以上服务业企业营业收入比2018年增长9.4%，营业利润增长5.4%。

---

① 上海财经大学高等研究院"中国宏观经济形势分析与预测"课题组：《2020年中国宏观经济形势分析与预测年中报告》，https：//www.pishu.com.cn/skwx_ps/manu/DownPDF？ID=315&SiteID=14&Type=manuscript，2020年7月11日。
② 世界银行：《中国经济简报》，http：//pubdocs.worldbank.org/en/438251594293079547/ceu-July-2020-en.pdf，2020年7月29日。
③ 亚洲开发银行：《亚洲发展展望报告》，https：//www.adb.org/sites/default/files/publication/612261/ado-supplement-june-2020.pdf，2020年6月18日。

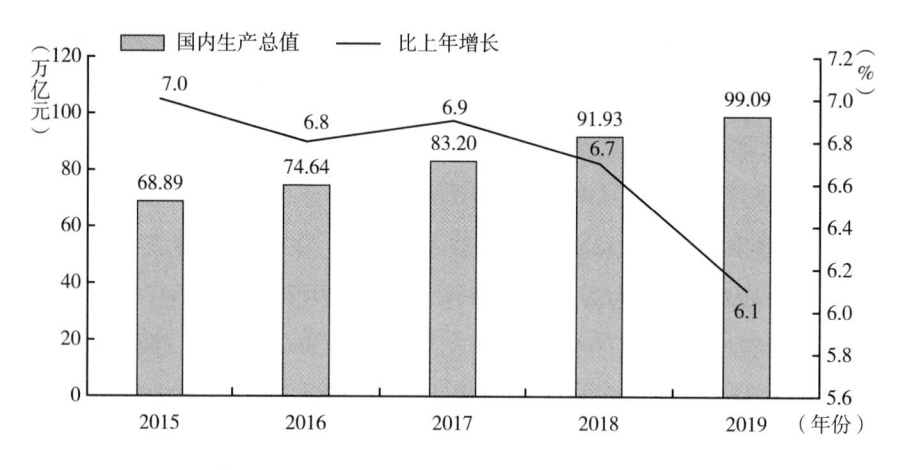

图1 2015～2019年国内生产总值及其增长速度

资料来源：《中华人民共和国2019年国民经济和社会发展统计公报》。如无特殊说明，本报告图表资料来源均为此，不再赘述。

图2 2015～2019年服务业增加值及其增长速度

从产业结构来看，2019年三次产业占GDP的比重分别为7.1%、39.0%和53.9%（见图3），对GDP增长的贡献率分别为3.8%、36.8%和59.4%，较2018年分别变化-0.2个、1.0个和-0.7个百分点，其中，第二产业和第三产业的合计贡献率创历史新高。从最终需求看，最终消费支出、资本形成总额和净出口对GDP增长的贡献率分别为57.8%、31.2%和11.0%，分别拉动GDP增长3.5个、1.9个和0.7个百分点。

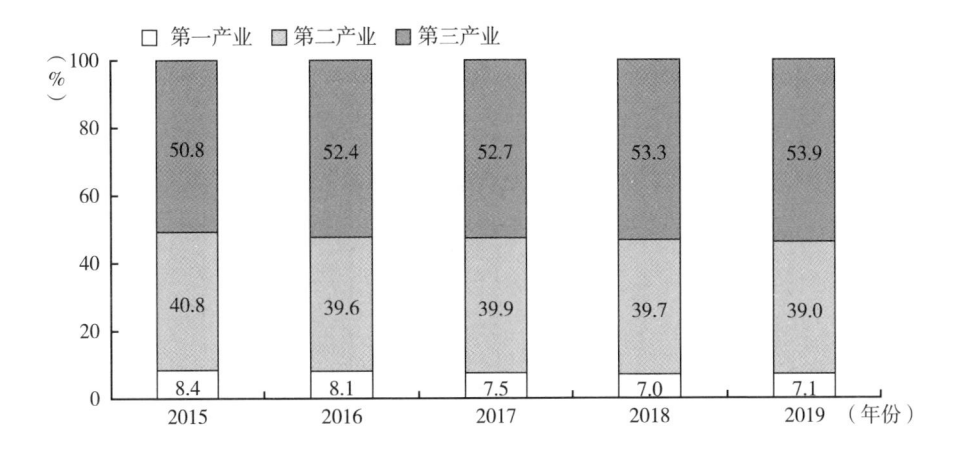

图3 2015~2019年三次产业增加值占国内生产总值比重

总体来看，在疫情等特殊因素的影响下，我国经济增长表现有所波动，但随着疫情得到有效控制，经济增长预计将迅速恢复。在疫情防控要求下，短期来看，居民休闲的传统模式受到一定影响，休闲活动呈现出新的特征。与此同时，休闲对于满足美好生活需要的重要意义更加凸显，个人和家庭对高品质休闲的追求持续扩大。一方面，传统休闲消费有望随着经济增长的趋势性复苏而逐渐恢复；另一方面，疫情防控要求所导致的休闲行为变化有可能常态化和稳定化发展，最终形成新的休闲市场需求和休闲消费模式。

（二）社会发展：民生优先，政策有力

2020年是全面建成小康社会的决胜之年，也是全面打赢脱贫攻坚战的冲刺之年。收入分配水平的持续改善，既有利于更好地满足中等收入群体的高品质休闲需要，也有利于更好地保障中低收入群体的休闲权利。

其一，居民收入增速高于同期经济增速，未来仍将可能保持这一态势。2019年全国居民人均可支配收入30733元，扣除价格因素，比2018年实际增长5.8%（见图4）。2019年全国居民人均可支配收入中位数39244元，比2018年增长7.8%，居民收入增速高于同期经济增速。其中，城镇居民

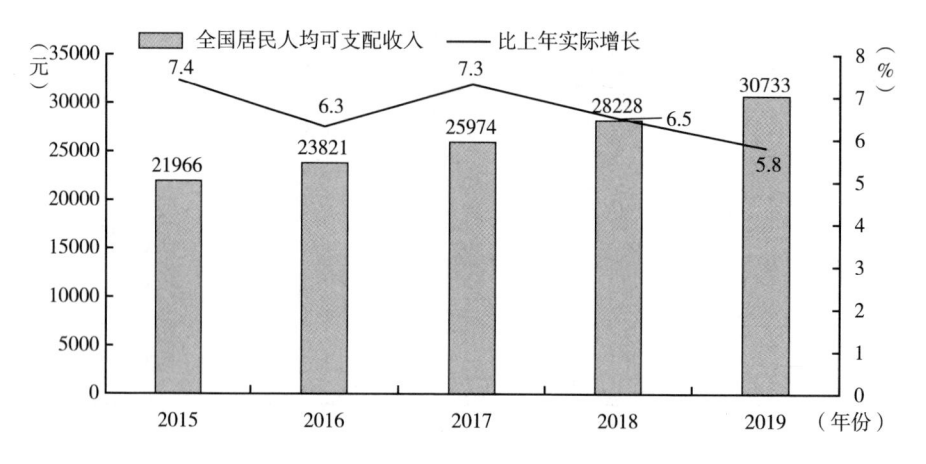

图4 2015~2019年全国居民人均可支配收入及其增长速度

人均可支配收入42359.0元，比2018年增长7.9%；农村居民人均可支配收入16021.0元，比2018年增长9.6%（见图5）。进入2020年以来，疫情影响到经济增长，也在一定程度上影响到居民收入增长。公共部门采取消费券、现金补贴等形式保障收入和消费韧性。随着疫情得到有效控制，预计未来收入增长恢复的基础将进一步得到巩固。

图5 2013~2019年城乡居民人均可支配收入及其同比增长

资料来源：《中国统计年鉴2019》《中华人民共和国2019年国民经济和社会发展统计公报》。

其二，财税政策力度加大，为脱贫攻坚提供坚强保障。国家税务总局于2020年6月初发布《支持脱贫攻坚税收优惠政策指引》，从支持贫困地区基础设施建设、推动涉农产业发展、激发贫困地区创业就业活力、推动普惠金融发展、促进"老少边穷"地区加快发展、鼓励社会力量加大扶贫捐赠等六大方面形成政策合力，有力保障了脱贫攻坚战夺取最终胜利。

其三，全面强化就业优先政策，最大限度保障和改善民生。首先，将针对就业重点群体的政策作为民生抓手。拓宽青年人就业渠道，扩大失业保障覆盖范围，强化农民工就业服务、引导农民工返乡和就近就业，加大退伍军人就业安置工作力度。其次，针对受疫情影响的重点地区出台倾斜性就业政策。例如，出台湖北高校就业创业"一帮一"行动，针对湖北高校及湖北籍毕业生给予求职创业补贴、开办专项招聘会等。最后，降低职业准入门槛，增强岗位容纳能力。对中小学、幼儿园、中等职业学校教师资格和护士执业资格、渔业船员资格、执业兽医资格、演出经纪人员资格以及专利代理师资格等准入类职业资格，实施"先上岗、再考证"政策，尽可能增强岗位容纳能力。

在全面建成小康社会的背景下，居民收入水平和生活质量显著提高，从而对满足美好生活需要、提升幸福感的休闲产品和服务产生更高需求。尽管疫情风险在短期内有可能对居民收入的改善产生影响，但民生领域仍具有较为广阔的政策空间。随着疫情影响得到控制，在分配政策、财税政策、就业政策、社保政策等的综合作用下，休闲需求有望得到进一步释放与强化。

（三）消费市场：规模扩大，需求多元

我国居民消费规模持续扩大，消费结构不断升级，服务性消费占居民人均消费支出的比重连年上升。2019年全年全国居民人均消费支出21559元，比2018年增长8.6%，扣除价格因素，实际增长5.5%。其中，城镇居民人均消费支出28063元，增长7.5%，扣除价格因素，实际增长4.6%；农村居民人均消费支出13328元，增长9.9%，扣除价格因素，实际增长6.5%。全国居民恩格尔系数为28.2%，比2018年下降0.2个百分点，其中，城镇

为27.6%，农村为30.0%。此外，全国居民人均服务性消费支出9886元，比2018年增长12.6%，占居民人均消费支出的比重为45.9%。

在居民八大类消费支出中，2019年全国居民人均教育文化娱乐消费支出2513元（见表1），同比增长12.89%。与2018年相比，教育文化娱乐消费支出规模和消费占比均有所上升。教育文化娱乐消费成为居民消费的重要支柱，反映出休闲消费的地位日渐凸显，其重要性逐渐与食品烟酒、居住、交通通信等刚性生活消费看齐。

表1 2018~2019年全国居民人均消费支出构成对比

	消费支出(元)		消费占比(%)	
	2018年	2019年	2018年	2019年
食品烟酒	5631	6084	28.4	28.2
衣着	1289	1338	6.5	6.2
居住	4647	5055	23.4	23.4
生活用品及服务	1223	1281	6.2	5.9
交通通信	2675	2862	13.5	13.3
教育文化娱乐	2226	2513	11.2	11.7
医疗保健	1685	1902	8.5	8.8
其他用品及服务	477	526	2.4	2.4

资料来源：《中华人民共和国2018年国民经济和社会发展统计公报》《中华人民共和国2019年国民经济和社会发展统计公报》。

随着经济社会发展和居民生活品质的提升，在休闲消费规模持续扩大的同时，居民的休闲活动选择也日趋多样化。中国社会科学院旅游研究中心进行的"中国国民休闲状况调查（2020）"数据显示，我国居民休闲最常选择的活动类型从多到少依次为娱乐类休闲、社交类休闲、运动类休闲、旅游类休闲、竞技类休闲、培育类休闲、智力类休闲、创作类休闲和保健类休闲。

（四）政策法规：响应及时，治理优化

近年来，在党中央和国务院的统一部署下，国家发改委、文化和旅游部、国家卫健委、国家体育总局等涉及休闲治理的主管部门，出台各类法规、政策、标准等，进一步完善了休闲制度和政策体系，促进了我国休闲治理体系和治理能力的现代化。中共中央、国务院印发《关于新时代加快完善社会主义市场经济体制的意见》，为推进休闲产品和服务市场提质增效提供了根本性的制度保障。国家发改委等23部门印发《关于促进消费扩容提质加快形成强大国内市场的实施意见》，提出构建文旅多产业、多领域融合互通的休闲消费体系，重点推进文旅休闲消费提质升级。文化和旅游部印发《国家级旅游度假区管理办法》，建立有进有出的动态管理机制；修订印发《国家全域旅游示范区验收、认定和管理实施办法（试行）》《国家全域旅游示范区验收标准（试行）》；出台《在线旅游经营服务管理暂行规定》，提升休闲主体的权益保障、规范市场秩序。国家卫健委印发《医养结合机构服务指南（试行）》，将文化娱乐服务明确为医养结合机构应当提供的服务项目；国家卫健委等4部门公布《国家森林康养基地（第一批）名单》，为推进森林康养产业发展发挥示范和引领作用。国家体育总局等8部门印发《关于促进和规范社会体育俱乐部发展的意见》，从丰富赛事活动、保障场地设施等角度进一步优化了体育休闲的制度保障；国家体育总局公布《国家体育消费试点城市名单》，针对市场产品创新、产业模式创新、消费机制创新等方面发挥引导和探索作用，预计将对体育休闲消费产生显著的积极影响。

面对疫情给休闲市场主体造成的冲击，以及疫情基本得以控制下的复产复工需要和卫生风险防控需要，主管部门及时响应，作出了积极应对。例如，文化和旅游部在疫情期间印发《关于暂退部分旅游服务质量保证金支持旅行社应对经营困难的通知》，帮助现金流紧张的休闲行业主体摆脱经营困境。在疫情基本得到有效控制的情况下，国务院应对新型冠状病毒感染肺炎疫情联防联控机制印发《关于切实加强疫情科学防控 有序做好企业复工复产工作的通知》，着力落实群防群控，推动安全有序复工复产。国家发改委等8部门印发《关于应对新冠肺炎疫情 进一步帮扶服务业小微企业和个体工商户缓解房屋租金压力的指导意见》，有利于休闲行业中风险承受能力较弱的分散经营主体缓解资金压力。文化和旅游部与国家卫健委联合印发《关于做好旅游景区疫情防控和安全有序开放工作的通知》，国家电影局印发《关于在疫情防控常态化条件下有序推进电影院恢复开放的通知》，国家体育总局印发《科学有序恢复体育赛事和活动　推动体育行业复工复产工作方案》，积极推动旅游休闲、文化休闲、体育休闲等领域的复工复产工作。

与中央和国家层面类似，地方层面的政策出台也呈现出常规行业治理和疫情应对并举的特征。例如，2019~2020年，北京市分别出台《北京市服务业扩大开放综合试点文化旅游领域开放改革三年行动计划》《北京市4A级及以上旅游景区无障碍设施服务指南（试行）》《关于促进乡村民宿发展的指导意见》等政策，从开放审批许可、完善扶持政策、支持重点项目、创新市场监督等多个角度促进休闲业发展。北京市还出台《关于应对新冠肺炎疫情影响　促进文化企业健康发展的若干措施》《关于应对新冠肺炎疫情影响　促进旅游业健康发展的若干措施》等政策，提升疫情特殊环境下休闲业发展质量。

（五）公共投入：经费增长，服务提质

2019~2020年，文化体育传媒经费总量、文化和旅游事业费以及文化和旅游建设资金补助继续保持增长势头，为休闲业高质量发展奠定了资金基础。2019年，文化、体育与传媒方面的财政支出为4033亿元，同比增长14.5%（见图6）；占财政支出的1.69%，比重比2018年增长0.10个百分点。2019年，全国文化和旅游事业费为1065.02亿元，比2018年增加136.7亿元，增长14.7%；全国人均文化和旅游事业费为76.07元，比2018年增加9.54元，增长14.3%（见图7）；文化和旅游事业费占财政总支出的比重为0.45%，比重比2018年增长0.03个百分点。2019年，中央财政补助各地文化和旅游建设资金101.00亿元，比2018年增长22.5%。

地方财政层面同样为文化、旅游、体育等休闲领域的产业发展提供了资金支持。例如，海南省公布了2020年重点产业发展专项资金（旅游产业）

图6　2010～2019年全国文化体育传媒经费总量及其增长速度

资料来源：《中华人民共和国文化和旅游部2019年文化和旅游发展统计公报》。

图7　2010～2019年全国人均文化和旅游事业费及增速情况

资料来源：《中华人民共和国文化和旅游部2019年文化和旅游发展统计公报》。

第一批扶持项目（初核）名单，决定针对符合资金奖补条件的127个项目开展扶持，涉及资金9599.14万元。根据《海南省重点产业发展专项资金（旅游产业）使用实施细则》，扶持类型包括创建国家全域旅游示范区、省级旅游度假区、旅游小镇、智慧旅游景区奖励、贷款贴息等。截至2020年8月，山西省累计下达公共文化场馆免费开放补助资金8241万元，较2019

年同期增长接近21%。2019年，江苏省共101个项目获批省级体育产业发展专项资金，资助总额达9940万元。

在公共服务方面，文化领域进一步贯彻落实《中华人民共和国公共文化服务保障法》《中华人民共和国公共图书馆法》，切实推动落实各项公共服务领域重点改革任务。文化部门积极提升公共文化服务效能，建设国家公共文化和旅游产品交易中心；丰富群众文化活动，全面展示新时代群众文艺繁荣发展的最新成果。旅游领域启动《旅游厕所质量等级的划分与评定》国家标准和《城市旅游服务中心规范》行业标准的修订工作，完善全国旅游厕所管理系统，上线旅游厕所电子地图。体育领域落实全民健身国家战略，开展《全民健身计划（2016~2020年）》实施效果评估和新周期《全民健身计划》研制工作，安排补助资金9.3亿元支持1323个大型公共体育场馆免费或低收费开放。"大健康"领域继续推进普惠养老服务的供给增加，加快落实《普惠养老城企联动专项行动实施方案（2019年修订版）》，2019年下达中央预算内投资14亿元。

（六）区域实践：消费提振，潜力释放

从区域实践来看，一方面，休闲制度和政策普遍作出调整，以增强对于疫情特殊环境的适应性和针对性；另一方面，休闲领域的创新规划和常规建设有序推进，为中长期休闲发展奠定坚实基础。

其一，为降低疫情影响，发挥消费对于经济的"稳定器"作用，多地出台弹性休假制度，鼓励休闲消费活动。例如，浙江省印发《关于提振消费促进经济稳定增长的实施意见》，鼓励实施一周4.5天弹性工作制，支持有条件的机关、社会团体、企事业单位落实带薪休假制度；江西省印发《关于打好"组合拳"提振旅游消费的通知》，2020年第二季度试行周末2.5天弹性作息，积极引导干部职工周末外出休闲度假；河北省印发《文化和旅游产业恢复振兴指导意见》，鼓励打造2.5天微度假旅游产品，做精"2.5天微度假"品牌；安徽省印发《关于统筹做好疫情防控和促进劳动节等假日旅游消费的通知》，提出各类单位结合自身实际实施周末2.5天弹性作息制度。

其二，规划和制度创新力度加大，进一步释放休闲发展潜力。例如，《首都功能核心区控制性详细规划（街区层面）（2018年~2035年）》获得中共中央、国务院批复，强调加强老城整体保护，建设弘扬中华文明的典范地区，强化古都风韵，最大限度留住历史印迹。该规划明确了11类保护对象，着力围绕老城历史文化保护推进全国文化中心建设，为人民群众提供丰富的文化活动场所。中共中央、国务院印发《海南自由贸易港建设总体方案》，围绕国际旅游消费中心建设，推动旅游与文化体育、健康医疗、养老养生等深度融合。支持建设文化旅游产业园，发展特色旅游产业集群，培育旅游新业态、新模式。支持建设邮轮旅游试验区，支持创建国家级旅游度假区和5A级景区。

（七）市场创新：产品引导，技术赋能

2019~2020年，数字经济和移动互联网普及以及疫情防控的特殊环境共同作用，带来了非接触式休闲、"云旅游"等休闲市场创新。

从需求一侧看，出于疫情防控需要，电影院线等传统线下休闲形式受限，在优质数字内容的产品引导下，休闲需求在线上渠道充分释放，游戏、音乐、在线视频、在线阅读等成为个人和家庭在疫情期间的重要休闲选择。数据显示，爱奇艺、腾讯视频等在线娱乐消费相比疫情暴发前出现井喷式增长，爱奇艺会员、芒果TV会员和腾讯视频会员环比分别增长1079%、708%和319%[1]。春节期间，短视频应用"快手"的日活跃用户数量达到1.77亿人，同比增长了55.8%。手机游戏《王者荣耀》日活跃用户数量达到1.09亿人，同比增长了58.9%[2]。

从供给一侧看，深耕线上的休闲市场主体继续扩大和巩固领先优势，产

---

[1] 中国经济网：《"宅经济"盛行 在线影音娱乐火热》，http://www.ce.cn/cysc/tech/gd2012/202002/12/t20200212_34250348.shtml，2020年2月12日。

[2] 新浪财经：《春节期间游戏、短视频迎爆发，〈王者荣耀〉DAU达1.09亿》，http://finance.sina.com.cn/stock/relnews/us/2020-02-06/doc-iimxyqvz0700804.shtml，2020年2月6日。

品形态以线下为主的传统休闲产业主体则积极实现转型，行业整体均十分重视利用大数据、云计算、AR/VR等技术手段为休闲产品赋能。例如，借助5G通信在高清传输、低网络延迟方面的技术优势，各地纷纷开展以图文直播、视频直播、全景式虚拟展览和互动为主要形式的"云旅游"创新，同时与网络直播带货和新零售形成产业联动，对于疫情期间的休闲市场发挥了"消费稳定器"的作用。此外，在环境卫生风险提升的背景下，康养休闲和健身休闲需求得到进一步激发，健康码、线上预约、大数据管理等技术手段充分保障休闲业疫情后有序复工复产。

二 休闲相关产业特征

2020年是全面建成小康社会的决胜之年。在全面小康时期，居民对休闲美好生活的需要更加迫切，对高质量休闲产品和服务更加向往，对通过休闲提升幸福感更加渴望。2019年以来，5G、大数据、云计算、人工智能等新兴技术对休闲产业的渗透和赋能作用进一步增强，产业主体应对外部环境变化而进行的业态创新和商业模式创新不断涌现，休闲领域的政策和制度建设不断完善、治理能力显著提升，文化、旅游、体育、"大健康"等产业共同支撑休闲高质量发展的多元格局进一步形成。

（一）旅游休闲：供给组合发力，市场重心调整

旅游是实现集中休闲和深度休闲的最重要形式之一。在全面建成小康社会的背景下，旅游对于居民高质量休闲的贡献更加凸显（见图8）。2019年，我国国内旅游人次60.06亿人次，比上年同期增长8.4%；出境旅游人次15463万人次，比2018年同期增长3.3%；入境旅游人次14531万人次，比2018年同期增长2.9%；全年实现旅游总收入6.63万亿元，同比增长11.1%。

总体来看，2019~2020年，旅游休闲发展呈现如下特征。

其一，文化和旅游融合发展持续深入，休闲的供给内涵更加丰富。文化

图8 2010~2018年旅游主要发展指标

资料来源：《中华人民共和国文化和旅游部2019年文化和旅游发展统计公报》。

和旅游融合发展在扩大休闲供给总量的同时，更加注重供给结构的改善和供给质量的提升。2019~2020年，北京、天津、广东、陕西等地纷纷出台旨在促进文化和旅游融合发展的三年行动计划或三年行动方案（2020~2022年），从丰富产品供给、完善公共服务、实现产业资源对接与合作等多个方面加速文化和旅游融合发展进程。

其二，全域旅游示范区验收工作继续推进，为旅游休闲创新发挥示范作用。根据验收工作的实际经验，国家全域旅游示范区的供给体系内涵进一步拓展。2020年5月，文化和旅游部修订印发《国家全域旅游示范区验收、认定和管理实施办法（试行）》和《国家全域旅游示范区验收标准（试行）》，对旅游休闲供给体系的评价要求更为灵活务实，评价标准向智慧旅游等能够切实提升旅游休闲体验的方向加以倾斜。

其三，夜间旅游成为旅游休闲新形态，有利于挖掘休闲消费潜力。在旅游休闲过程中，夜间经济是能够对餐饮、购物、文化演艺发挥综合推动作用的重要载体。2019年，国务院办公厅印发《关于进一步激发文化和旅游消费潜力的意见》，提出大力发展夜间文旅经济，鼓励有条件的旅游景区在保证安全、避免扰民的情况下开展夜间游览服务，计划到2022年建设200个以上国家级夜间文旅消费集聚区。

其四，国家公园试点工作推进顺利，助推可持续休闲发展。目前国家公园试点工作推进顺利，国家林业和草原局预计于2020年10月底前对东北虎豹、祁连山、大熊猫、三江源、海南热带雨林、武夷山、神农架、普达措、钱江源、南山等10个国家公园体制试点区的任务完成情况和自然资源禀赋开展评估验收，2020年底将提出正式设立国家公园的建议名单。

其五，公共卫生环境变化，旅游休闲市场存在结构调整空间。世界卫生组织相关数据显示，截至2020年9月初，全球范围内新冠肺炎确诊病例超过2560万例，死亡病例接近85.3万例[①]。一方面，全球主要旅游目的地国家的疫情防控情况不及我国；另一方面，参考"非典"时期旅游休闲市场的历史经验可知，疫情过后的需求复苏以短途游、境内游以及与康养休闲有关的市场活动为主。因此，旅游休闲市场存在结构调整空间，市场重心预计以国内旅游为主，入境游和出境游的复苏情况面临更大的不确定性。

（二）文化休闲：发展更加均衡，线上表现突出

文化休闲领域具有丰富的产品形态和商业模式，是满足多元化休闲需求的重要支柱。一方面，艺术表演等文化休闲传统产业的增长态势逐步趋于稳定，发展重点聚焦于提升文化休闲的普惠性和均衡性。另一方面，技术进步和休闲模式转变使线上文化休闲成为市场供需的新增长点。在用户规模扩大和产品数量增加的同时，政策体系和治理能力迅速跟进，精品化的行业引导保障了文化休闲产品和服务的品质提升。

其一，艺术表演等文化休闲传统产业增长放缓，而发展均衡性进一步提升。如图9所示，2019年，全国艺术表演团体演出场次为296.80万场，比2018年降低5.0%；演出收入为127.78亿元，比2018年降低16.1%。从乡村文化振兴的视角来看，2019年，全国艺术表演团体赴农村演出171.27万场，赴农村演出场次占总演出场次的57.7%；观看艺术表演的农村观众为

---

① 中国新闻网：《全球确诊病例超2590万例 意前总理等多位名人"中招"确诊》，http://www.chinanews.com/gj/2020/09-03/9281437.shtml，2020年9月3日。

7.68亿人次。农村艺术表演市场继续占据整体艺术表演市场的重要份额，文化休闲发展的城乡差距明显缩小，农村地区的文化休闲短板得到有效弥补，发展均衡性不断增强。

图9 2010～2019年艺术表演团体基本情况

资料来源：《中华人民共和国文化和旅游部2019年文化和旅游发展统计公报》。

其二，线上文化休闲呈现供需两旺趋势，网络直播用户规模实现爆发式增长。从线上文化休闲活动的内容品类来看，网络直播的迅速发展最为引人瞩目。第45次《中国互联网络发展状况统计报告》数据显示，截至2020年3月，我国网络直播用户规模达5.60亿人，较2018年底增长1.63亿人，占网民整体的62.0%（见图10）。其中，2019年兴起并实现快速发展的电商直播用户规模为2.65亿人，占网民整体的29.3%。网络直播用户规模的迅速扩张，既是信息技术进步和休闲内容聚合的必然结果，也是疫情背景下休闲需求由线下向线上转移的特定反映。

其三，文化休闲产品和服务品质提升，行业精品化趋势越发凸显。截至2019年底，国家新闻出版署当年度发放的游戏版号控制在2000个以内，这一数字低于2017年的9368个，甚至低于2018年第一季度的发放数量。获批版号的作品均为平台得分较高的商业游戏或独立游戏，政策引导的精品化趋势明显。此外，国家广播电视总局办公厅于2020年3月印

图10 2016年12月~2020年3月网络直播用户规模及使用率

资料来源：第45次《中国互联网络发展状况统计报告》。

发《国家广播电视总局办公厅关于开展2020年"网络视听节目精品创作传播工程"扶持项目评审的通知》，对开展2020年"网络视听节目精品创作传播工程"作出主动部署。

（三）体育休闲：国家战略支撑，产业融合发展，消费引导增强

在全面建成小康社会的背景下，建立和完善与全面小康时期相适应的体育休闲市场与治理体系，更好地满足人民群众的体育休闲需求成为新时代体育休闲发展的历史任务。对此，国家战略高度支持体育休闲发展，尤其重视对体育休闲消费的政策鼓励。目前，体育休闲高质量发展的市场基础良好，体育产业结构明显优化，体育服务业在体育产业中居于主导地位，体育服务业与体育制造业呈现融合发展态势。

其一，体育强国建设进一步明确为社会主义现代化强国的重要战略举措，与全民健身、群众体育相关的体育休闲迎来新的发展机遇。2019年8月，国务院办公厅印发《体育强国建设纲要》，提出建立与全面建成小康社会相适应的体育发展新机制。在这一政策基调下，提升人民群众身体素养和健康水平、建立和完善公共体育服务体系、实现体育产业高质量发展等成为体育休闲领域的重点发展目标。与之相配套，2019年，国家体育总局重点开展

《全民健身（实施）计划（2016~2020年）》实施效果评估和《全民健身计划（2021~2025年）》研制工作，预计将对体育休闲发展形成新的政策利好。

其二，体育服务业在体育产业中居于主导地位，体育服务业与体育制造业融合发展趋势明显。根据国家统计局与国家体育总局公布的《2018年全国体育产业总规模与增加值数据公告》，2018年全国体育产业总规模（总产出）为26579亿元，增加值突破10000亿元大关，为10078亿元（见表2）。体育产业增加值占国内生产总值的比重达到1.1%。其中，体育服务业在体育产业中的主导优势已经初步建立，增加值为6530亿元，在体育产业中所占比重达到64.8%。体育用品及相关产品制造的增加值为3399亿元，占全部体育产业增加值比重为33.7%。从体育产业的结构特征来看，体育服务业与体育制造业具有较为明显的融合发展趋势。例如，体育用品及相关产品销售、出租与贸易代理在体育服务业中的规模占比最大，增加值为2327亿元，占全部体育产业增加值比重为23.1%。

表2 2018年全国体育产业状况

体育产业类别名称	总量(亿元) 总产出	总量(亿元) 增加值	结构(%) 总产出	结构(%) 增加值
体育服务业	12732	6530	47.9	64.8
体育管理活动	747	390	2.8	3.9
体育竞赛表演活动	292	103	1.1	1.0
体育健身休闲活动	1028	477	3.9	4.7
体育场地和设施管理	2632	855	9.9	8.5
体育经纪与代理、广告与会展、表演与设计服务	317	106	1.2	1.1
体育教育与培训	1722	1425	6.5	14.1
体育传媒与信息服务	500	230	1.9	2.3
体育用品及相关产品销售、出租与贸易代理	4116	2327	15.5	23.1
其他体育服务	1377	616	5.2	6.1
体育用品及相关产品制造	13201	3399	49.7	33.7
体育场地设施建设	646	150	2.4	1.5
合计	26579	10078	100.0	100.0

注：若数据分项合计与总值不等，是由数值修约误差所致。
资料来源：《2018年全国体育产业总规模与增加值数据公告》。

其三，国家层面更加重视对体育休闲消费的政策鼓励，体育消费相关试点工作稳步推进。随着国民收入水平提高和健康意识的觉醒，与体育健身相关的休闲消费有望成为未来体育休闲市场的增长新动能。2019年9月，国务院办公厅印发《关于促进全民健身和体育消费 推动体育产业高质量发展的意见》，将规范体育市场秩序、优化体育消费环境以及出台鼓励性消费政策作为刺激体育消费的主要政策抓手。2020年5月，国家体育总局开展国家体育消费试点城市申报工作，并于同年9月公布了首批国家体育消费试点城市名单。预计将推动体育消费领域的产品和技术创新、商业模式创新、政策创新、体制机制创新，为更好地满足体育休闲需要提供助益。

（四）生态休闲：供给质量显著提升，治理能力仍待增强

近年来，"绿水青山就是金山银山"的绿色发展理念深入人心，生态休闲的供给质量进一步得到改善。特别是绿色休闲、生态休闲与扶贫事业相结合，取得了环境保护与休闲市场发展的双重红利。2019~2020年，农业农村部继续开展中国美丽休闲乡村推介活动，共有248个村落入选"中国美丽休闲乡村名单"，为乡村休闲旅游旅居业的改造提升发挥了重要的促进作用。此外，随着2019年以来国家公园体制试点工作的有序推进，自然生态系统的原真性、完整性、生物多样性的保护工作取得长足进展，高质量生态休闲资源的供给基础进一步夯实。与此同时，可可西里成功列入《世界遗产名录》，成为我国面积最大的世界自然遗产地。

随着居民收入水平和生态休闲供给质量的显著提升，生态休闲需求相应扩大。出于对自然风光的向往，自驾游、背包客等形式成为生态休闲主体的新选择。但是，一方面，过于分散的旅游休闲活动存在较大安全隐患，有可能对游客的生命健康构成威胁。例如，格尔木公安局于2020年9月发布《关于禁止从格尔木前往玉树州可可西里自然保护区开展旅游、探险、非法穿越等活动的通告》，管控未经备案赴自然保护区的旅游休闲活动。另一方面，休闲活动的开展也需要避免对较脆弱的生态环境造成破坏。如何更好地

达到平衡生态休闲需求与自然环境保护的根本目的，需要生态休闲治理体系的进一步优化和治理能力的进一步提升。

三 休闲发展趋势与相关建议

（一）发展趋势

其一，在全面建成小康社会的背景下，居民对休闲品质的要求显著提升。随着经济发展水平的提升和收入分配状况的改善，特别是中等收入群体的快速扩大，消费者对精神文化生活和休闲需要的满足更加重视，对高品质休闲产品和服务的消费意愿更加强烈。文化、旅游、体育等休闲产业均面临市场扩张和渠道下沉的良好发展契机，与此同时，缺乏品质内涵和差异化优势的休闲产品和服务将逐渐失去市场竞争优势。

其二，由于技术进步和公共卫生环境的变化，线上休闲的发展优势将更加突出。5G通信技术的大范围应用大幅度改善了网络延迟情况，能够有效支撑数据密集型的休闲产品形态。人工智能使得语义交互等应用更加深入和自然，显著提升了休闲产品体验。大数据和云计算有助于实现精准营销推送，降低了休闲市场的交易成本。因此，在线游戏、平台社交、网络直播等休闲产品和服务的发展优势更加突出。此外，公共卫生环境的变化使非接触式休闲需求上升，从而在短期内又进一步巩固了线上休闲优势。

其三，公共卫生环境的变化使针对"大健康"产业的休闲需求显著提升。公共卫生环境变化、卫生风险上升，使消费者更加注重包括健身、康养、生态体验在内的休闲需求，呈现"休闲+大健康"的产业趋势。在疫情影响已经得到有效控制的条件下，"休闲+大健康"领域的公共投入和政策引导力度加大，未来生态康养、露天健身、山地户外、休闲农业等休闲产品和服务有望在满足休闲需求方面发挥更为重要的作用。

其四，休闲市场可能呈现以国内大循环为主体的发展特征。目前，国内疫情已基本得到有效控制，在疫苗和特效药尚未问世的情况下，"外防输

入，内防反弹"的疫情防控压力依然存在，特别是北美、拉丁美洲、南亚等地区的确诊病例快速增长势头尚未得到有效遏制。因此，旅游休闲的入境游和出境游市场、体育休闲的国际赛事组织等均会在不同程度上受到影响。

其五，休闲治理体系和治理能力的现代化进程加快。一方面，降低卫生风险要求减少集聚性休闲活动，因此电影院、博物馆、体育馆等休闲场所的复工复产进程较为审慎，在控制休闲人次、提升环境卫生质量等方面出台了具有针对性的引导政策和细则规定。另一方面，面对疫情防控造成的经济和就业压力，各地积极探索"地摊经济"等市场实践创新。在这一过程中，要注意避免休闲体验品质下降、城市治理成本上升等问题。应当通过针对性的政策建设和引导，实现治理方式的目标平衡和综合统筹。

（二）相关建议

2020年是全面建成小康社会的决胜之年、全面打赢脱贫攻坚战的冲刺之年和"十三五"规划的收官之年。全面小康时期，我国居民的休闲意识显著增强，收入增长带来休闲消费潜力的释放，休闲的时间保障进一步增强。中国社会科学院旅游研究中心等进行的"中国国民休闲状况调查（2020）"数据显示，我国国民对休闲重要性的认识逐步深化，休闲时间有所增加。调查显示，41.6%的受访者认同挣钱比休闲更重要的观点，68%的受访者倾向于认同休闲是社会文明的标志的观点，62.9%的受访者倾向于认同在休闲上投入时间是值得的这一观点，60.8%的受访者倾向于认同在休闲上花钱是值得的这一观点，70.4%的受访者倾向于认同休闲在生活中必不可少的观点，76.3%的受访者倾向于认同休闲有益健康的观点，69.3%的受访者倾向于认同多参加休闲活动实际上能提高工作效率的观点，76.2%的受访者倾向于认同休闲是幸福生活的重要组成部分的观点，71.1%的受访者倾向于认同休闲能让人和人之间的关系更和睦的观点，69%的受访者倾向于认同参加休闲活动能结交更多朋友的观点，73.6%的受访者倾向于认同休闲活动能提供更多和家人在一起的机会的观点，74.8%的受访者倾向于认同休闲活动能增进家人之间的感情的观点，73.9%的受访者倾向于认同经常参加休闲活动能让家庭更幸福的观点。当然，仍有21.7%的受访者倾向于认同休闲就是游手好闲的观点，25.5%的受访者倾向于认同休闲不利于社会经济发展的观点，30.9%的受访者倾向于认同休闲就是吃喝玩乐、物质消费的观点。调查显示，目前我国国民平均每天用于休闲的时间为3.6小时，占全天时间的15%。这一数字相对于"中国国民休闲状况调查（2013）"的调查结果（休闲时间占全天时间的13%）有所进步。尽管目前带薪休假的落实有较大进步（据2013年调查，有带薪年休假且可以自主安排者仅占31.3%，40.1%的受访者没有带薪年休假），但是，能自主安排带薪休假的国民仅有50%，还有约30%的国民没有享受到带薪休假。

总体而言，目前我国尚未形成国民休闲的系统性制度安排，休闲时间分配还不能完全满足居民的美好生活需要。未来要特别关注如下几个方面的问题。

其一，加快建构系统的休闲制度和政策体系。通过对我国国民休闲正式制度加以梳理可知，现阶段休闲制度存在的主要问题在于涉及休闲的公共政策之间存在交叉、分散的现象，从而难以形成一个有机的制度体系。自《国民旅游休闲纲要（2013~2020年）》出台以来，涉及休闲内容的具体政策在细节上推进较快，一定程度上覆盖了全面建成小康社会背景下居民涌现的新兴休闲需求和休闲活动。但是，构建清晰、直接而系统的休闲制度，逐步形成独立的休闲制度体系，依然是完善休闲制度、推进休闲治理体系和治理能力现代化的当务之急。对此，应当将针对休闲某一侧面的局部制度整合为集中度更高的专项制度，酝酿出台《国民休闲纲要》；将文化、旅游、体育、"大健康"等领域的间接制度转化为能够更好地保障居民休闲权利的直接制度；将分属不同行政主管部门的分散制度加以归拢，以高质量休闲发展为主线，建立系统的休闲制度和政策体系。

其二，进一步强化居民的休闲时间保障。一是要系统梳理休假制度，完善相关顶层设计。目前，居民的休闲时间利用过于倚重国家法定假日，不利于休闲活动的灵活安排，容易带来休闲体验下降和社会成本上升的后果。二是要重视带薪年休假问题，落实主体责任和政策时间表。造成休闲时间向法定假日集中的重要原因在于，目前带薪年休假的执行情况难言理想，特别是雇主的主体责任落实不到位。对此，应当着力攻克带薪年休假制度难以落实的症结问题，积极推动"2020年全面落实带薪年休假"的政策目标如期实现。三是要优化制度细节，在实践层面提供必要的司法解释和法律援助。例如，对带薪年休假的决定权问题，年休假与其他假期的折抵问题，以及农民工、临时工、按照计件工资获取报酬的劳动者等群体的休假规定等问题加以细化。对于由休假待遇引发的劳动争议，提供必要的司法解释和法律援助。四是要建立立体化的监督体系，特别是要重视工会在保障休闲权利上的功能定位和运行机制，切实发挥其维护劳动者休闲权益的作用。

其三，用好政策工具箱，通过政策组合加大对休闲行业的扶持力度。休闲是一个产业构成复杂的综合性行业，需要综合考虑文化、旅游、体育、餐饮、零售等行业的经济体量、就业规模及其在居民消费中的占比等因素，制定富有针对性的产业振兴政策，并通过设立行业振兴基金、财政专项拨款、金融贴息、专项贷款等各种方式加大扶持力度。休闲业以中小企业多和分散经营为主要特点。一方面，中小企业和个体工商户的资金周转能力有限，经营活动对短期现金流的依赖性强，风险抵御能力相对较低；另一方面，与行业头部企业相比，中小企业和个体工商户的市场竞争力先天不足，更易成为市场需求波动的损失承受者，因此应将中小企业和个体工商户作为主要的政策帮扶对象。此外，市场复苏进程与消费者的心理预期、公共卫生风险的实际变化有关，应当树立必要的长线思维和战略统筹意识。

其四，化危为机，培育休闲消费新增长点。此前旅游休闲与数字经济相结合的具体实践以OTA等线上延伸和休闲场景的智慧化为代表。以传统休闲体验为主、数字经济元素为辅是二者结合的主要形式。而公共卫生环境的变化进一步推动了"休闲产业+互联网"的发展趋势，一些新产品形态和新商业模式应运而生，反映了未来市场需求和技术创新趋势。在线导览、在线解说等在休闲领域得到普遍应用，特别是依托虚拟现实和人工智能技术营造的"非接触式"休闲体验领衔行业创新。有鉴于此，应当通过产业政策积极加以引导,推动行业持续开拓新的产品形态、服务方式、营销途径和商业模式,借助数字经济不断巩固休闲业加快复苏的市场基础。

参考文献

中国互联网络信息中心:第 45 次《中国互联网络发展状况统计报告》。
中华人民共和国国家广播电视总局:《2019 年全国广播电视行业统计公报》。
中华人民共和国国家统计局:2012~2019 年《中国统计年鉴》,中国统计出版社。
中华人民共和国国家统计局、中华人民共和国国家体育总局:《2018 年全国体育产业总规模与增加值数据公告》。
中华人民共和国国家统计局:《中华人民共和国 2019 年国民经济和社会发展统计公报》。
中华人民共和国国家卫生健康委员会:《2019 年我国卫生健康事业发展统计公报》。
中华人民共和国民政部:《2018 年社会服务发展统计公报》。
中华人民共和国文化和旅游部:《中华人民共和国文化和旅游部 2019 年文化和旅游发展统计公报》。
宋瑞主编《2018~2019 年中国休闲发展报告》,社会科学文献出版社,2019。
宋瑞:《"十四五"时期我国旅游业的发展环境与核心命题》,《旅游学刊》2020 年第 6 期。

G.2 中国国民休闲状况调查（2020）

"中国国民休闲状况调查"课题组[*]

摘　要： 党的十九大指出，我国社会主要矛盾已经转化为人民日益增长的美好生活需要和不平衡不充分的发展之间的矛盾。这一重要论述提出已过三年，为探究三年后人民美好生活需要以及发展的变化，我们以休闲这一美好生活的重要组成部分为切入点，通过网络调查问卷的方式收集数据，从休闲时间、活动、消费、动机、态度、效果、障碍和服务期待等方面全方位分析当前我国不同年龄、不同性别、不同收入水平和教育水平以及不同区域的国民休闲状况。研究发现：我国国民对休闲的重视程度越来越高；在线休闲发展迅速，且不同群体参与度差异小，已成为日常休闲生活不可或缺的一部分；休闲需求大大释放，供需仍然存在不平衡问题；休闲时间和休闲场所是制约休闲活动开展的两大因素。

关键词： 休闲时间　休闲活动　休闲消费　休闲动机与态度　休闲障碍

---

[*] 本课题由中国社会科学院旅游研究中心发起，由中国社会科学院旅游研究中心、腾讯文旅产业研究院、腾讯用户研究与体验设计中心共同执行。总策划：宋瑞；顾问：葛饣欠、曾佳欣、陈妍；报告组组长：金准、舒展、黄利贤；副组长：孙晖、隋馨缘；成员：黄翠、杨玥、仝玉娟、王瑞婷、周功梅、刘倩倩；执笔人：金准、王瑞婷。

休闲是美好生活需要的重要组成部分，标志着一个国家经济发展水平和社会文明程度的高低。在我国正加快形成以国内大循环为主体、国内国际双循环相互促进的新发展格局的过程中，国民休闲的重要地位日益显现。

2013年，中国社会科学院旅游研究中心联合相关组织共同开展了国内第一次全国性的国民休闲状况调查，调查样本1万多个。时隔7年，为全面揭示我国不同社会群体休闲状况的变化及未来预期，中国社会科学院旅游研究中心再次联合腾讯文旅产业研究院、腾讯CDC（用户研究与体验设计中心），通过网络开展全国性调查。此次调查与上次调查既有连续性，也有差异性。前者体现为问卷的调查思路、主体框架、绝大部分的问题设计等保持一致性和连贯性；后者体现为调查方式从入户调查改为线上调查，同时，问卷设计中的部分问题也根据调查方式的不同进行了必要的调整。总体而言，我们希望借此客观记录、全面揭示我国国民的休闲动机、休闲认知、休闲时间、休闲活动、休闲方式、休闲消费、休闲满意度等方面的现状及变化趋势，为休闲相关行业提供趋势前瞻和发展之策。

本调查问卷发放时间为2020年8月7~11日，面向14岁及以上用户投放，覆盖全国范围内不同经济发展水平地区的用户，通过主问卷和补充问卷配合的方式展开。调研采用"抽样框+事后配比"的方式，保证用户性别和年龄符合中国互联网络信息中心（CNNIC）报告中的中国网民结构。经过样本回收与清洗，共收集问卷8686份，其中有效问卷6383份，主要聚焦于休闲活动、休闲时间和休闲消费；共收集补充问卷8413份，其中有效问卷5837份，主要聚焦于休闲动机、休闲态度、休闲障碍以及休闲服务期待。

本问卷中的"休闲"指人们在空闲时间满足个人爱好和兴趣的活动；按照具体地点，其可分为"居家休闲"、"本地休闲"和"旅游"三大类，其中，"旅游"指离开惯常环境，以旅行游玩（而非商业）为目的的活动。问卷中所有涉及"过去一年"和"未来一年"的表述均指调查年度，而非自然年度。

一 休闲时间

(一)总体时间分配

1. 总体情况:工作日平均休闲时间为3.6小时

调查结果显示,过去一年中,我国国民总体时间分配情况如下(见表1、表2)。

(1)用于工作及相关活动(含加班、充电学习、交通等)的平均时间为9.4小时(占全天时间的39.2%)。其中,直接用于工作/学习/劳作的时间为6.9小时,为满足工作需要充电学习/参加课外辅导等的时间为1.3小时,用于交通的时间为1.2小时。

(2)平均每天满足生理需要的时间为9.4小时。其中,用于睡眠休息的时间为7.4小时(占全天时间的30.8%),用于满足其他生理需要活动的平均时间为2小时(占全天时间的8.3%)。

(3)我国国民平均每个工作日用于休闲的时间为3.6小时,占全天时间的15%。

(4)家务劳动及相关活动平均为每天1.6小时,占全天时间的6.7%。

表1 总体样本工作日的时间分配

单位:小时

工作及相关活动	生理需要	家务劳动及相关活动	休闲时间
9.4	9.4	1.6	3.6

表2 工作及相关活动以及生理需要的时间分配

单位:小时

工作及相关活动			生理需要	
9.4			9.4	
工作/学习/劳作	为满足工作需要充电学习/参加课外辅导等	交通	睡眠休息	其他满足生理需要活动
6.9	1.3	1.2	7.4	2

2. 地区差异：四线及以下城市每日休闲时间最长

比较不同城市分级下受访者的每日时间分配情况可见，从工作时间看，一、二线城市的工作及相关时间差异不大，分别为9.5小时与9.6小时，四线及以下城市的工作时间最短，为9.2小时，三线城市工作及相关时长最长，为9.8小时（见图1）。

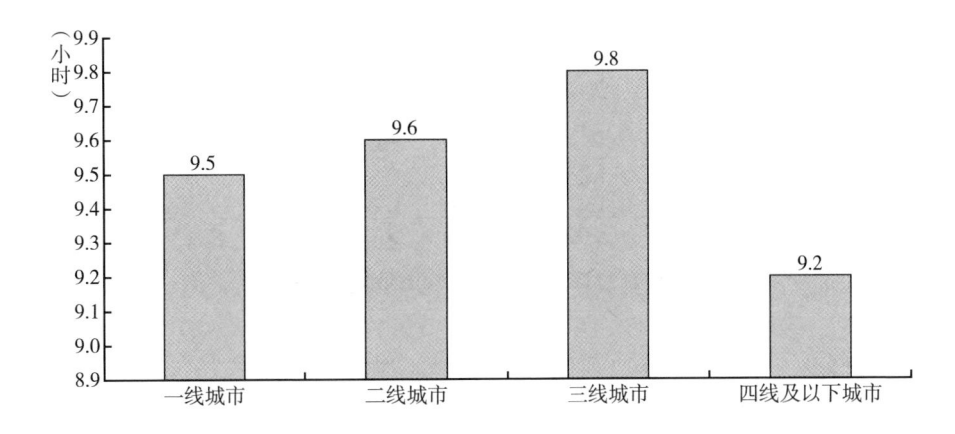

图1 工作日不同级别城市的工作时长

交通通勤在工作及相关时间里占比较高，一线城市14.7%的工作相关时间用在了路上交通上（平均1.4个小时），越高级别的城市，用于道路通勤的时间越长（见图2）。

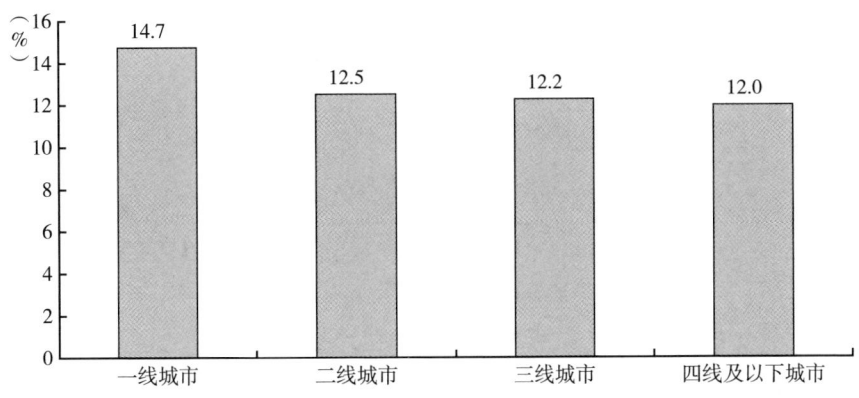

图2 工作日不同级别城市的交通时间占全天时长比例

从休闲时间看，四线及以下城市受访者每日休闲时间最长，为3.8小时；一线及三线城市受访者休闲时间最少，分别为3.4小时与3.3小时（见图3）。

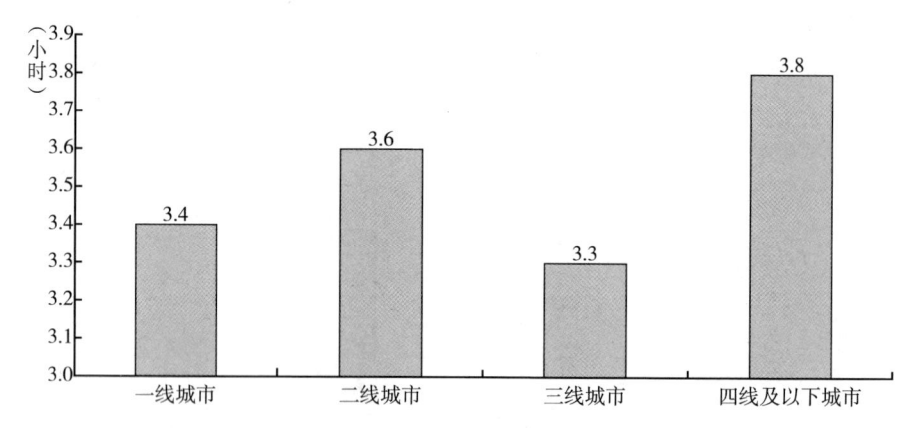

图3 工作日不同级别城市的休闲时长

不同城市分级下，受访者每日休闲时间的极差约为0.5小时。从活动类型来看，生理需要时间、家务劳动及相关活动时间差别较小；工作及相关活动时间差异最大，三线城市（最高，9.8小时）与四线及以下城市（最低，9.2小时）相差约0.6小时（见表3）。

表3 不同城市分级受访者工作日的时间分配

单位：小时

	一线城市	二线城市	三线城市	四线及以下城市
工作及相关活动	9.5	9.6	9.8	9.2
工作(含加班)/学习(含做作业)/劳作	6.9	7.1	7.3	6.7
为满足工作需要充电学习/参加课外辅导等	1.2	1.3	1.3	1.4
交通(每日在居住地与工作地/学校/劳动场所之间往返)	1.4	1.2	1.2	1.1
生理需要	9.5	9.3	9.4	9.5
睡眠休息	7.4	7.4	7.4	7.5
其他满足生理需要活动	2.1	1.9	2.0	2.0
家务劳动及相关活动	1.6	1.5	1.5	1.6
休闲时间	3.4	3.6	3.3	3.8

3. 在线休闲：平均每日时间为4.9小时

随着互联网的发展和休闲方式的丰富，突破时间和空间限制的移动休闲在我国国民休闲中越来越重要。调查结果显示，过去一年，国民平均每日在线休闲时间为4.9小时，其中，27.3%的受访者每天在线休闲时间在1~3小时，25.6%的受访者每天在线休闲时间为3~5小时，16.2%的受访者每天在线休闲时间为5~8小时。不同性别人群，在线休闲时间分布大致相当。不同年龄段人群，整体呈年龄越小，在线休闲时间越长的特点："60后"、"70后"及"80后"在线休闲时间为1~3小时的人最多，"90后"在线休闲时间为3~5小时的人最多，"00后"在线休闲时间为5~8小时的人最多（见图4）。不同学历人群，整体呈现学历越低，在线休闲时间越长的特点（见图5）。

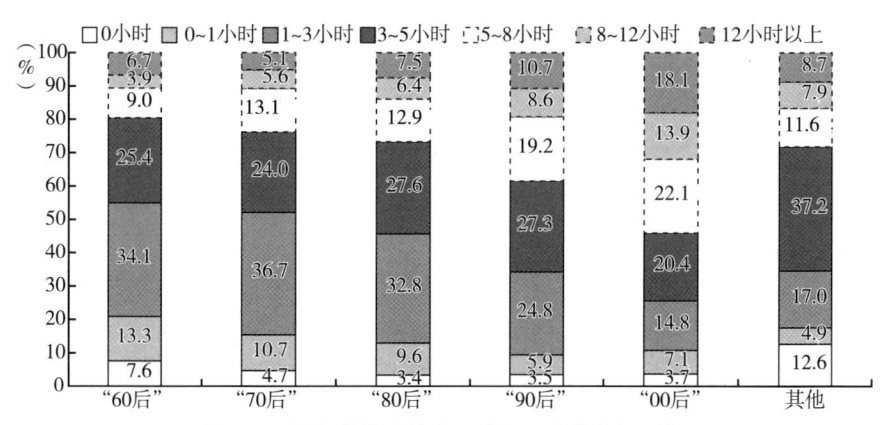

图4 不同年龄段受访者平均每日在线休闲时间

注：若数据分项合计与总值不等，是由数值修约误差所致。

4. 疫情前后的变化：国民居家休闲时间显著增长

2020年初，受新型冠状病毒性肺炎疫情（以下简称"新冠肺炎疫情"）影响，全国人民居家抗疫、延迟复工，这一重大事件使人们的生活节奏和生活方式发生重大改变，继而对休闲生活也产生显著影响。疫情发生之前的一年里，受访者平均每天居家休闲时间为5.77小时，新冠肺炎疫情发生以后，国民居家时间显著增长，平均每天达到7.15小时，增长了23.9%。其中，5小时以上时段的居家休闲时间比例均高于2019年，居家休闲时间达12小

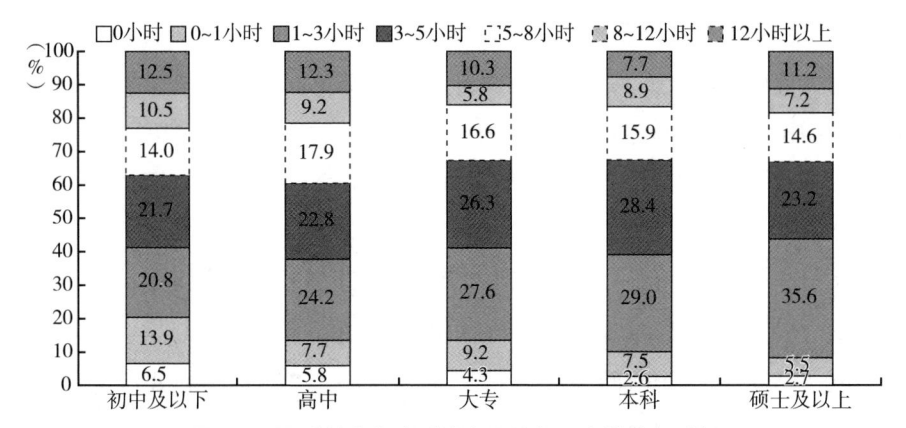

图 5 不同受教育程度受访者平均每日在线休闲时间

注：若数据分项合计与总值不等，是由数值修约误差所致。

时以上的受访者人数最多（占总人数的23.4%）（见图6）。本地休闲时间也有较大变化（见图7），出于防控疫情需要、疫情严重时期本地休闲基础设施关闭等原因，没有在本地进行休闲活动的人数比例上升（由5.9%上升至9.5%）；每周2小时以内的短时间本地休闲（例如街心花园短时间运动等）人数比例上升；每周2小时至每周72小时本地休闲时间的受访者人数比例均下降。特别值得一提的是，相较于疫情前，疫情发生以后每周花费72小时以上时间进行本地休闲的受访者人数比例提升，由11.9%上升至14%，这与疫情后居民渴望外出放松以及放开本地游关系密切。

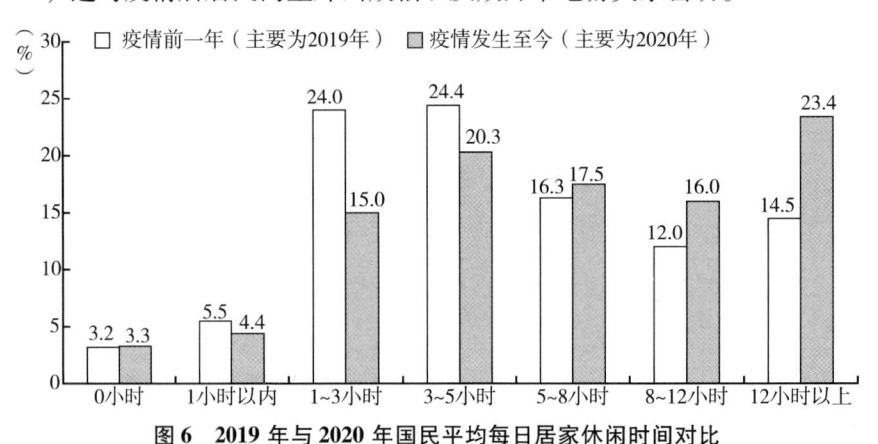

图 6 2019年与2020年国民平均每日居家休闲时间对比

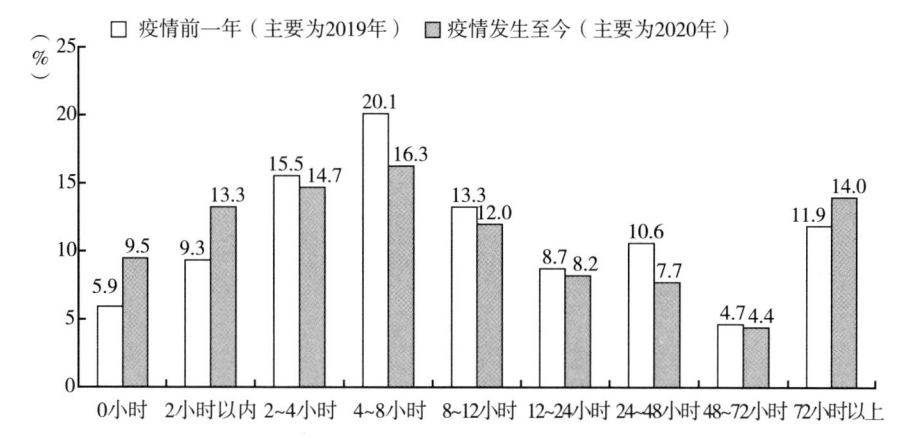

图 7　2019 年与 2020 年国民平均每周本地休闲时间对比

（二）带薪年休假：约有一半的人享有带薪年休假

在受访者中，约有一半（51.6%）的人有带薪年休假且可以自主安排；23.5%的人没有带薪年休假；19.6%的人有带薪年休假，但不能自主安排；5.3%的人有带薪年休假，但不能休（见图8）。尽管带薪年休假的实行仍有很大提升空间，但与2013年的调查结果比，仍进步显著。据2013年调查，有带薪年休假且可以自主安排者仅占31.3%；40.1%的受访者没有带薪年休假。

从不同学历分段受访者带薪年休假实行情况可以发现，学历越高的受访者所从事的工作带薪年休假保障越好，学历越低的受访者没有带薪年休假的概率越大。其中，硕士及以上学历受访者中，有且可以自主安排带薪年休假的比例为72.7%，没有带薪年休假的比例仅为6.6%；而初中及以下学历受访者中，有且可以自主安排带薪年休假的比例仅为22.7%，有53.4%的受访者没有带薪年休假（见图9）。

（三）弹性休假：享有者占比有限

受新冠肺炎疫情影响，部分省（区、市）推出了一系列刺激休闲、刺

休闲绿皮书

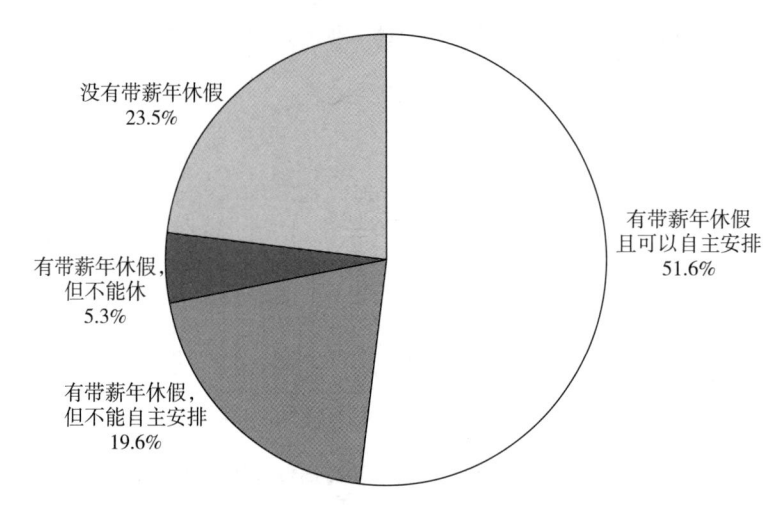

图8 受访者带薪年休假实行情况

- 没有带薪年休假 23.5%
- 有带薪年休假,但不能休 5.3%
- 有带薪年休假,但不能自主安排 19.6%
- 有带薪年休假且可以自主安排 51.6%

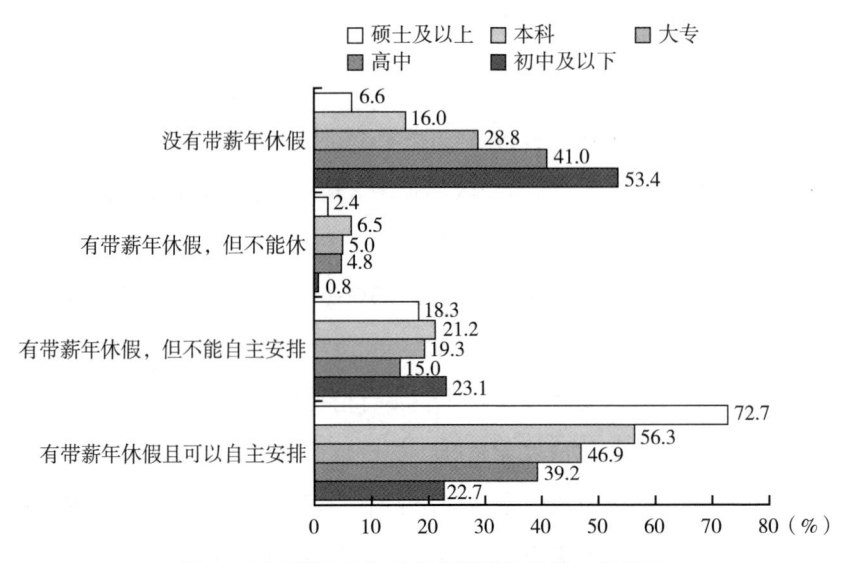

图9 不同学历分段受访者带薪年休假实行情况

没有带薪年休假：硕士及以上 6.6；本科 16.0；大专 28.8；高中 41.0；初中及以下 53.4

有带薪年休假,但不能休：硕士及以上 2.4；本科 6.5；大专 5.0；高中 4.8；初中及以下 0.8

有带薪年休假,但不能自主安排：硕士及以上 18.3；本科 21.2；大专 19.3；高中 15.0；初中及以下 23.1

有带薪年休假且可以自主安排：硕士及以上 72.7；本科 56.3；大专 46.9；高中 39.2；初中及以下 22.7

激消费的措施,"2.5天弹性休假制度"为重要举措之一。从调查结果来看,约有1/3（30.4%）的受访者没听说过弹性休假制度;约有2/3（65.3%）的受访者听说过弹性休假制度,但没有享受过该制度;仅有4.3%的受访者享受过弹性休假制度（见图10）。

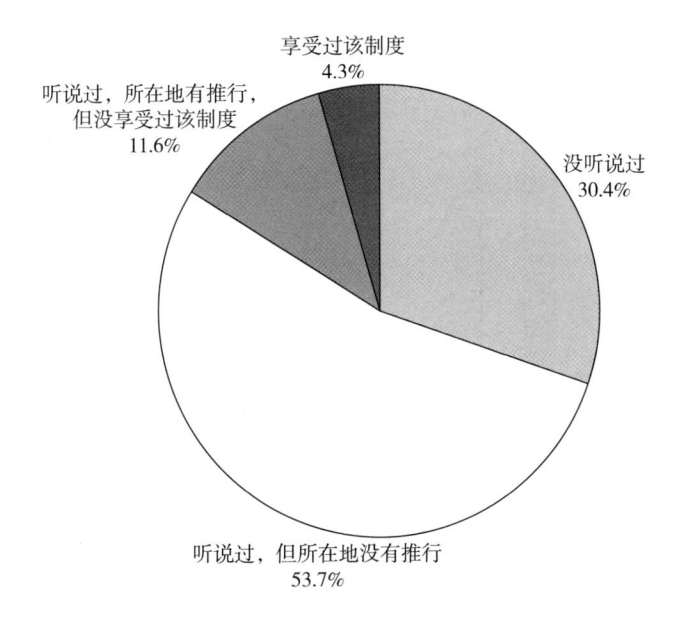

图 10　受访者"2.5 天弹性休假制度"实行情况

二　休闲活动

（一）总体情况

1. 居家休闲：内容消遣占比最高

就居家休闲而言，过去一年中，所有受访者参与频率从高到低的休闲活动依次是：（1）内容消遣（如看电视、听广播、读书看报、观影看剧、听音乐等）；（2）社交互动（如清谈闲聊、互动消遣）；（3）益智竞技（如棋牌、游戏等）；（4）健康保健（如运动、健身、按摩等）；（5）实物制作（如手工、缝纫、编织、烹饪等）；（6）独自发呆；（7）培植养育（如养宠物、做园艺等）；（8）艺术表演与创作（如乐器、歌舞、书画、摄影、摄像、文学创作等）；（9）收藏品鉴（如集邮、集币、收藏古玩等）；（10）其他（见图 11）。

休闲绿皮书

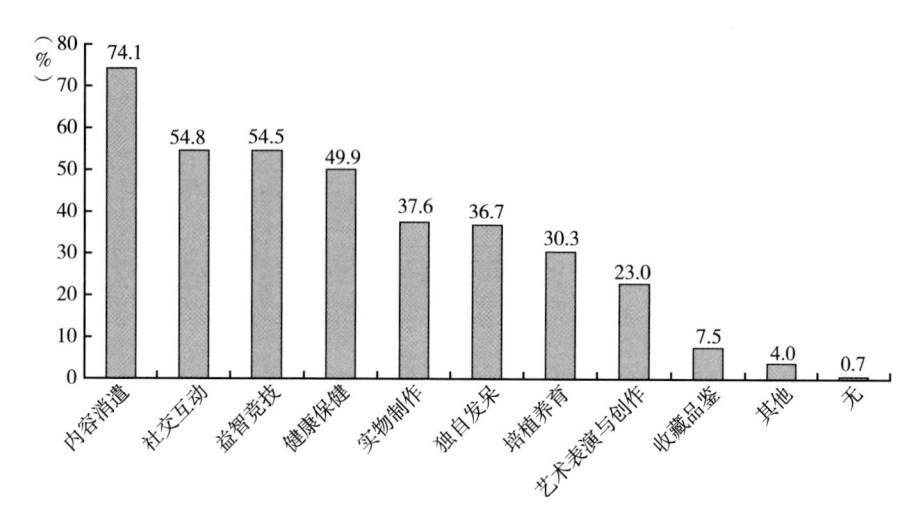

```
 80 ┐ 74.1
 70
 60      54.8  54.5
 50              49.9
 40                    37.6  36.7
 30                                30.3
 20                                      23.0
 10                                             7.5
  0                                                   4.0   0.7
    内容 社交 益智 健康 实物 独自 培植 艺术表 收藏 其他 无
    消遣 互动 竞技 保健 制作 发呆 养育 演与创作 品鉴
```

图 11 受访者居家休闲活动情况

2. 本地休闲：逛公园或本地景点是最主流的本地休闲方式

本地休闲方面，过去一年中，所有受访者参与频率最高的休闲活动依次是：（1）逛公园或本地景点；（2）朋友聚会（如聚餐、去 KTV 等）；（3）逛街购物；（4）户外健身（如跑步、爬山、跳广场舞等）；（5）观影、看赛事演出；（6）氛围消遣（如去书吧、咖啡厅、酒吧、茶馆）；（7）游戏消遣（如去网吧、游戏厅、电玩城、桌游吧、麻将馆）；（8）广内健身（如健身房、游泳馆等）；（9）参与社区活动/公益活动；（10）逛展览馆；（11）美容按摩；（12）兴趣培训；（13）参加会所/俱乐部活动；（14）参加极限运动（如攀岩、漂流、蹦极等）；（15）无；（16）其他（见图 12）。

3. 在线休闲：社交聊天占比最高

过去一年中，受访者在线休闲活动选择的比例由高到低依次为：（1）社交聊天（如微信、QQ 交流等）；（2）看影视作品（如看综艺、看电视剧、看电影、看动画等）；（3）看短视频（如刷抖音、刷快手、看 UP 主上传的短视频等）；（4）听网络音乐（包括听歌、唱歌等）；（5）打游戏；（6）网络购物；（7）网络文学/阅读电子书；（8）获取新闻资讯（包括刷微博、刷知乎、刷豆瓣等）；（9）线上学习（如自主学习做饭教程、健身教程、舞蹈

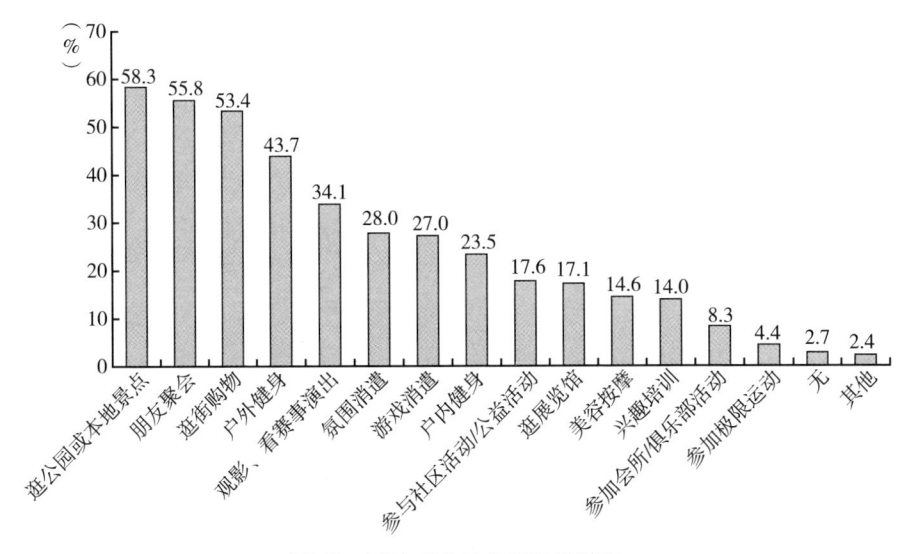

图12 受访者本地休闲活动情况

活动	百分比(%)
逛公园或本地景点	58.3
朋友聚会	55.8
逛街购物	53.4
观影	43.7
户外健身	34.1
看赛事演出	28.0
氛围消遣	27.0
游戏消遣	23.5
户内健身	17.6
参与社区活动/公益活动	17.1
进展览馆	14.6
美容按摩	14.0
兴趣培训	8.3
参加会所/俱乐部活动	4.4
参加极限运动	2.7
无	2.4
其他	

教程、在线课程等）；（10）看直播（如真人秀、游戏、演唱会、赛事直播等）；（11）浏览、记录、分享生活（如打卡、看攻略、写攻略、制作Vlog等）；（12）网络电台/网络广播；（13）云旅游（如看景区直播、逛在线博物馆等）；（14）其他（见图13）。

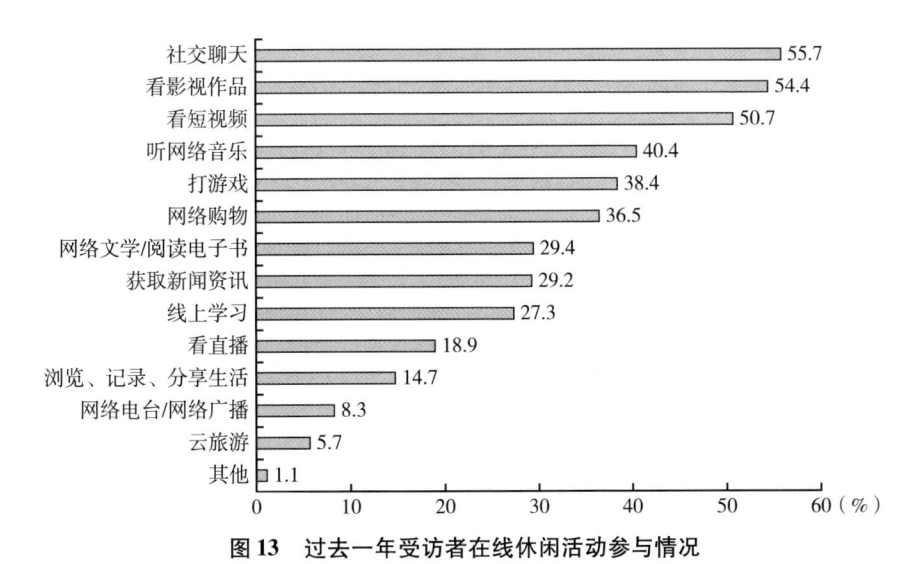

活动	百分比(%)
社交聊天	55.7
看影视作品	54.4
看短视频	50.7
听网络音乐	40.4
打游戏	38.4
网络购物	36.5
网络文学/阅读电子书	29.4
获取新闻资讯	29.2
线上学习	27.3
看直播	18.9
浏览、记录、分享生活	14.7
网络电台/网络广播	8.3
云旅游	5.7
其他	1.1

图13 过去一年受访者在线休闲活动参与情况

4. 旅游：以周边游和省内游为主

调查结果显示，过去一年中，受访者参与旅游活动的类型比例从高到低依次为：周边游（64.4%）、省内游（42.5%）、省外（境内）游（25.9%）、没有参与任何旅游活动（18.3%）、出国游（4.7%）、港澳台游（4.5%）。过去一年受访者各类型旅游活动参与频次情况见图14。

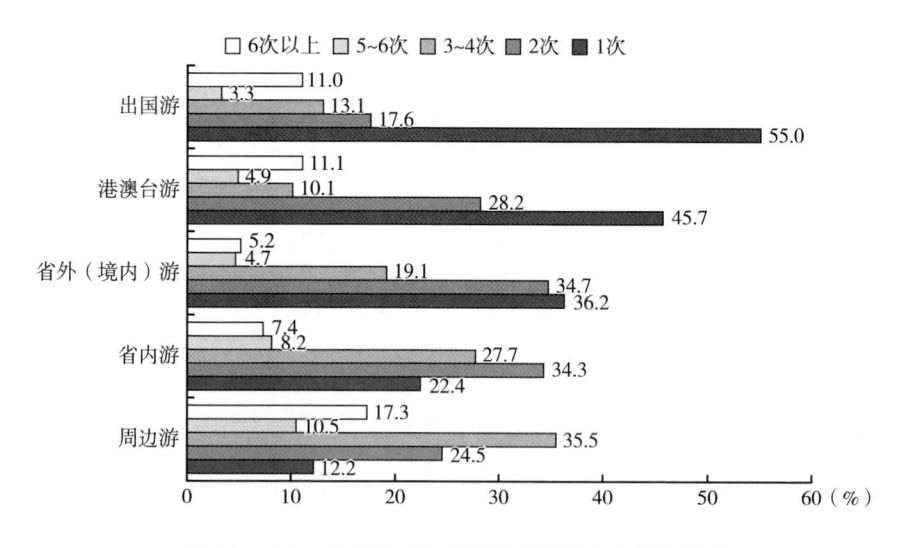

图14 过去一年受访者各类型旅游活动参与频次情况

类型	6次以上	5~6次	3~4次	2次	1次
出国游	11.0	3.3	13.1	17.6	55.0
港澳台游	11.1	4.9	10.1	28.2	45.7
省外（境内）游	5.2	4.7	19.1	34.7	36.2
省内游	7.4	8.2	27.7	34.3	22.4
周边游	17.3	10.5	35.5	24.5	12.2

在旅游产品选择方面，过去一年，受访者选择最多的是自然观光类旅游产品，除"其他"选项外，选择最少的是体育冒险类旅游产品。由高到低依次为：自然观光类、名胜古迹类、度假休闲类、美食购物类、民俗风情类、城市地标类、探亲访友类、健康疗养类、游学教育类、体育冒险类、其他（见图15）。

（二）群体

1. 性别：一些活动几乎不存在性别差异

不同性别的受访者，其休闲活动有同有异。例如，在如下休闲活动方面，几乎不存在性别差异：（1）健康保健（如运动、健身、按摩等）；

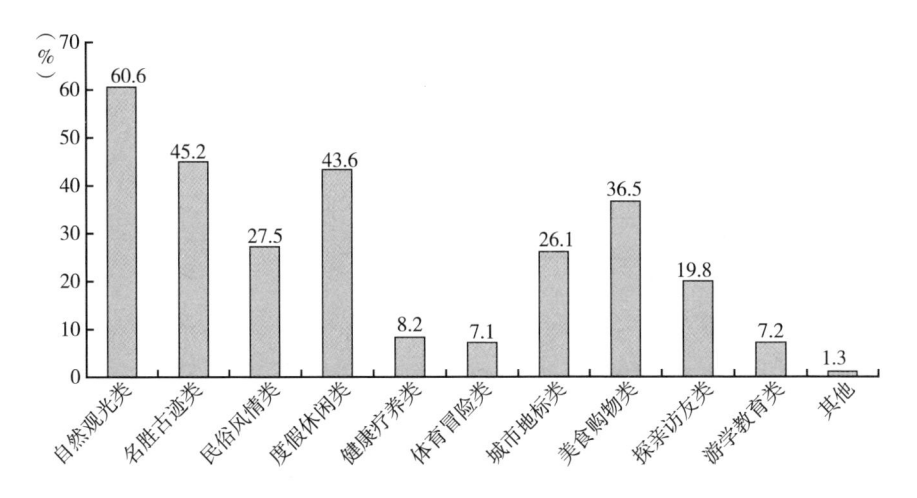

图 15 过去一年受访者旅游产品选择情况

（自然观光类 60.6，名胜古迹类 45.2，民俗风情类 27.5，度假休闲类 43.6，健康疗养类 8.2，体育冒险类 7.1，城市地标类 26.1，美食购物类 36.5，探亲访友类 19.8，游学教育类 7.2，其他 1.3）

（2）兴趣培训；（3）逛展览馆；（4）参与社区活动/公益活动；（5）观影、看赛事演出；（6）户外健身（如跑步、爬山、广场舞等）；（7）朋友聚会（如聚餐、KTV等）；（8）听网络音乐（包括听歌、唱歌等）；（9）看短视频（如刷抖音、刷快手、看UP主上传的短视频等）；（10）浏览、记录、分享生活（如打卡、看攻略、写攻略、制作自己的Vlog等）；（11）获取新闻资讯（包括刷微博、刷知乎、刷豆瓣等）。在另一些休闲活动方面，性别差异较明显。女性参与度远高于男性的休闲活动有：（1）实物制作（如手工、缝纫、编织、烹饪等）；（2）培植养育（如养宠物、做园艺等）；（3）独自发呆；（4）美容按摩；（5）逛街购物；（6）看影视作品（如看综艺、看电视剧、看电影、看动画等）；（7）社交聊天（如微信、QQ交流等）；（8）网络购物。男性参与度远高于女性的休闲活动有：（1）益智竞技（如棋牌游戏等）；（2）参加会所/俱乐部活动；（3）游戏消遣（如去网吧、游戏厅、电玩城、桌游吧、麻将馆）；（4）看直播（如真人秀、游戏、演唱会、赛事直播等）（见图16～图18）。

2. 年龄：年龄对休闲活动选择影响较大

从调查结果看，年龄对休闲活动选择影响较大。除"其他"年龄选项外，"60后"至"00后"各年龄段选择休闲活动具有如下特征：（1）在艺

休闲绿皮书

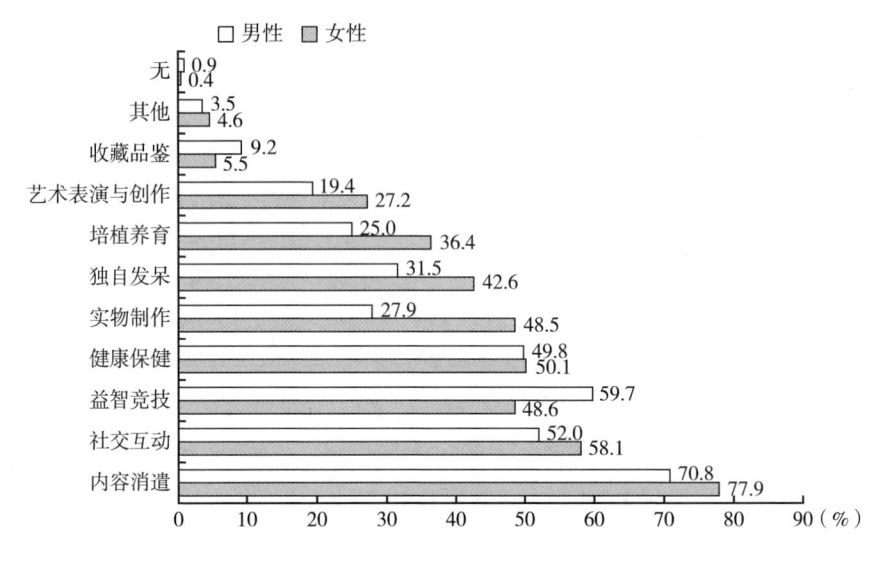

图16 不同性别受访者居家休闲活动选择（男性/女性，%）

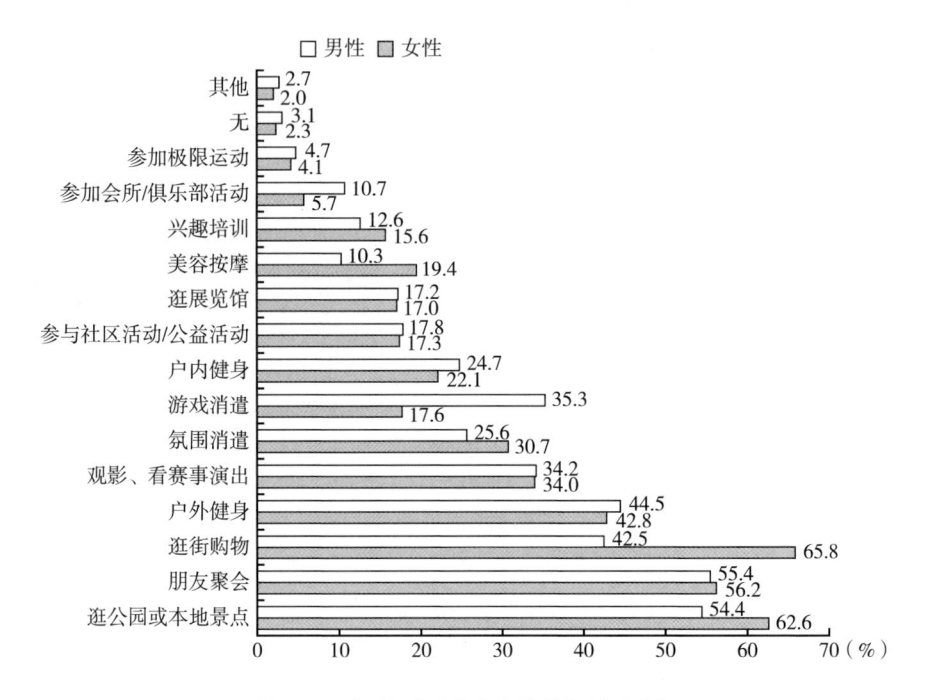

- 无：0.9 / 0.4
- 其他：3.5 / 4.6
- 收藏品鉴：9.2 / 5.5
- 艺术表演与创作：19.4 / 27.2
- 培植养育：25.0 / 36.4
- 独自发呆：31.5 / 42.6
- 实物制作：27.9 / 48.5
- 健康保健：49.8 / 50.1
- 益智竞技：59.7 / 48.6
- 社交互动：52.0 / 58.1
- 内容消遣：70.8 / 77.9

图17 不同性别受访者本地休闲活动选择（男性/女性，%）

- 其他：2.7 / 2.0
- 无：3.1 / 2.3
- 参加极限运动：4.7 / 4.1
- 参加会所/俱乐部活动：10.7 / 5.7
- 兴趣培训：12.6 / 15.6
- 美容按摩：10.3 / 19.4
- 逛展览馆：17.2 / 17.0
- 参与社区活动/公益活动：17.8 / 17.3
- 户内健身：24.7 / 22.1
- 游戏消遣：35.3 / 17.6
- 氛围消遣：25.6 / 30.7
- 观影、看赛事演出：34.2 / 34.0
- 户外健身：44.5 / 42.8
- 逛街购物：42.5 / 65.8
- 朋友聚会：55.4 / 56.2
- 逛公园或本地景点：54.4 / 62.6

040

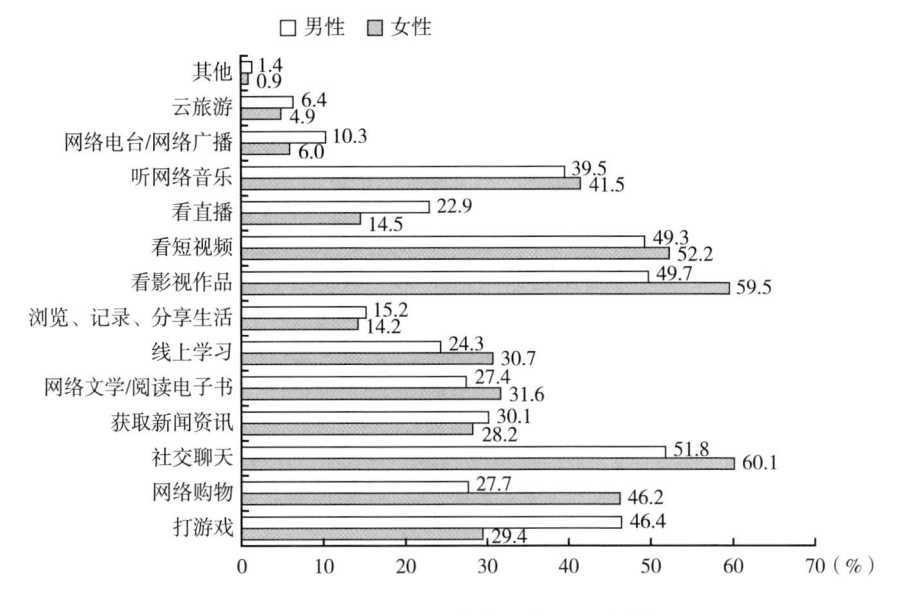

```
                    □ 男性   ■ 女性
           其他 ┤1.4
              ┤0.9
         云旅游 ┤6.4
              ┤4.9
  网络电台/网络广播 ┤10.3
              ┤6.0
       听网络音乐 ┤39.5
              ┤41.5
         看直播 ┤22.9
              ┤14.5
       看短视频 ┤49.3
              ┤52.2
       看影视作品 ┤49.7
              ┤59.5
  浏览、记录、分享生活 ┤15.2
              ┤14.2
       线上学习 ┤24.3
              ┤30.7
  网络文学/阅读电子书 ┤27.4
              ┤31.6
      获取新闻资讯 ┤30.1
              ┤28.2
         社交聊天 ┤51.8
              ┤60.1
         网络购物 ┤27.7
              ┤46.2
          打游戏 ┤46.4
              ┤29.4
              0  10  20  30  40  50  60  70(%)
```

图 18　不同性别受访者在线休闲活动选择

术表演与创作（如乐器、歌舞、书画、摄影、摄像、文学创作等），独自发呆，益智竞技（如棋牌、游戏等），游戏消遣（如去网吧、游戏厅、电玩城、桌游吧、麻将馆），氛围消遣（如去书吧、咖啡厅、酒吧、茶馆），观影，看赛事演出，逛街购物，看直播（如真人秀、游戏、演唱会、赛事直播等），社交聊天（如微信、QQ交流等）等方面大致呈现出年龄越小，参与度越高的特点；（2）在健康保健（如运动、健身、按摩等），逛展览馆，参与社区活动/公益活动，户内健身（如健身房、游泳馆等），逛公园或本地景点，网络电台/网络广播等方面大致呈现出年龄越大，参与度越高的特点；（3）在内容消遣（如看电视、听广播、读书看报、观影看剧、听音乐等），参加会所/俱乐部活动，云旅游（如看景区直播、逛在线博物馆等），看短视频（如刷抖音、刷快手、看UP主上传的短视频等），浏览、记录、分享生活（如打卡、看攻略、写攻略、制作Vlog等），线上学习（如自主学习做饭教程、健身教程、舞蹈教程、在线课程等），网络文学/阅读电子书等休闲活动方面差别不大（见图19~图21）。

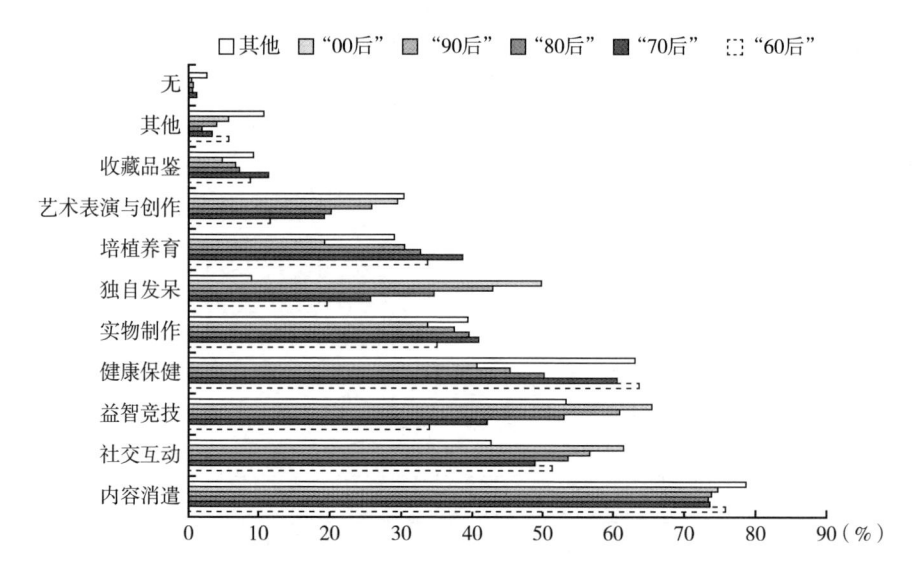

图19 不同年龄段受访者居家休闲活动选择

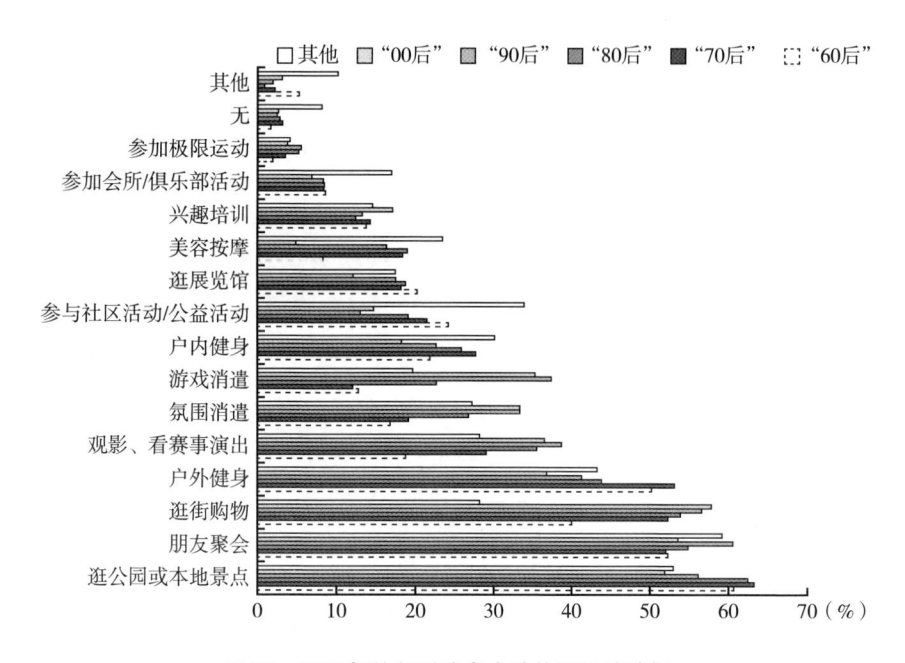

图20 不同年龄段受访者本地休闲活动选择

图 21 不同年龄段受访者在线休闲活动选择

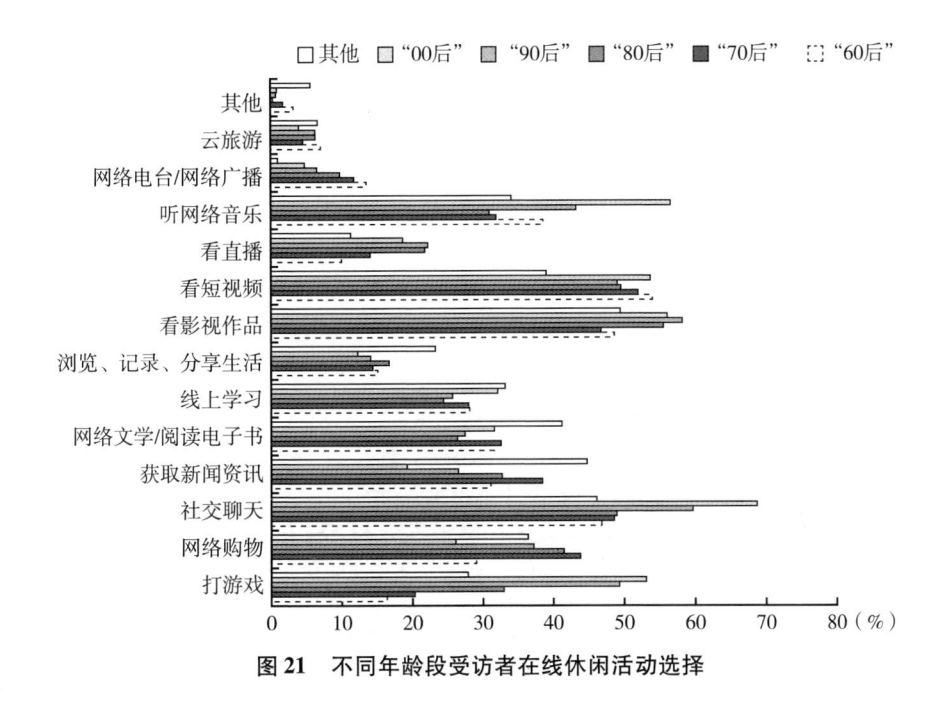

3. 城市级别：在线休闲差异小，居家和本地休闲区别大

分析不同城市级别受访者的情况可见：（1）不同级别城市生活的受访者在在线休闲活动领域差别较小，居家休闲活动和本地休闲活动方面差异较明显；（2）除个别休闲活动（如独自发呆）外，居家休闲活动和本地休闲活动方面大致呈现出受访者所在城市级别越高，各项休闲活动参与度越高的特点（见图22～图24）。

4. 收入：在线休闲活动差异不大，居家休闲活动和本地休闲活动差异显著

调查显示，不同收入群体参与的休闲活动有所差异，具体表现为以下几点：（1）在线休闲活动差异不大，居家休闲活动和本地休闲活动差异显著；（2）整体呈现收入越高，休闲活动参与度越高的特点，尤其体现在收藏品鉴（如集邮、集币、收藏古玩等）、参加极限运动（如攀岩、漂流、蹦极等）、参加会所/俱乐部活动、户内健身（如健身房、游泳馆等）等对经济基础有一定要求的休闲活动项目上；（3）"独自发呆"大致呈现出收入越低，参与度越高的特点（见图25～图27）。

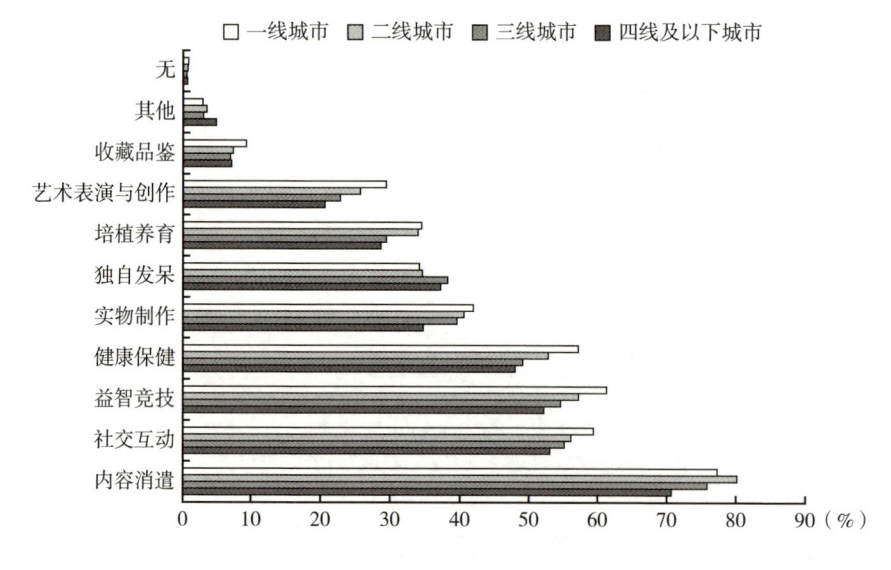

图22 不同级别城市受访者居家休闲活动选择

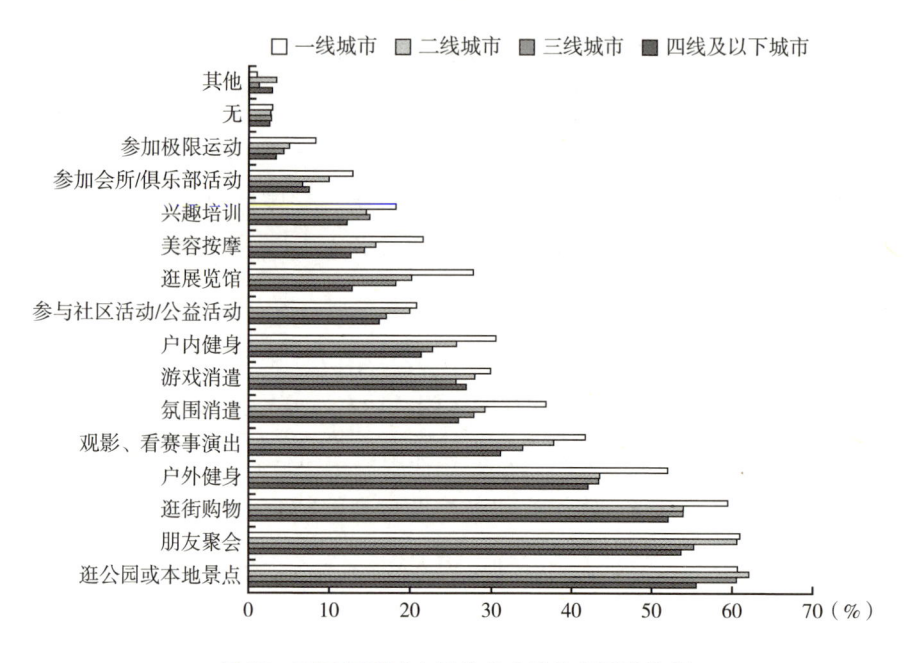

图23 不同级别城市受访者本地休闲活动选择

图 24 不同级别城市受访者在线休闲活动选择

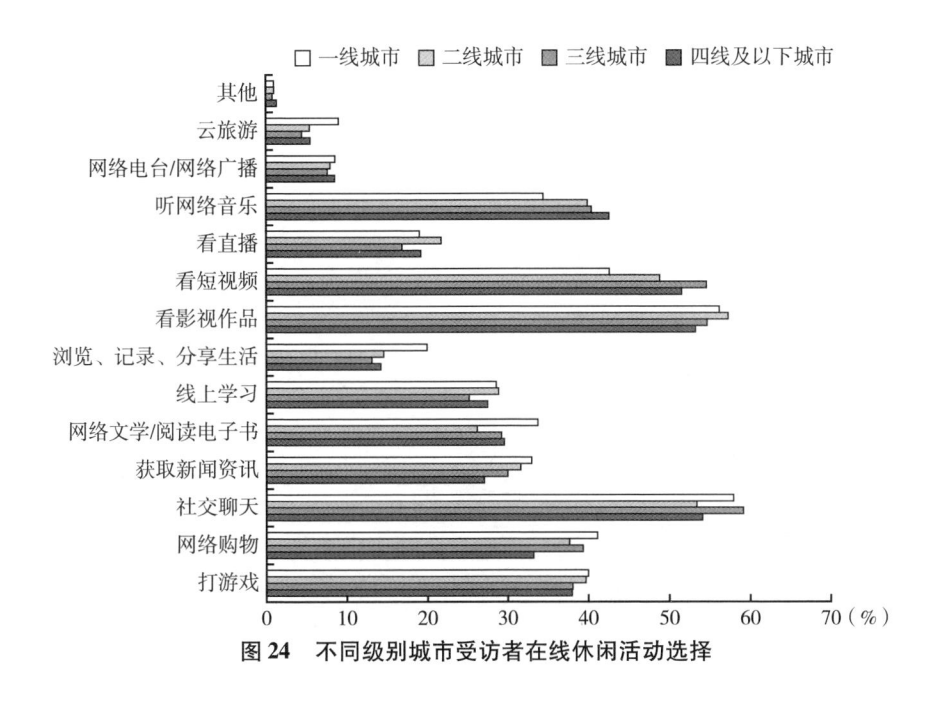

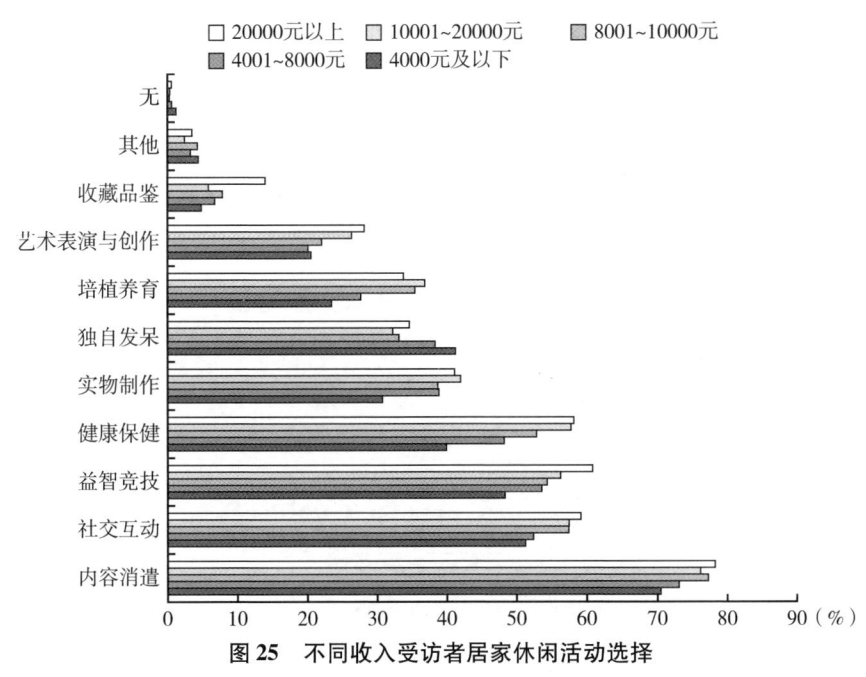

图 25 不同收入受访者居家休闲活动选择

休闲绿皮书

图26 不同收入受访者本地休闲活动选择

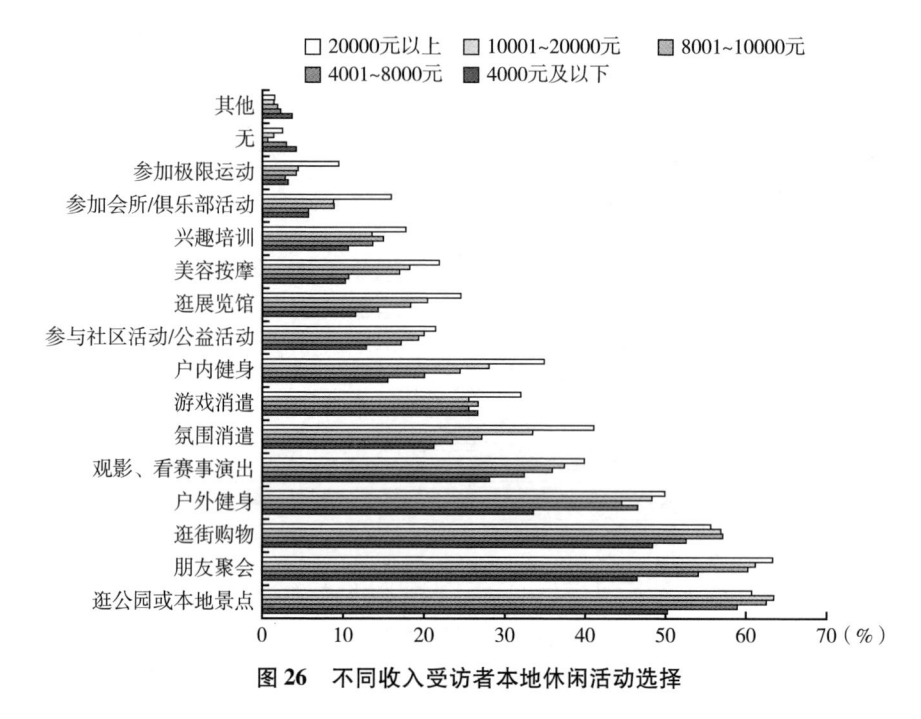

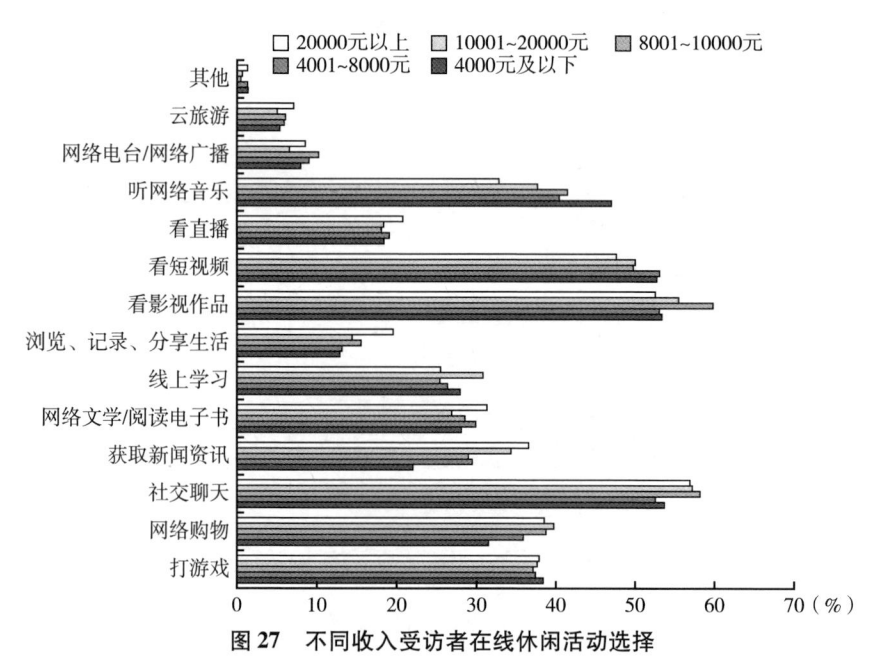

图27 不同收入受访者在线休闲活动选择

046

5. 学历：不同学历层次休闲活动有较大差异

（1）在居家休闲活动中，除"独自发呆"这一休闲活动各学历层次受访人差别不大外，其他休闲活动大致表现出学历层次越高，各项居家休闲活动参与度越高的特点。（2）在本地休闲活动中，学历层次越低，"无"的比例越高；其他休闲活动大致呈学历越高，参与度越高的特点，尤其在参加极限运动（如攀岩、漂流、蹦极等）、兴趣培训、逛展览馆、户内健身这几项本地休闲活动中，硕士及以上学历受访者参与度明显高于其他人群。（3）在在线休闲活动中，对于云旅游（如看景区直播、逛在线博物馆等），网络电台/网络广播，浏览、记录、分享生活（如打卡、看攻略、写攻略、制作Vlog等），线上学习（如自主学习做饭教程、健身教程、舞蹈教程、在线课程等），获取新闻资讯（包括刷微博、刷知乎、刷豆瓣等）等休闲活动，学历越高，参与度越高；对于听网络音乐（包括听歌、唱歌等）、看短视频（如刷抖音、刷快手、看UP主上传的短视频等）、打游戏等休闲活动，表现为学历越低，参与度越高；其他在线休闲活动参与度差别不大（见图28～图30）。

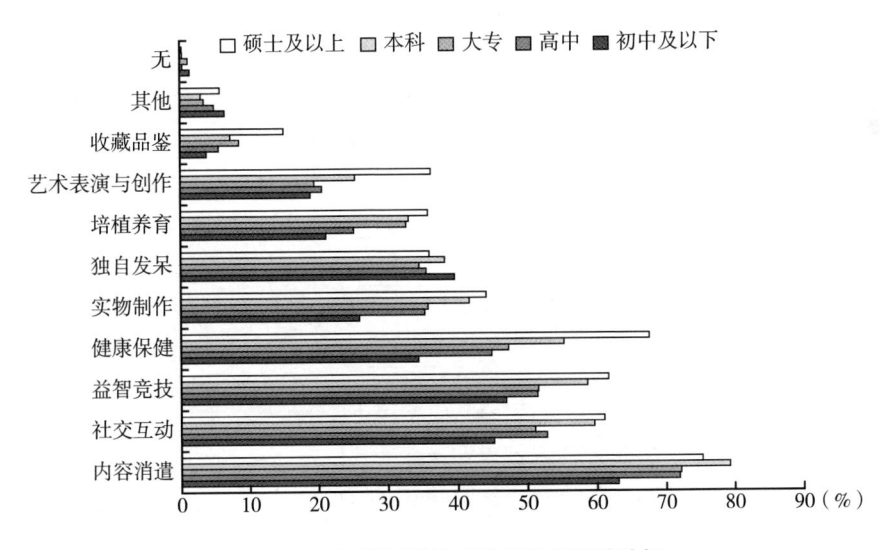

图28 不同学历受访者居家休闲活动选择

休闲绿皮书

图29 不同学历受访者本地休闲活动选择

图30 不同学历受访者在线休闲活动选择

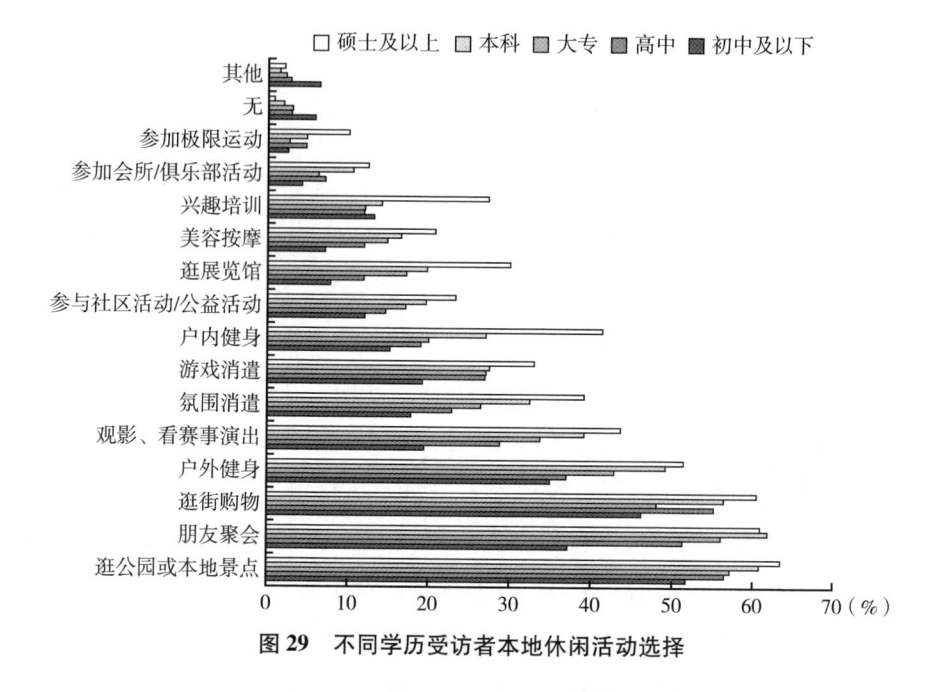

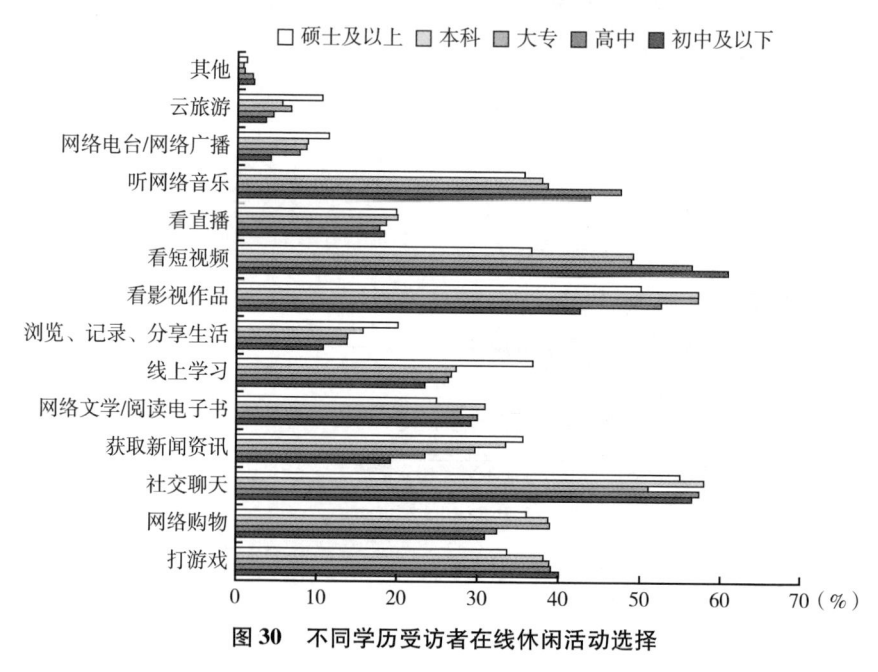

048

三 休闲消费

（一）总体情况：年均休闲消费为5647元

问卷调查结果显示，过去一年，国民年均休闲消费为5647元。个人休闲消费开支在1001～3000元的占22.7%，在3001～5000元的占10%，5001～10000元的占11.1%，11.8%的人年休闲消费开支超过10000元，有44.4%的人一年休闲消费开支在1000元及以下（包括0元）（见图31）。

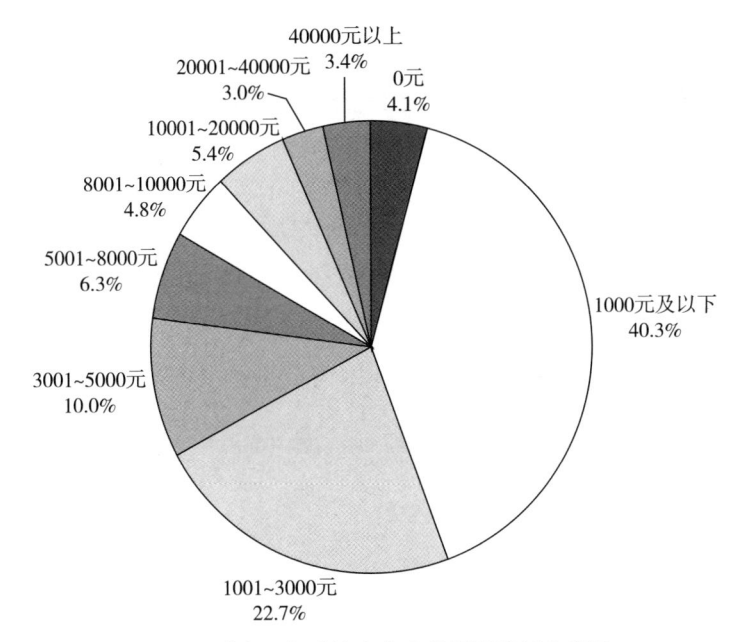

图31 过去一年受访者个人休闲消费开支情况

（二）不同群体

1. 性别：5000元以上消费区间，男性普遍高于女性

在5000元及以下的消费区间（除0元外），普遍是女性高于男性；超过5000元的消费群体中，男性一般又高于女性（见图32）。

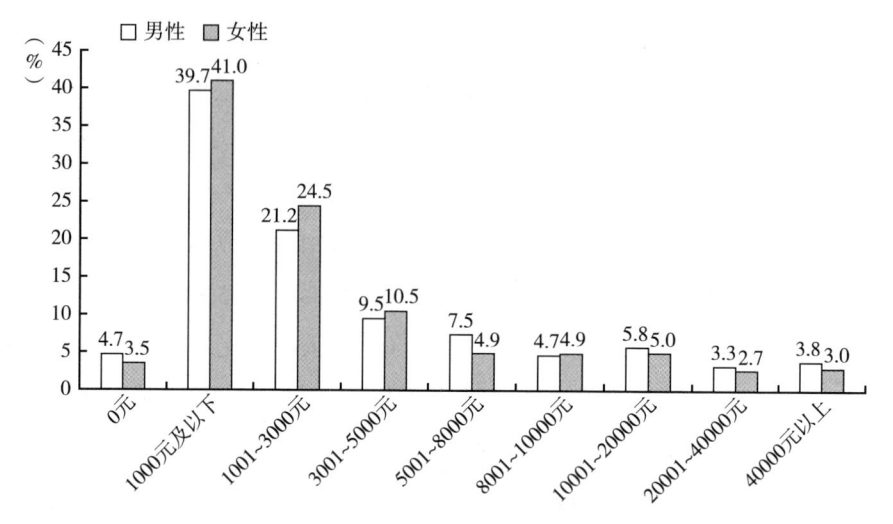

图32 不同性别受访者过去一年个人休闲消费开支情况

注：若数据分项合计与总值不等，是由数值修约所致。

2. 年龄：老年人是万元以上休闲消费的主力

根据年龄划分受访者后发现，"00后"在1000元及以下消费区间内比例最高，到万元以上区间，则以其他年龄段人群（多为60岁以上）最高，其次为"60后"，老年人是万元以上休闲消费的主力（见图33）。

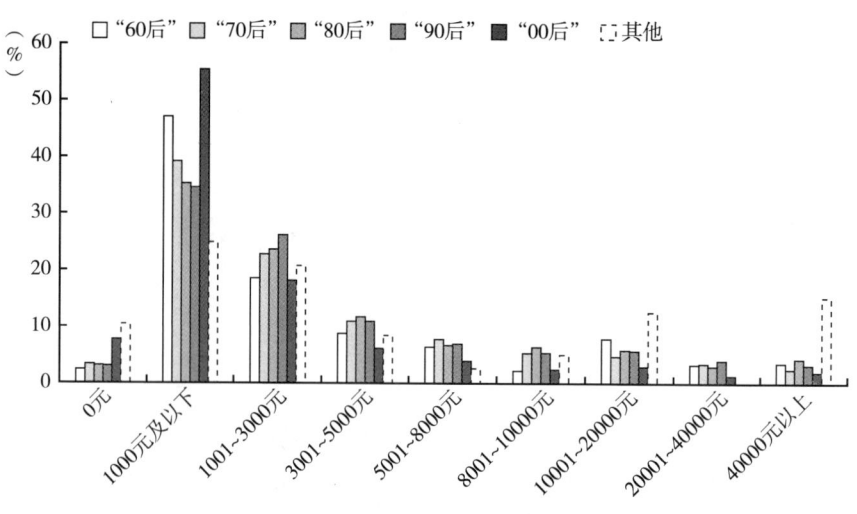

图33 不同年龄段受访者过去一年休闲消费开支情况

3. 城市级别：城市级别越高，休闲消费能力越强

不同级别城市的受访者，个人休闲消费开支具有如下特征：（1）城市级别越高，休闲消费能力越强，10001~20000元及40000元以上消费区间一线城市的受访者比例均排第一位，尤其是40000元以上休闲消费区间，一线城市的受访者远超其他级别城市的受访者；（2）1000元及以下休闲消费区间受访者比例随着城市级别降低，比例不断增加（见图34）。

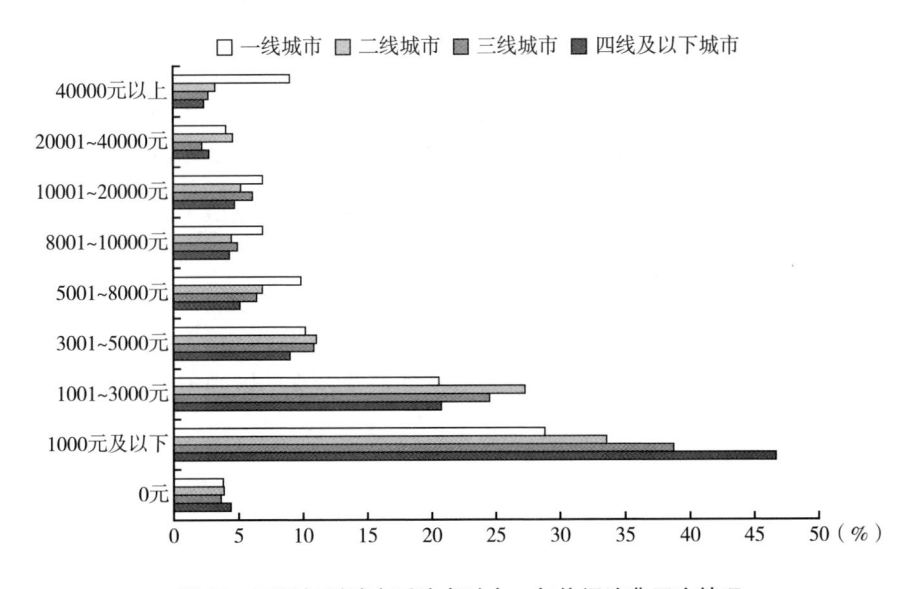

图34 不同级别城市受访者过去一年休闲消费开支情况

4. 收入：收入水平和休闲消费水平相关性很强

收入水平与休闲消费水平具有很强的相关性。5000元以上休闲消费区间大致呈收入越高，休闲消费开支越高的分布特点。最集中的1000元及以下消费区间中，收入越低，占比越高。在没有任何消费开支的区间中，4000元及以下收入受访者占比最高，远超其他收入人群（见图35）。

5. 学历：学历水平对于休闲消费开支水平影响较大

学历水平对于休闲消费开支水平影响较大。5000元以上休闲消费区间大致呈学历越高，休闲消费开支越高的特点。最集中的1000元及以下消费

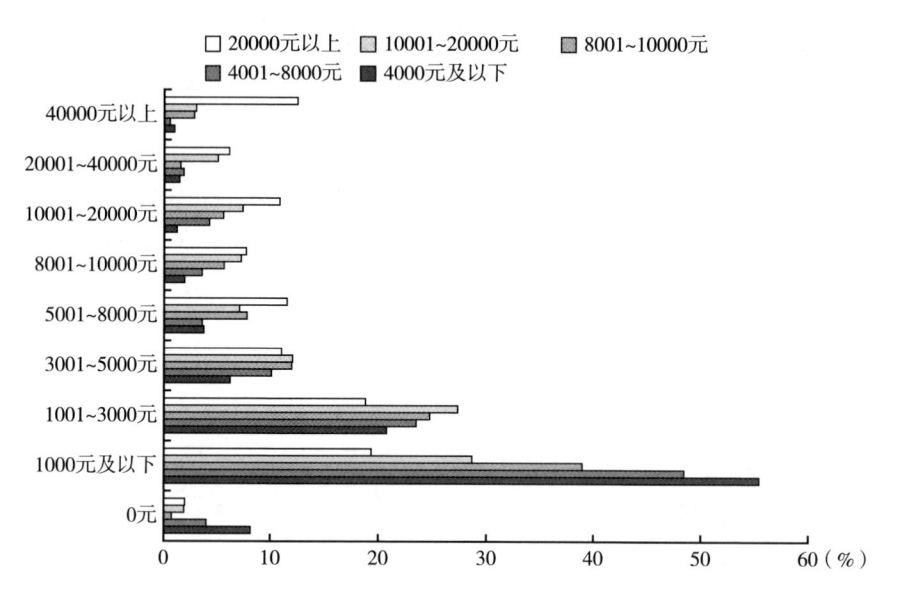

图35 不同收入层次受访者过去一年休闲消费开支情况

区间中，学历越低，占比越高。在没有任何消费开支的区间中，初中及以下学历受访者占比最高，远超其他学历人群（见图36）。

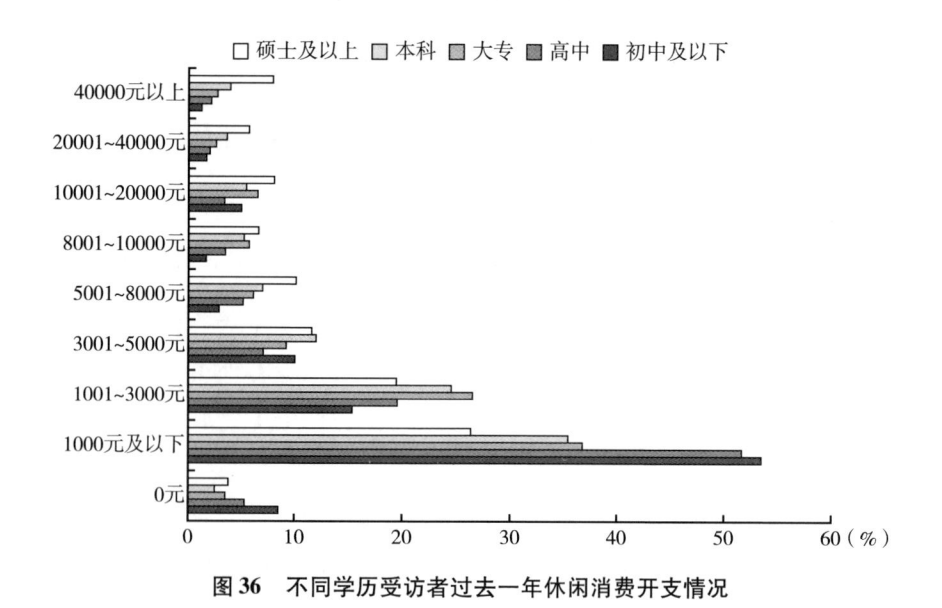

图36 不同学历受访者过去一年休闲消费开支情况

（三）休闲方式：与家人一起休闲为主流

整体来看，受访者进行休闲活动时与家人结伴的比例最高，与恋人结伴的比例最低，从高到低依次为家人、朋友/熟人、独自一人、亲戚、同事/商业伙伴、恋人（见图37）。

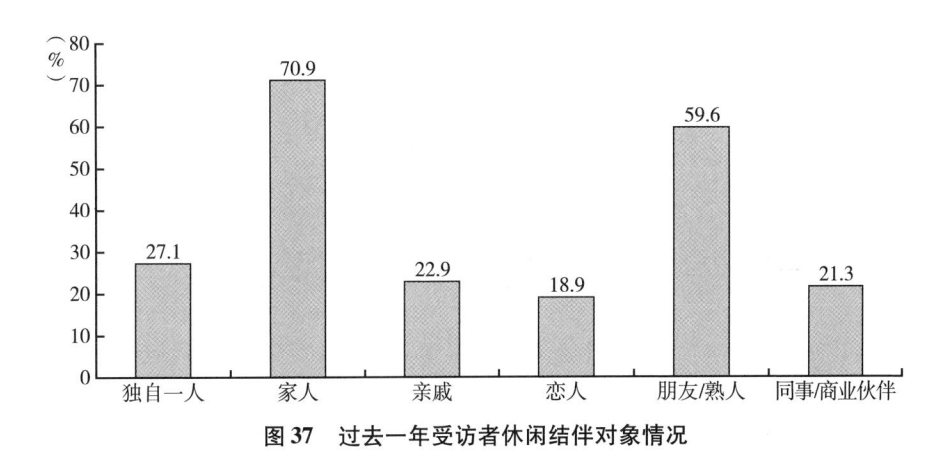

图37 过去一年受访者休闲结伴对象情况

- 独自一人：27.1
- 家人：70.9
- 亲戚：22.9
- 恋人：18.9
- 朋友/熟人：59.6
- 同事/商业伙伴：21.3

由表4可以得出以下几点结论：（1）虽然恋人在所有受访者选择中比例最低，但在选择恋人作为休闲结伴对象之一的受访者中，有41.0%的人比较频繁与恋人结伴休闲，有30.9%的人非常频繁与恋人结伴休闲，在两组中均位于第一名；且在选择恋人作为休闲活动结伴对象的受访者中，仅有5.6%的人极少与恋人结伴，在"极少"选项中比例最低。可见，我国国民在开展休闲活动中与恋人结伴的意愿很高，只是拥有恋人的群体占受访人群的比例低，因此与恋人结伴进行休闲活动的整体比例最低。（2）亲戚、同事/商业伙伴在"非常频繁"和"比较频繁"两组中占比均较低，可见亲戚、同事/商业伙伴不仅整体上受访者选择较少，选择其作为休闲活动结伴对象的人的意愿也不强烈。（3）整体上，独自一人进行休闲活动的受访者少于与朋友/熟人一起的受访者，但在"非常频繁"选项中，"独自一人"选项比例（26.8%）远高于"朋友/熟人"选项比例（8.9%），仅次于"恋人"选项比例（30.9%），说明在大多数情况下，我国国民能够接受没有结伴对象进行休闲活动，且这一趋势会越来越明显。

表4　过去一年受访者选择休闲结伴对象频率情况

单位：%

	非常频繁	比较频繁	偶尔	极少
独自一人	26.8	24.0	31.3	17.9
家人	19.4	36.5	34.0	10.1
亲戚	7.4	24.3	53.5	15.1
恋人	30.9	41.0	22.6	5.6
朋友/熟人	8.9	36.6	46.0	8.5
同事/商业伙伴	6.9	25.0	52.1	16.0

四　休闲动机、态度和效果

（一）休闲态度：约3/4的人对休闲持积极态度

为全面了解我国国民对休闲的认识和看法，本调查在借鉴国外相关研究并充分考虑中国具体国情的基础上，设计了20个关于休闲态度的问题进行提问。调查显示，大部分人都认为休闲非常重要，是幸福的重要组成部分，有很多益处，但在现实生活中要做出实际决策时，往往并不一定把休闲排在第一位。综合问卷结果显示，约有3/4的人对休闲持积极态度，约有1/4的人对休闲持中立或消极态度。具体如下。

（1）在对休闲的相对重要性认知方面，41.6%的受访者认同挣钱比休闲更重要，34.1%在此问题上保持中立；约有一半（50.8%）的受访者认同发展事业比休闲更重要，33.3%保持中立；42.4%的受访者认为很多其他事情比休闲重要，36.3%保持中立；68%的受访者倾向于认同休闲是社会文明的标志。

(2) 在对休闲的绝对重要性认知方面，62.9%的受访者倾向于认同在休闲上投入时间是值得的，60.8%的受访者倾向于认同在休闲上花钱是值得的，70.4%的受访者倾向于认同休闲在生活中必不可少，22.9%保持中立。

(3) 在对休闲的益处认知方面，76.3%的受访者倾向于认同休闲有益于健康，69.3%的受访者倾向于认同多参加休闲活动实际上能提高工作效率，76.2%的受访者倾向于认同休闲是幸福生活的重要组成部分，71.1%的受访者倾向于认同休闲能让人和人之间的关系更和谐，69%的受访者倾向于认同参加休闲活动能结交更多朋友，73.6%的受访者倾向于认同休闲活动能提供更多和家人在一起的机会，74.8%的受访者倾向于认同通过休闲活动能增进家人之间的感情，73.9%的受访者倾向于认同经常参加休闲活动能让家庭更幸福。

(4) 在对休闲的负面认知方面，21.7%的受访者倾向于认同休闲就是游手好闲，25.5%的受访者倾向于认同休闲不利于社会经济发展，17.6%保持中立，30.9%的受访者倾向于认同休闲就是吃喝玩乐、物质消费，29.0%保持中立。

（二）休闲动机：帮助放松，缓解紧张压力最受认同

本调查将休闲动机划分为8个方面，分别为"开阔视野，增长见识，满足好奇心""更好地了解自己和他人""增加人脉和发展机会，促进个人发展""认识和结交朋友，获得认可、尊重、归属感""帮助放松，缓解紧张压力""获得刺激感""改善体型，保持健康""挑战能力，提升技艺"。受访者在1~5之间，选择一个最能代表个人观点的数字，其中，5代表非常符合，1代表非常不符合，分值越高代表符合程度越高。

由图38可见，8项动机均较为符合选填数字4的受访者的心理，其中，"帮助放松，缓解紧张压力"最为符合选填数字5的受访者的动机，其次为"开阔视野，增长见识，满足好奇心"；以"获得刺激感"为动机进行休闲活动的受访者比例最低。

休闲绿皮书

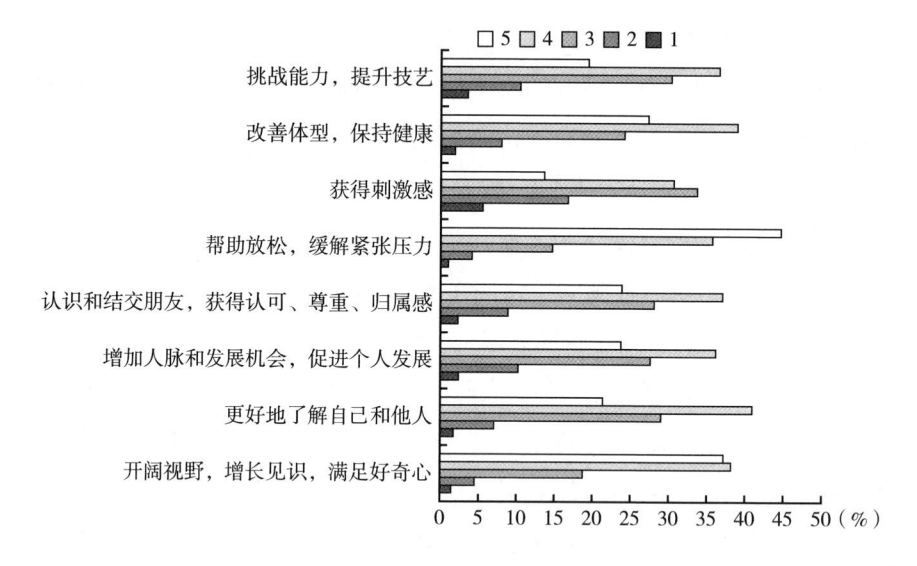

图38 受访者参与休闲活动的动机

(三) 休闲效果: 休闲的积极作用得到普遍认可

本调查设计了8个选项以了解受访者对休闲各方面效果的评价,分别为"视野开阔了,见识增长了,好奇心满足了""对自己和他人更了解了""人脉和发展机会有所增加,个人发展有所促进""认识和结交了朋友,感到被认可、尊重,获得归属感""缓解紧张压力,感到放松""感到刺激""体型有所改善,变得更健康""能力和技艺有所提升"。受访者在1~5之间,选择一个最能代表个人感受的数字,其中,5代表非常符合,1代表非常不符合,分值越高代表符合程度越高(见图39)。

调研结果显示,国民普遍认为,休闲对他们的个人提升、身心放松、社交发展、健康保持等方面起到积极的作用。具体来看:(1)在个人提升方面,绝大部分人(72.2%)认同或非常认同休闲活动能够"开阔视野,增长见识,满足好奇心",21.5%保持中立,仅有6.3%的受访者比较不认同或非常不认同这一作用;57.4%的受访者认为通过休闲活动,他们的能力和技艺有所提升。(2)在身心放松方面,76.3%的受访者认为休闲活动可以使其缓解紧张压力,感到放松，仅有 5.9% 的受访者不认同这一观点。（3）在社交发展方面，57.3% 的受访者认为人脉和发展机会有所增加，个人发展有所促进；62.2% 的受访者认为通过休闲活动对自己和他人更了解了；59.4% 的受访者认为在休闲活动中认识和结交了朋友，感到被认可、尊重，获得归属感。（4）在健康保持方面，60.1% 的受访者认为通过休闲活动体型有所改善，变得更健康。

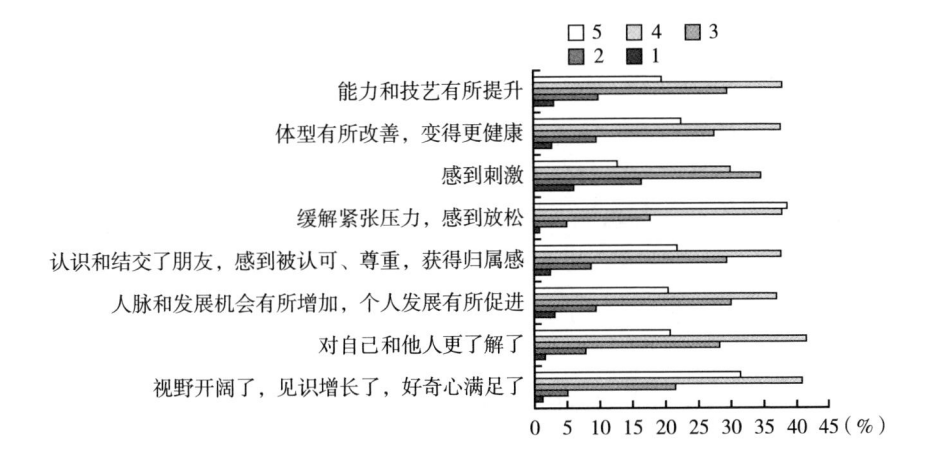

图 39　受访者参与休闲活动的感受

五　休闲制约

本调查在借鉴国外相关研究并充分考虑中国具体国情的基础上，设计了 8 个关于休闲制约的选项。这 8 个选项分别是"对外界看法有顾虑"（如担心他人对活动有负面看法、担心影响个人形象等）、"活动场所不吸引人"（如太拥挤、条件差、服务差、不安全等）、"经济限制"（如感觉经济压力大、收入低、休闲活动费用高等）、"家庭因素限制"（如家务多、需要照顾家人等）、"时间制约"（如假期时间太少、不能自由安排假期等）、"宏观环境条件制约"（如空气差、气候差、环境脏乱等）、"个人因素制约"（如缺乏兴趣、技能、信息、志同道合的伙伴等）、"易达性制约"（如活动设施缺乏、交通不便、活动地点不易到达等）。受访者在 1~5 之间，选择一个

最能代表个人感受的数字，其中，5代表非常符合，1代表非常不符合，分值越高代表符合程度越高（见图40）。

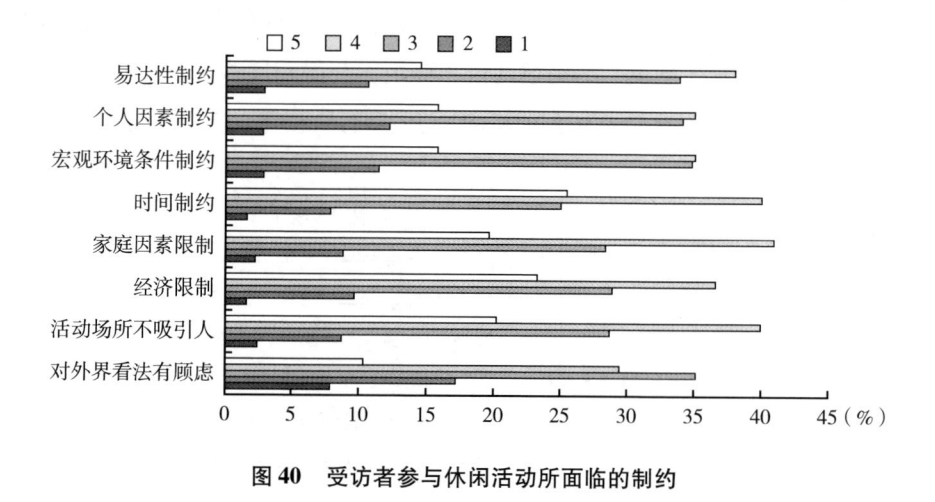

图40 受访者参与休闲活动所面临的制约

具体来看，对受访者表示比较符合和非常符合的休闲制约因素按照符合程度由高到低进行排名，前三位是"时间制约"（如假期时间太少、不能自由安排假期等）、"家庭因素限制"（如家务多、需要照顾家人等）和"活动场所不吸引人"（如太拥挤、条件差、服务差、不安全等）。对受访者进行休闲活动制约最小的因素是"对外界看法有顾虑"（如担心他人对活动有负面看法、担心影响个人形象等）。可见，影响休闲活动展开的主要制约因素是时间和空间条件，经济、环境和心理等因素影响程度较小。

六 休闲服务期待

（一）公共休闲服务：公共户外休闲空间供不应求

整体来看，受访者对于公共休闲服务期待较高的主要在公共户外绿化环境方面，说明供给相对需求仍有较大不足，此外，受访者对于公共休闲信息服务期待度较低（见图41）。

项目	比例(%)
绿地/广场/城市公园/郊野公园及其他开敞空间	45.7
改善周围的户外环境（空气质量、植被绿化等）	45.4
图书馆/文化馆/艺术馆/博物馆/展览馆/动植物园/科技馆等	41.9
散步/跑步/骑自行车专用道	40.0
降低或免除各类公共休闲资源的使用价格（如门票等）	38.5
提供更多、更方便的公共休闲信息	36.9
小区/农村公共休闲活动场地及相关设施（户外）	31.3
社区/村民活动中心（室内，且提供服务）	29.2
增加与休闲相关的非营利性社团组织	28.9
开放学校和单位体育馆/操场等	28.5
交通条件及道路标识系统	24.6
无障碍设施	18.7
旅游咨询中心	15.6
旅游服务热线	14.7
以上都不需要	1.7
其他	0.9

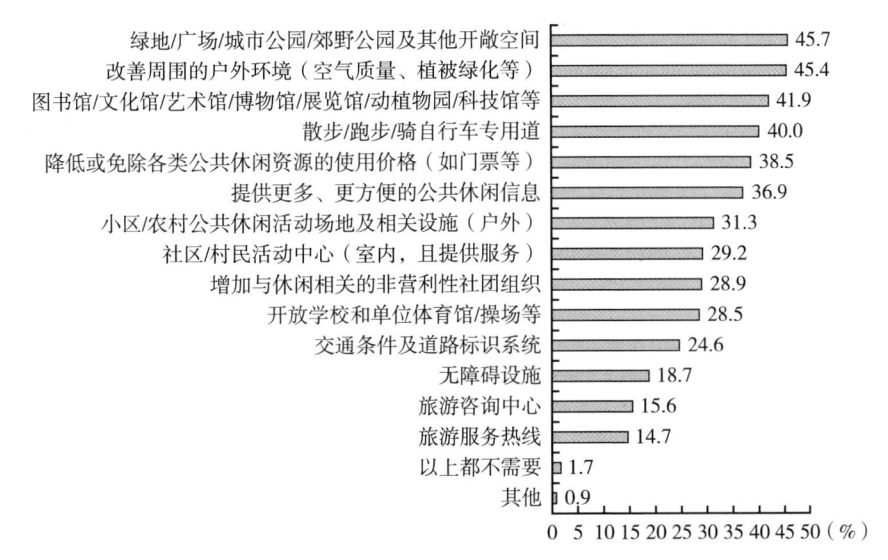

图 41　受访者关于公共休闲服务设施的期待度

不同年龄段对公共休闲服务需求的侧重点有所不同，具体见表5。

（1）大致呈年龄越大需求越大特点的公共休闲服务项目有"绿地/广场/城市公园/郊野公园及其他开敞空间""提供更多、更方便的公共休闲信息""小区/农村公共休闲活动场地及相关设施（户外）""社区/村民活动中心（室内，且提供服务）""无障碍设施"。

（2）大致呈年龄越小需求越大特点的公共休闲服务项目有："图书馆/文化馆/艺术馆/博物馆/展览馆/动植物园/科技馆等""开放学校和单位体育馆/操场等"。

可见，中老年人较为关注与日常锻炼相关的公共休闲服务和社区服务，青年人较为关注与知识探索和体育运动相关的公共休闲服务。

表 5　不同年龄段受访者对公共休闲服务需求情况

	"60后"	"70后"	"80后"	"90后"	"00后"	其他
绿地/广场/城市公园/郊野公园及其他开敞空间	40.7	47.6	48.6	45.7	42.2	51.9
改善周围的户外环境（空气质量、植被绿化等）	45.6	47.5	44.8	45.3	43.6	56.0

续表

	"60后"	"70后"	"80后"	"90后"	"00后"	其他
图书馆/文化馆/艺术馆/博物馆/展览馆/动植物园/科技馆等	32.1	42.7	41.5	41.7	47.8	31.9
散步/跑步/骑自行车专用道	37.1	41.7	38.6	41.0	40.5	38.0
降低或免除各类公共休闲资源的使用价格（如门票等）	36.6	41.7	41.2	38.5	32.0	48.7
提供更多、更方便的公共休闲信息	39.7	41.2	38.1	36.2	31.1	41.9
小区/农村公共休闲活动场地及相关设施（户外）	35.3	34.3	31.9	30.7	26.2	41.4
社区/村民活动中心（室内，且提供服务）	32.5	31.8	30.2	29.9	23.0	25.6
增加与休闲相关的非营利性社团组织	28.6	31.7	30.1	29.6	24.2	27.8
开放学校和单位体育馆/操场等	26.5	31.6	27.4	28.1	29.2	23.7
交通条件及道路标识系统	22.5	25.6	25.7	25.5	21.5	26.4
无障碍设施	19.5	19.2	18.6	18.1	18.9	23.9
旅游咨询中心	18.1	15.9	14.9	15.2	16.1	10.9
旅游服务热线	12.5	14.5	14.5	14.4	16.5	16.6
以上都不需要	1.0	1.0	1.7	1.8	2.5	4.5
其他	0.6	0.3	0.6	1.2	1.4	0.8

（二）商业休闲服务：大众型休闲服务最受期待

在商业休闲服务方面，受访者最希望增加或改善的服务位居前三的分别是"各类景区景点/农家乐/主题公园等"、"羽毛球、乒乓球、台球等一般球场/球馆"和"电影院/剧院/剧场/演出场地等"（见图42），均为大众型休闲活动场所，说明这类休闲供给无法满足受访者需求。"网吧/游戏厅/电玩城/桌游吧"由于市场群体多为休闲时间充足的年轻人，因此期待度最低。"高尔夫球场/马术练习场/击剑馆/网球场等特殊运动场馆"休闲成本较高，受访者对此类商业服务期待度也较低。

各类景区景点/农家乐/主题公园等　47.6
羽毛球、乒乓球、台球等一般球场/球馆　44.5
电影院/剧院/剧场/演出场地等　37.6
健身房/瑜伽馆/游泳馆/滑雪场等　36.8
商业街/Mall（综合购物中心）/城市综合体　34.7
KTV/歌厅/酒吧/咖啡厅/茶馆/书吧　26.9
足疗/养生/保健/浴场/温泉/美容场所　26.8
酒店/度假村/会所/康体俱乐部等　25.8
高尔夫球场/马术练习场/击剑馆/网球场等特殊运动场馆　21.4
网吧/游戏厅/电玩城/桌游吧　18.3
以上都不需要　3.9
其他　0.7

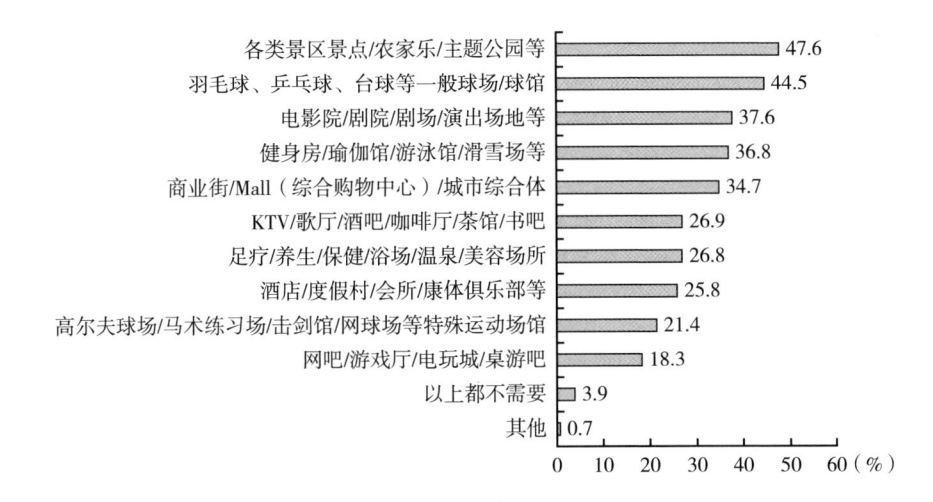

图42　受访者关于商业休闲服务设施的期待度

从不同收入层次受访者的选择看：（1）收入越高期待度越高的商业休闲服务有"足疗/养生/保健/浴场/温泉/美容场所"、"酒店/度假村/会所/康体俱乐部等"、"高尔夫球场/马术练习场/击剑馆/网球场等特殊运动场馆"和"健身房/瑜伽馆/游泳馆/滑雪场等"；（2）不需要任何商业休闲服务的人群中，收入"4000元及以下"占比最高（见表6）。

表6　不同收入层次受访者对商业休闲服务需求情况

	4000元及以下	4001~8000元	8001~10000元	10001~20000元	20000元以上
各类景区景点/农家乐/主题公园等	41.7	47.5	48.1	53.2	49.5
羽毛球、乒乓球、台球等一般球场/球馆	41.8	44.4	45.6	46.1	47.3
电影院/剧院/剧场/演出场地等	34.0	39.7	37.2	37.2	39.0
健身房/瑜伽馆/游泳馆/滑雪场等	30.0	35.5	38.5	40.1	42.1
商业街/Mall（综合购物中心）/城市综合体	28.7	35.3	33.1	39.5	36.4
KTV/歌厅/酒吧/咖啡厅/茶馆/书吧	25.0	28.3	26.3	26.1	27.0
足疗/养生/保健/浴场/温泉/美容场所	21.9	26.0	27.2	28.7	30.8
酒店/度假村/会所/康体俱乐部等	23.0	22.4	23.4	28.6	31.9

续表

	4000元及以下	4001~8000元	8001~10000元	10001~20000元	20000元以上
高尔夫球场/马术练习场/击剑馆/网球场等特殊运动场馆	17.5	17.3	21.8	23.3	28.0
网吧/游戏厅/电玩城/桌游吧	20.8	18.5	17.1	15.5	18.8
以上都不需要	7.4	2.5	2.6	3.3	2.7
其他	2.2	0.4	0.1	0.1	0.8

七 结论

（一）我国国民普遍认同休闲的重要性

近年来，随着我国经济的持续增长和社会的全面发展，国民休闲需求越来越大，并迅速在经济生活中扮演重要角色。小康社会的全面建成、居民消费结构的巨大变化以及休闲观念的转变等，使得休闲成为一种经常性的日常消费，并成为公民生活的重要组成部分。具体体现在如下方面。

其一，休闲已成为国民日常生活的一部分。调查结果显示，过去一年，在工作日，中国民普遍有3.6小时用于休闲。居家休闲、本地休闲以及在线休闲提供的各种休闲活动丰富了我国国民的日常生活。

其二，休闲是幸福生活的重要组成部分已经成为共识。绝大多数人（约3/4）同意或非常同意休闲能带来许多益处，比如休闲有益于健康、多参加休闲活动能提高工作效率、休闲能让人和人之间的关系更和谐、休闲活动能让人结交更多朋友、休闲活动能提供更多和家人在一起的机会、休闲活动能增进家人之间的感情等。70%以上的人同意或非常同意休闲在生活中必不可少，认为在休闲上投入时间和金钱是值得的。

其三，公众普遍认同休闲对个人发展的作用。调查显示，72.2%的人认为休闲有助于开阔视野，增长见识，满足好奇心；76.3%的人认为休闲活动可以使其缓解紧张压力，感到放松；57.3%的人认为休闲使得他们的人脉和发展机会有所增加，个人发展有所促进；62.2%的人认为通过休闲活动，对自己和他人更了解了；59.4%的人认为在休闲活动中认识和结交了朋友，感到被认可、尊重，获得归属感；60.1%的人认为通过休闲活动体型有所改善，变得更健康。

（二）在线休闲迅速发展

互联网科技的飞速发展为国民休闲带来了更多可能。具体体现在如下方面。

其一，碎片化休闲时间增加。互联网和智能手机的发展使得在上厕所、吃饭等这些传统上满足生理需求的时间内，人们也可以实现短时间的碎片化休闲（如获取新闻资讯、社交聊天等）。

其二，在线休闲加速休闲方式的转变和发展。在线休闲活动不仅有社交聊天、看影视作品、听网络音乐、网络电台/网络广播、打游戏等传统休闲，近两年，看短视频、看直播、云旅游等休闲方式也层出不穷。

其三，在线休闲提高国民休闲普及度。不同地区、不同年龄、不同收入和不同学历的人群可能在线下休闲产品、休闲场地选择以及休闲消费方面存在差异。但在线休闲限制较小，不同地区、不同年龄、不同收入和不同学历的人群基本可以实现使用相同的互联网休闲资源。调查结果也证实了这一点，即在线休闲是不同人群参与度差别最小的休闲领域。

其四，在线休闲降低了"休闲孤独感"，在"非常频繁"的结伴对象选择中，"独自一人"仅次于"恋人"选项，在这样的背景下，在线休闲提供的虚拟空间使众多"独自一人"的休闲不再"独自一人"。

（三）国民休闲仍有很大改善空间

受经济和历史等各方面因素的影响，我国国民休闲需求尚未得到充分满足，还有很大改善空间。具体体现在如下方面。

其一，和旺盛的休闲需求相比，供给方面发展还相对滞后，从事休闲活动所需要的各种设施场所、服务、环境等都需要改善。

其二，国民休闲结构仍然有待改善。国民休闲时间相对不足，工作日休闲时间仅占24小时的15%；除了工作/学习/劳作外，为满足工作需要充电学习/参加课外辅导等的时间较2013年显著增加（从0.3小时增加至1.3小时）；尽管带薪年休假的落实已经有很大进步，但是可以自主安排带薪年休假的国民仅有约一半，还有约30%的国民没有享受到带薪年休假；仅有4.3%的国民享受到"2.5天弹性休假制度"。

其三，休闲发展不平衡现象依然存在。调查显示，学历（学历越高，享受带薪休假的比例越高，学历更高的人在居家休闲和本地休闲方面都表现出更高的参与率）、收入（整体呈现收入越高，休闲活动参与度越高的特点，尤其体现在收藏品鉴、参加极限运动、参加会所/俱乐部活动等对经济基础有一定要求的休闲活动项目上）以及城市级别不同，都会对休闲活动造成影响。

（四）大力发展休闲需先消除两个重要制约因素

调查显示，我国国民休闲还面临着诸多制约因素。与中国社会科学院旅游研究中心2013年所开展的"国民休闲状况调查"结果相比，如今制约国民休闲的主要障碍因素有较大变化。据2013年的调查，影响国民休闲活动的制约因素主要是观念、经济和时间，但本次调查发现，如今对国民休闲活动影响最大的因素是时间（如假期时间太少、不能自由安排假期等）和空间（如太拥挤、条件差、服务差、不安全等）。这一可喜变化带给我们几点启示。

其一，人们对休闲普遍存在的误解和偏见逐渐消失，对外界看法有顾虑（如担心他人对活动有负面看法、担心影响个人形象等）在此次调查中影响最小。

其二，休闲活动的经济制约越来越小，这不仅是近几年来国民经济飞速发展的体现，也是公共休闲服务和商业休闲服务不断完善、休闲成本不断降低的体现。

其三，休闲空间因素相较于2013年的调查，在此次调查中影响程度上升,一方面体现了在休闲空间、休闲设施的建设方面还有许多要改善的地方,另一方面也体现了休闲需求在增加、休闲市场在扩大,对休闲的品质要求在提升。

其四,时间仍然是国民休闲的一大制约因素。

因此,要提升休闲水平,需要从时间和空间方面入手。首先,要完善休假制度,加强人力市场监管,为国民休假和休息提供时间保障,让更多的国民真正拥有充足的、可自己支配的休闲时间。其次,要完善公共休闲服务设施,尤其是农村地区的基础设施。最后,要鼓励和推动休闲市场化发展,依靠市场力量弥补公共服务空缺,推动休闲产业升级发展,为我国国民提供更有品质的休闲产品。

(五)应针对不同地区、不同群体需求完善休闲设施与服务

休闲具有较强的区域性、社会性和个体性。本次调查结果充分显示:因经济条件、社会环境等因素的不同,不同性别、年龄、教育程度、收入水平的居民,在休闲活动选择、休闲消费支出、休闲设施和服务需求等方面有所不同。因此,在休闲发展中,应关注地区差异、群体差异,尤其是要充分关注农村地区居民、欠发达地区居民、低收入群体、老年人的休闲需求,他们往往对公共性休闲设施、场所、服务以及相关政策有更大的依赖性和更强烈的需求。

附 件

附表1 总体样本的人口统计特征

		频数	百分数(%)
性别	男	6474	53.0
	女	5746	47.0
	总计	12220	100.0

续表

		频数	百分数(%)
年龄	14~17岁	1146	9.4
	18~21岁	1444	11.8
	22~24岁	1039	8.5
	25~30岁	2405	19.7
	31~35岁	1693	13.9
	36~40岁	1265	10.4
	41~50岁	1907	15.6
	50岁以上	1321	10.8
	总计	12220	100.0
代际	"60后"	1072	8.8
	"70后"	1907	15.6
	"80后"	2958	24.2
	"90后"	3734	30.6
	"00后"	2300	18.8
	其他	249	2.0
	总计	12220	100.0
教育程度	小学	127	1.0
	初中	920	7.5
	高中/中专/技校	2730	22.3
	大专	2724	22.3
	大学本科	4943	40.5
	硕士研究生	596	4.9
	博士研究生及以上	155	1.3
	没有接受过正规教育	25	0.2
	总计	12220	100.0
职业	学生	2512	20.6
	学徒/实习	249	2.0
	全职职工	6966	57.0
	兼职	478	3.9
	全职主妇	375	3.1
	无业/失业/待业/下岗	485	4.0
	离退休	451	3.7
	农民	212	1.7
	其他	492	4.0
	总计	12220	100.0

续表

		频数	百分数(%)
工作单位*	私营企业(包括个人独资企业/合伙经营/有限责任企业)	2782	38.6
	事业单位	1268	17.6
	国有企业	1536	21.3
	集体企业	399	5.5
	政府机关	342	4.7
	外资企业(包括中外合资合作企业/外商独资企业)	382	5.3
	非政府组织(NGO)	53	0.7
	个体工商户	367	5.1
	其他	87	1.2
	总计	7216	100.0
家庭平均月收入	1000元及以下	353	2.9
	1001~2000元	330	2.7
	2001~3000元	698	5.7
	3001~4000元	917	7.5
	4001~6000元	1303	10.7
	6001~8000元	1509	12.3
	8001~10000元	1867	15.3
	10001~20000元	2364	19.3
	20001~30000元	1119	9.2
	30001~50000元	465	3.8
	50001~100000元	271	2.2
	100000元以上	304	2.5
	无固定收入	720	5.9
	总计	12220	100.0
城市等级	一线城市	2219	18.4
	二线城市	2334	19.3
	三线城市	2891	23.9
	四线及以下城市	4636	38.4
	总计	12080	100.0

续表

		频数	百分数(%)
行政区域	华北	2307	19.1
	东北	1103	9.1
	华东	3586	29.7
	华中	1661	13.8
	华南	1913	15.9
	西南	1083	9.0
	西北	406	3.4
	港澳台地区	5	0.04
	总计	12064	100.0

* 此题只访问有工作的受访者，故与总体样本量有所差异。

附表2　A、B问卷的人口统计特征

		A问卷		B问卷	
		频数	百分数(%)	频数	百分数(%)
性别	男	3382	53.0	3092	53.0
	女	3001	47.0	2745	47.0
	总计	6383	100.0	5837	100.0
年龄	14~17岁	599	9.4	547	9.4
	18~21岁	754	11.8	690	11.8
	22~24岁	543	8.5	496	8.5
	25~30岁	1256	19.7	1149	19.7
	31~35岁	884	13.8	809	13.9
	36~40岁	661	10.4	604	10.3
	41~50岁	996	15.6	911	15.6
	50岁以上	690	10.8	631	10.8
	总计	6383	100.0	5837	100.0
代际	"60后"	533	8.4	539	9.2
	"70后"	996	15.6	911	15.6
	"80后"	1545	24.2	1413	24.2
	"90后"	1926	30.2	1808	31.0
	"00后"	1226	19.2	1074	18.4
	其他	157	2.5	92	1.6
	总计	6383	100.0	5837	100.0

续表

		A 问卷		B 问卷	
		频数	百分数(%)	频数	百分数(%)
教育程度	小学	50	0.8	77	1.3
	初中	471	7.4	449	7.7
	高中/中专/技校	1495	23.4	1235	21.2
	大专	1542	24.2	1182	20.2
	大学本科	2361	37.0	2582	44.2
	硕士研究生	332	5.2	264	4.5
	博士研究生及以上	111	1.7	44	0.8
	没有接受过正规教育	21	0.3	4	0.1
	总计	6383	100.0	5837	100.0
职业	学生	1386	21.7	1126	19.3
	学徒/实习	140	2.2	109	1.9
	全职职工	3467	54.3	3499	60.0
	兼职	223	3.5	255	4.4
	全职主妇	169	2.6	206	3.5
	无业/失业/待业/下岗	281	4.4	204	3.5
	离退休	208	3.3	243	4.2
	农民	116	1.8	96	1.6
	其他	393	6.2	99	1.7
	总计	6383	100.0	5837	100.0
工作单位*	私营企业(包括个人独资企业/合伙经营/有限责任企业)	1563	43.3	1219	33.8
	事业单位	662	18.4	606	16.8
	国有企业	715	19.8	821	22.7
	集体企业	99	2.7	300	8.3
	政府机关	195	5.4	147	4.1
	外资企业(包括中外合资合作企业/外商独资企业)	127	3.5	255	7.1
	非政府组织(NGO)	22	0.6	31	0.9
	个体工商户	168	4.7	199	5.5
	其他	56	1.6	31	0.9
	总计	3607	100.0	3609	100.0

续表

		A 问卷		B 问卷	
		频数	百分数(%)	频数	百分数(%)
家庭平均月收入	1000元及以下	174	2.7	179	3.1
	1001~2000元	172	2.7	158	2.7
	2001~3000元	390	6.1	308	5.3
	3001~4000元	563	8.8	354	6.1
	4001~6000元	744	11.7	559	9.6
	6001~8000元	870	13.6	639	11.0
	8001~10000元	1040	16.3	827	14.2
	10001~20000元	1121	17.6	1243	21.3
	20001~30000元	457	7.2	662	11.3
	30001~50000元	205	3.2	260	4.5
	50001~100000元	131	2.1	140	2.4
	100000元以上	192	3.0	112	1.9
	无固定收入	326	5.1	394	6.8
	总计	6385	100.0	5835	100.0
城市等级	一线城市	730	11.6	1489	25.7
	二线城市	993	15.8	1341	23.2
	三线城市	1666	26.5	1225	21.2
	四线及以下城市	2908	46.2	1728	29.9
	总计	6297	100.0	5783	100.0
行政区域	华北	1136	18.1	1171	20.2
	东北	501	8.0	602	10.4
	华东	1930	30.8	1656	28.6
	华中	908	14.5	753	13.0
	华南	951	15.2	962	16.6
	西南	588	9.4	495	8.5
	西北	251	4.0	155	2.7
	港澳台地区	4	0.1	1	0.02
	总计	6269	100.0	5795	100.0

* 此题只访问有工作的受访者，故与总体样本量有所差异。

休闲需求与消费

Leisure Demand & Consumption

G.3
美好生活背景下的中国式度假：
兴起、表征与行业应对

吴文智 王丹丹*

摘　要： 随着我国经济社会的快速发展，人民对美好生活的追求必然导致旅游度假方式的变化，特别是随着主流客群的变化、消费的升级以及节假日文化、休假制度的成熟，在与西方度假方式的协同中，慢慢形成了更符合中国人消费习惯、体现中国人文化心理主张的中国式度假文化，并折射出中国传统文化中的山水情怀、田园生活、雅致文化、理想家园等特征，冲击着传统度假旅游的供给结构与方式，引领着中国式度假

---

* 吴文智，华东师范大学工商管理学院旅游与会展系副教授、硕士生导师，中国社会科学院旅游研究中心特约研究员，主要研究方向为旅游产业规划与政策、乡村旅游与民宿；王丹丹，华东师范大学旅游规划与发展研究中心秘书长，主要研究方向为民宿旅游与中国式度假。

产品、度假区与度假目的地的创新，并在本土化过程中进一步突出了中国文化、中国情景的运用，以更好地推进住宿业的文化赋能与复合化经营，为景区发展引入互联网思维与体验经济模式，为旅游目的地发展提供了主客共享、美好生活体验式解决方案。

关键词： 美好生活　中国式度假　住宿业

一　美好生活的时代诉求

党的十九大报告指出中国特色社会主义进入新时代，我国社会主要矛盾已经转化为人民日益增长的美好生活需要和不平衡不充分的发展之间的矛盾。而对于美好生活的需要，不同的人有不同的理解。综合来看，一是对物质文化生活提出了更高的要求，特别是在告别短缺经济时代之后，人们追求质量更高的生活，诸如更舒适的居住条件、更优美的生活环境、更可靠的社会保障、更丰富的精神文化生活等；二是从人的全面发展和社会全面进步的角度提出了更多需求，从物质文化领域扩展到精神文明、社会文明、制度文明、生态文明等各个领域，以充分享受到社会发展的成果，让人们有更强烈的获得感、幸福感、安全感。

从日益增长的物质文化需要到日益增长的美好生活需要的变化，说明了人们的关注焦点已经从物质需要逐渐过渡到精神和文化需要，折射出城乡居民在健康、医疗、文化、教育、休闲、旅游等方面的需求的迅速增长之势，其中，尤以旅游、文化、体育、健康和养老等具有美好生活特征的幸福产业受到重视。不管是过去还是现在，以观光、休闲、度假为主的旅游一直以来都是人们美好生活的基本组成部分，也是未来美好生活的基本方式，特别是随着经济社会的不断进步，人们的旅游需要已发展成为更加广泛、更加多样、更加多层次的生活需要。

世界旅游组织研究表明，当一国或地区人均 GDP 达到 5000 美元时，旅游业将步入成熟的度假旅游经济阶段，国民休闲度假需求和消费能力日益增强，并会呈现多元化趋势，呈现出强烈的个性特征。我国人均 GDP 早在 2011 年就超过 5000 美元，2019 年已经突破 10000 美元，东南沿海经济发达地区的水平更是远远高于平均值。从人均 GDP 的角度衡量，我国已经进入大众休闲度假阶段。大众旅游需求成为美好生活的重要体现，并开始演变出多种多样的休闲文化与度假方式，并在向家庭生活、工作、学习的渗透中，拓展了亲子、社交、商务、研学等旅游衍生功能，最终在与生活的融合发展中形成了多元化的旅游生活方式，形成了具有中国特色的旅游文化，反过来不仅提高了国民旅游体验的品质，也提高了国民休闲生活的品质①。

因此，我国旅游业在新的时代，要紧紧地围绕美好生活的需要，要作为美好生活的实践者与"领头羊"，无论是在保护与传承中国优秀传统文化的道路上，还是在"绿水青山就是金山银山"的生态文明实践过程中，或者是在乡村振兴与"美丽中国"的建设中，都要延续美好生活所需的文化基因、创造美好生活所需的美丽环境、提供美好生活所需的优质产品，从而在满足人民群众多元化、多层次的旅游需求中，调整旅游产业的供给结构与方式，引导健康文明的旅游消费方式，最终形成体现中国文化特征、适合中国人消费的美好生活旅游方式。

二 中国式度假的兴起

伟大的时代造就影响深远的社会文明，不仅产生高品质的物质文化生活结晶，也孕育丰富的精神文化遗产。追溯历史，可以看到，每一个盛世都造就了自己的美好生活方式，形成了自己独特的休闲消费文化。例如，

---

① 夏杰长、顾方哲：《习近平关于旅游业重要论述的理论内涵与实践指引》，《学习与探索》2020 年第 4 期。

盛唐时期的长安夜生活、工商业发达的大宋时期的市井休闲活动（从《清明上河图》中可窥一二）以及康乾盛世江南士大夫的精致生活（在江南园林和《姑苏繁华图》中体现得淋漓尽致），影响一代又一代人的想象和对美好生活的追求，甚至成为后代人们旅游体验的重要故事。同理，当前中国经济社会发展到较高程度，人民的收入水平不断提高，生活条件不断改善，人们对生活品质的追求也越来越高，生活观念、消费观念也在发生诸多变化，必然导致旅游度假方式的变化。根据市场研究机构英敏特发布的《2017年中国消费者趋势》报告，中国的消费者正处于生活方式升级的过程中，"品质提升和便捷度提高"成为消费升级的表现形式，健康和体验成为两大主题。其中，度假和旅游被中国的中产阶层认为是提升生活品质的最好方式。随着国人消费主流客群的变化，生活方式的升级以及节假日文化、制度的成熟，在与西方旅游度假方式的协同中，我国慢慢形成了更适合国人的休闲度假文化。这就是我们进入大众休闲度假时期要强调中国式度假的缘由所在。

（一）消费能力提高与消费观念转变是中国式度假的引发点

国家统计局相关数据显示，近年来我国国内旅游市场持续保持10%以上的高速增长态势，2018年全年国内旅游人数达55.4亿人次，比2017年同期增长10.8%，每年人均出游4次。其中，2018年在线度假旅游市场交易规模6年间持续攀升（见图1），年复合增长率达到42.79%（见图2），超过在线旅游市场交易规模增速，显示出度假旅游板块强劲的发展势头和巨大的增长潜力。同时，根据艾瑞咨询研究所描述的国内景区游客画像，景区游客家庭月收入在10001～20000元的占比为33.9%，20001～30000元的占比为25.9%，30000元以上的占比为19.9%；其中，个人月收入10001～20000元的游客占比达25.2%，8001～10000元的游客占比为24.4%。以上数据表明，随着收入水平的提升，国民消费观念也在不断转变，人们愿意将收入的一部分用在旅游这样的体验式消费上。

图1　2013~2018年在线度假旅游市场交易规模

资料来源：易观：《中国在线度假旅游市场专题分析2019》。如无特殊说明，本文图与表的资料来源均为此，不再赘述。

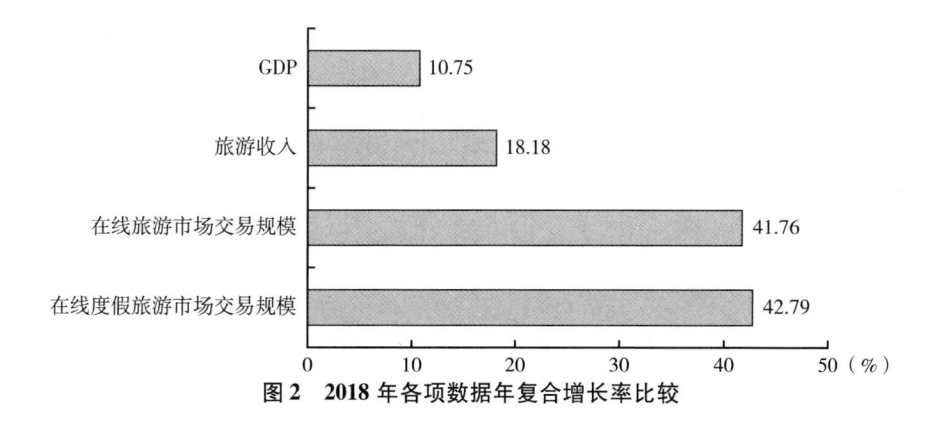

图2　2018年各项数据年复合增长率比较

（二）旅游消费升级与客群细分是中国式度假的原动力

由于国民的消费心理、消费品质、消费层次、消费偏好都在发生变化，旅游消费也在不断升级中。具体体现在如下几个方面：一是对旅游服务品质的要求快速提升，特别表现在对住宿产品精益求精的追求中；二是由原来"上车睡觉，下车拍照"的快餐式旅行向深度游、个性游转变，更注重参与到当地人的日常生活和满足个人的文化体验需求；三是互联网使用习惯的养成和旅游偏好的变迁改变了旅游消费方式（见图3、图4）。泰国旅游和体育部数据显示，2018年赴泰中国游客数量首次突破1000万人次，其中，越

来越多的中国游客倾向深度游，更加注重旅游品质，这也推动着泰国旅游部门更加重视中国游客的旅游体验；而 Airbnb 早在 2016 年就宣布正式进军深度游市场，专门推出新产品"体验"，"体验"的活动策划者们通过自己的方式和特长，带领游客体验当地人的日常生活，鼓励用户通过不同的活动融入当地文化。与此同时，日益个性化、差异化的旅游需求推动细分市场的快速增长。一方面，如中老年旅游、旅拍蜜月游、游学、医疗健康旅游、亲子游、邮轮旅游等都成为增长较为迅速的细分市场，释放出新的活力；另一方面，一些高端和小众旅游市场兴起，并成为休闲度假风尚的引领者。

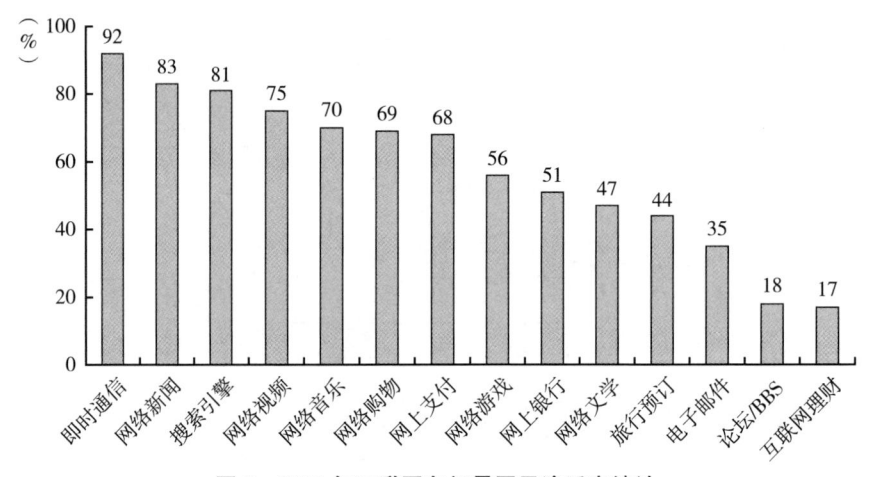

图 3　2017 年互联网各场景网民渗透率统计

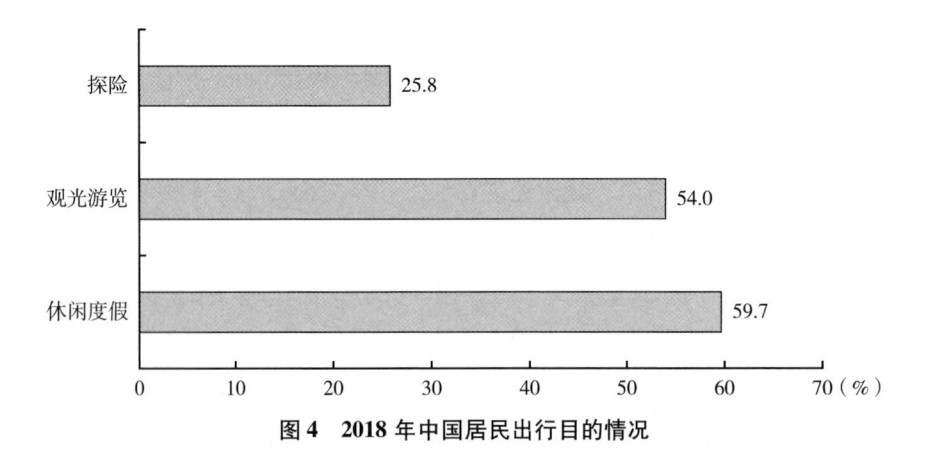

图 4　2018 年中国居民出行目的情况

(三)新休假制度的推行是中国式度假的重要推手

1999年9月,国务院发布了修订后的《全国年节及纪念日放假办法》,增加了法定休假日,之后又对国庆假期做出调休安排,形成了第一个黄金周假期。2000年6月,国务院办公厅转发国家旅游局等部门《关于进一步发展假日旅游的若干意见》,明确提出一年有3个黄金周。2007年12月发布的《国务院关于修改〈全国年节及纪念日放假办法〉的决定》,在将"五一"国际劳动节调整为1天的基础上,增加了清明、端午和中秋3个各自为期1天的传统节日,最终形成了"两大五小"的法定假日格局,不仅为中国式度假提供了节假日保障,也形成了中国特色的节假日文化。此外,国务院和相关部门陆续发布有关带薪年休假的文件(见表1)。2019年12月,国家发改委公布了《关于改善节假日旅游出行环境促进旅游消费的实施意见》,明确要求加大力度落实职工带薪休假制度,积极推行岗位AB角制度,推动错峰出行,同时要求各地结合实际制定出台中小学放春假或秋假的办法,积极引导家庭在适宜出行季节带薪休假。上述种种政策的推行,都为国民度假提供了基础的时间可能性,也为中国式度假氛围的形成创造了有利条件。

表1 我国带薪年休假相关文件

文件名	发文字号	发布时间
《职工带薪年休假条例》	中华人民共和国国务院令第514号	2007年12月14日
《企业职工带薪年休假实施办法》	中华人民共和国人力资源和社会保障部令第1号	2008年9月18日
《关于〈企业职工带薪年休假实施办法〉有关问题的复函》	人社厅函〔2009〕149号	2009年4月15日

资料来源:根据资料整理所得。

(四)旅游产品供给创新是中国式度假的重要保障

随着旅游消费的升级,不少企业已敏锐感知到了这一先机。旅游投资不断增加（见图5），在众多项目中，休闲度假功能成为标配。例如，2017年，全国优选旅游项目达到680个，3年内增长4倍，其融资总额达到8843亿元，占全国总投资的59.0%，而资本对市场的敏感使得选择差异化开发路线的项目的交集是休闲度假元素。同时，诸多企业纷纷投身于旅游度假产品的创新供给中，不仅表现在精品酒店、民宿客栈等住宿新业态方面，而且也在主题游乐、景区"二消"项目上发力。例如，2017年开元酒店集团宣布推出"芳草青青房车营地"品牌，首个项目落户海宁盐官。在开业不到两个月的时间里，这一以房车、帐篷、小木屋等为特色，配套户外体验、娱乐、拓展等休闲度假设施的营地度假产品，以"周末爆满"彰显了市场青睐的程度。2016年，海航集团携手欧洲PVCP集团，成立海航璞蔚旅游有限公司，引进"太阳季度假乐园"及"石头季度假村"两个新型旅游度假品牌，针对中国大城市正在壮大的中高产人群，打造3小时车程范围内的短途旅游度假产品。一些地产集团积极转向旅游地产行业，也在不断创造出新的旅游综合体，打造旅居生活、退养生活新模式，以激发中产阶层、新贵人群和退养客群的购买欲望。旅游产业的供给创新是对旅游消费升级的最佳回应，也为中国式度假提供了坚实的物质保障。

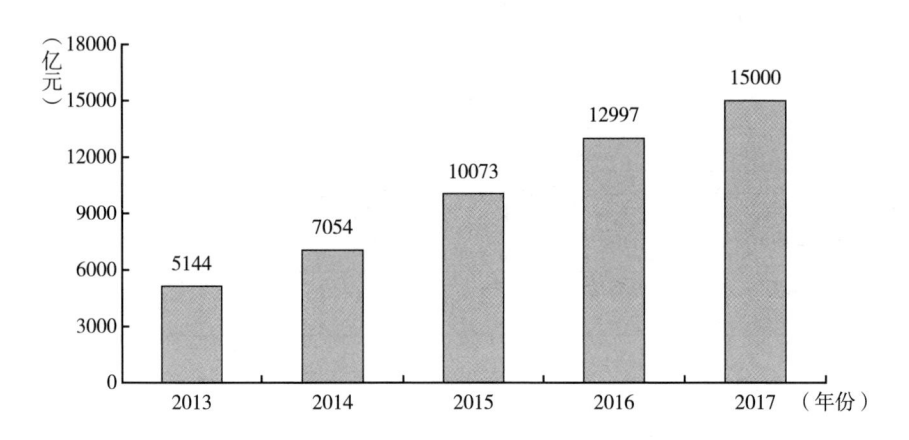

图5　2013~2017年全国旅游业实际完成投资情况

三 中国式度假需求的主要表征

（一）中国式度假的主流客群特征

一是未来引领中国式度假风潮的主流客群主要是我国日益崛起的中产阶级。《福布斯生活》中文版和高端旅游休闲平台 Travelzoo 早在 2013 年就指出中产阶层强劲的度假休闲需求或将引领中国旅游下一个黄金十年。根据复星集团测算，到 2020 年，中国的中产阶级人数将会占到全球的 16% 左右，居世界第一，中产阶级占国内消费的比例将会从 2012 年的 32% 逐步增加到 81%。中产阶级的成长与成熟促进了旅游消费的转变，传统的"老外爱度假，中国人爱旅游"的方式也在悄然改变，不少中国中产阶层人群开始纯粹为了减压放松而出门度假，强调深度体验，而不再局限于导游带领下的"走马观花"。

二是以"80后""90后"为主的年轻消费群体成为中国式度假的重要旗手。根据易观千帆检测数据，从年龄和消费能力方面对主要在线旅游厂商（途牛、携程、驴妈妈、马蜂窝、飞猪）的用户进行分析，"80后""90后"是在线度假旅游用户的主力军，整体消费水平较高，31~40 岁用户占比超过五成，达到 55%（见图 6），较 2018 年增长明显。中等及以上消费能力用户占比达到 84.4%（见图 7），说明用户普遍具有较高的消费能力。

三是有闲有钱、规模日益庞大的中老年客群成为中国式度假的又一主力军。携程集团发布的《2019 国民旅游消费报告》显示，2019 年有超过 300 万名生于 1949 年前后的"共和国同龄人"走向全球 100 多个国家，因为假期长加上手握充足的养老金，前往美国、加拿大等国家旅行的老年人占比远高于"90后"。随着我国进入老龄化时代，中老年人群在旅游领域也成为消费主力军，同时，由于消费观念的更新，"80后""90后"也认可父母将旅游当作养老生活的一部分，这也将促使更多的老年人群开启旅游养老、异地旅居的新方式，引领中国式康养度假新风潮。

休闲绿皮书

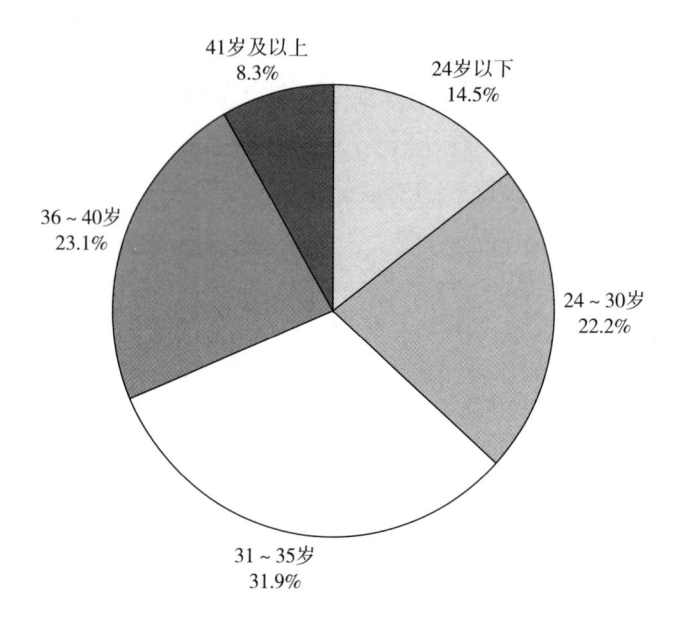

图6 2019年3月在线度假旅游用户年龄分布分析

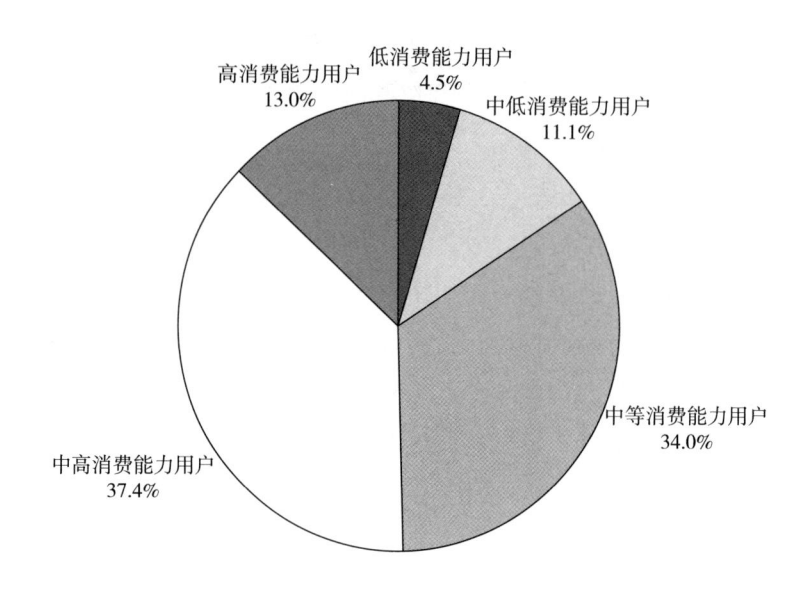

图7 2019年3月在线度假旅游用户消费能力分析

（二）中国式度假的主要消费特点

一是小众崛起，偏爱个性化深度体验。携程集团发布的《2019 国民旅游消费报告》显示，"90 后"已经超越"80 后"成为旅游消费主力，他们更注重个性化的深度游体验，从南到北，从东到西，他们喜欢挖掘一切好玩、有趣之处，也更偏爱登陆小众目的地"打卡"，一年中多次到访同一目的地的人数同比增长超过160%，其中，日本、泰国、中国澳门、美国、马来西亚、越南、菲律宾、印度尼西亚、新加坡是"95 后""一地多刷"的热门旅游地。

二是中短线、高频次、在地游成为度假新常态。根据中国旅游研究院和携程联合发布的《2018 中国在线旅游发展大数据指数报告》，可以发现不同年龄段的客群都青睐 4～6 天和 3 天及以下的旅行，中短线、在地旅游度假产品成为热选（见图 8）。同时，在旅游频次方面，数据显示 2018 年每月出行一次以上的景区旅游用户占比达 27.6%，较 2017 年增长了 1.6 个百分点；2018 年，34.1% 的用户年均出游 4 次，较 2017 年增长 2.4 个百分点（见图 9）。总体来说，中短线、高频次、在地游折射出国民休闲度假的用户新习惯。

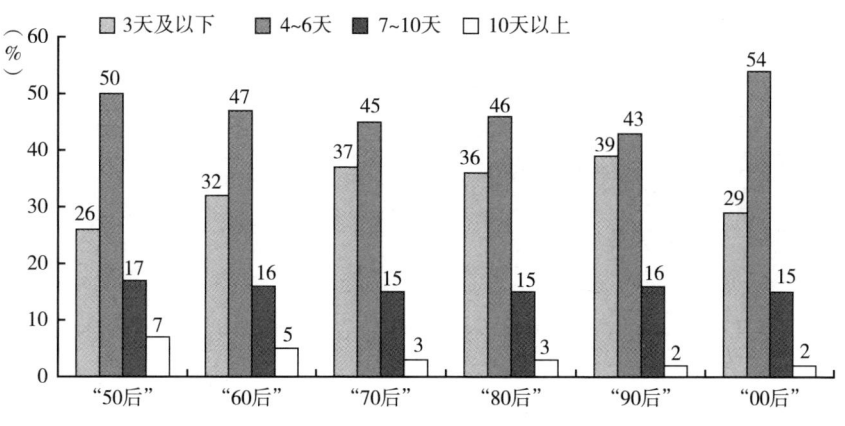

图 8　2018 年在线旅游用户出行时长分布

资料来源：中国旅游研究院、携程《2018 中国在线旅游发展大数据指数报告》。

休闲绿皮书

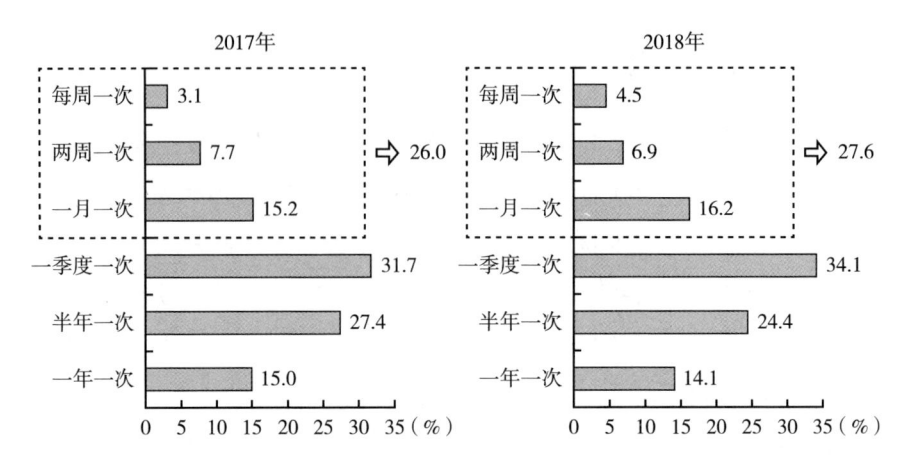

图9 2017年与2018年中国旅游用户国内景区旅游频次

2017年
- 每周一次 3.1
- 两周一次 7.7
- 一月一次 15.2
- （合计 26.0）
- 一季度一次 31.7
- 半年一次 27.4
- 一年一次 15.0

2018年
- 每周一次 4.5
- 两周一次 6.9
- 一月一次 16.2
- （合计 27.6）
- 一季度一次 34.1
- 半年一次 24.4
- 一年一次 14.1

资料来源：艾瑞咨询《2019年中国景区旅游消费研究报告》。

三是家庭度假是中国式度假的明显特点。根据艾瑞咨询的调研结果，中国旅游用户以与家人结伴出游为主，其中，与配偶一起出游的用户占比最高，达60.9%；其次是与孩子一起出游，占比为45.5%；与父母一起出游的用户占比为34.4%（见图10），折射出家庭观念在中国式度假中影响力大的特点。

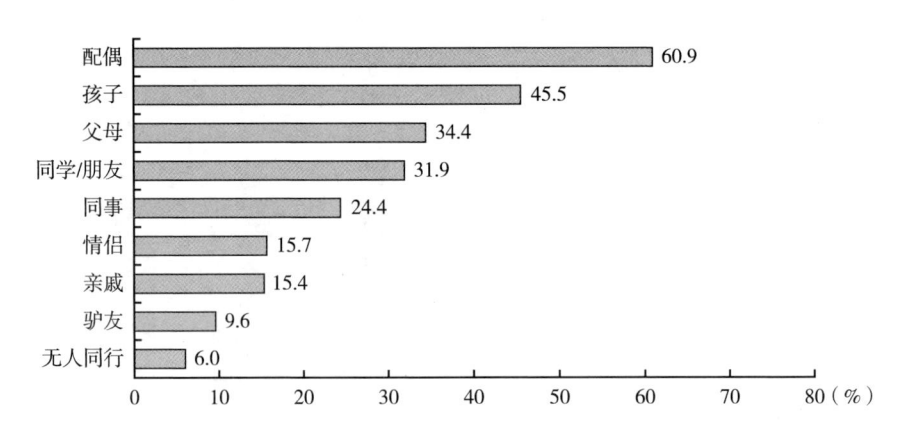

图10 2019年中国旅游用户出游同行人员

- 配偶 60.9
- 孩子 45.5
- 父母 34.4
- 同学/朋友 31.9
- 同事 24.4
- 情侣 15.7
- 亲戚 15.4
- 驴友 9.6
- 无人同行 6.0

资料来源：艾瑞咨询《2019年中国景区旅游消费研究报告》。

四是节假日出游日趋稳定与理性。根据艾瑞咨询的调研结果，69.5%的用户选择在法定节假日出游，利用年假以及周末假期出游的用户占比分别为43.4%和32.9%（见图11），折射出中国假日文化不断深入人心、假日旅游消费不断成熟的特点。

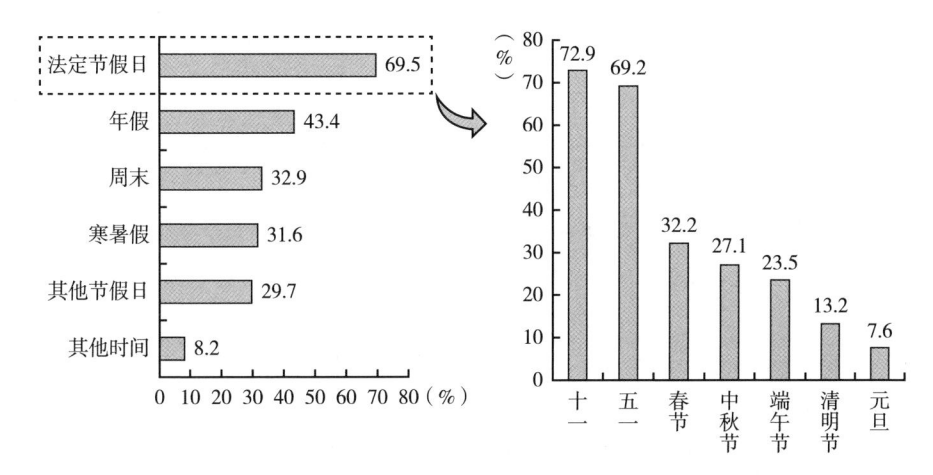

图 11　2019 年中国旅游用户游览国内景区时间以及法定节假日选择

资料来源：艾瑞咨询：《2019 年中国景区旅游消费研究报告》。

五是品质消费是中国式度假的新主线。根据艾瑞咨询的调研结果，在景区旅游中，额外消费的项目主要是餐饮类（73.2%）和购物类（64.0%），额外消费金额在101～500元的游客占比达74.0%，其中，消费金额在301～500元的游客占比最大，为38.2%（见图12）；相对于门票消费来说，"二消"项目比在不断增大，消费水平也在同步提高，折射出旅游用户对其他体验性项目的偏爱。Travelzoo 的调研也显示，中国中产白领度假中最喜欢的三种类型酒店分别是度假酒店、国际品牌酒店和精品酒店，经济型酒店的接受度则相对较低，也折射出当前度假人群对品质化住宿服务的追求。由此，美食、品质住宿、夜生活等构成了中国式度假的重要方向。

（三）中国式度假背后的文化心理主张

一是中国传统文化中的山水情怀、田园生活和乡愁情结深深地影响着中

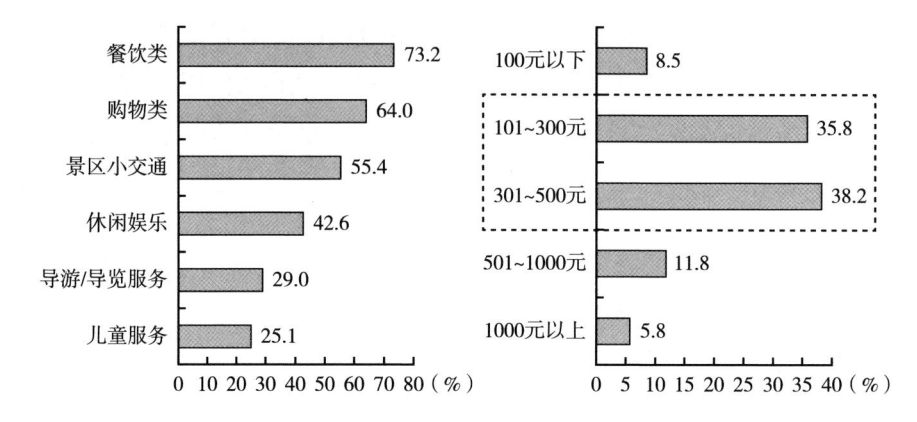

项目	百分比(%)
餐饮类	73.2
购物类	64.0
景区小交通	55.4
休闲娱乐	42.6
导游/导览服务	29.0
儿童服务	25.1

金额	百分比(%)
100元以下	8.5
101~300元	35.8
301~500元	38.2
501~1000元	11.8
1000元以上	5.8

图12　2019年中国旅游用户在国内景区额外消费的项目及金额情况

资料来源：艾瑞咨询：《2019年中国景区旅游消费研究报告》。

国式度假的文化心理。从古代的寄情山水到田园生活，无不折射出中国人对旅游度假的环境（有山有水、假山假水）、对旅游度假的生活方式（田园牧歌般）有着独特的理解，加上华夏民族是一个恋家、思乡的民族，家乡、故乡成为每一个游子心中的牵挂，这种乡愁情结影响着我们旅游度假产品的打造，从一个居所、一幢建筑、一片山水，到现代中国人的一个心灵家园，这是一个传承并创新历史和文化的新生命。

二是中国传承悠久的雅致生活及其中的生活美学成为中国式度假的新内涵。当我们生活条件改善了，自然对日常中的吃、穿、住、行及玩乐产生更高的要求，更加追求精致，追求一切美的事物，追求人与自然的和谐相处，追求身心、内外的平衡，这就是我们中国式雅致生活的人文理念。反映到中国式度假的追求方面，则不仅要拥有优越的自然环境、美好的度假设施，还要拥有贴合当下国人休闲需求的文化活动配套，包括茶文化、酒文化、美食文化、棋琴书画等国学体验，真实地还原国人心中的美好生活景象，这是西方人不可想象的事物。

三是中国家文化的观念、对理想家园的追求是中国式度假的原动力。就如在中国人的传统观念中，庭院是家的组成部分，也是理想家园的构成要素，中国人骨子里就很喜欢庭院，总觉得庭院围起来的一亩三分地才是完完整整属于自己的天地，可以任由自己发挥，不管是种上自己喜欢的花花草草，还是修一座凉亭，闲时喝喝茶，都体现了主人对一种美好生活的惬意感，也流露出一种浓厚的家庭氛围，家的传承皆源于此。例如，花间堂，其品牌核心是"家+庭"的思考，家代表儒家，是礼教的传承；庭代表道家，师法自然的放松，花间堂以"家的传承+庭院生活"作为中国文化推手的原点，在花间堂，"家"是一种文化氛围，也是一种心灵状态，而"庭院"则将人文融入自然，让身心之灵与天地之美相呼应，这就是中国式度假的原动力。

综上所述，从中国式度假的主流人群、主要消费特征以及背后的文化心理主张分析中，不难发现，虽然当前国民拥有强烈的旅游度假意愿，但受制于传统的、受西方度假文化影响的供给现状与方式，目前的度假环境、度假产品、度假文化都跟不上中国人对美好度假生活的新需要，这是一个主要矛盾问题。而这一矛盾不仅为本土旅游企业带来了"弯道超车"机会，也为中国旅游度假区、度假目的地发展带来新的机遇。

四　中国式度假的产品供给趋势

（一）中国式度假产品早期供给的主要问题

在20世纪90年代，我国批建了12家国家级旅游度假区，拉开了全国各地度假区、度假村建设的序幕；2010年，为促进旅游业态转型，我国又推出了《旅游度假区等级划分》国标，再一次掀起了各地建设旅游度假区的热潮，2015年新增17家国家级旅游度假区，紧接着在2019年又新增了4家，代表我国度假业的快速发展。在这样的背景下，以度假酒店、度假乐园、度假综合体、度假区为载体的度假旅游开始盛行，与观光旅游相对的度假旅游，强调从走马观花、单点发展的旅游产业模式，向深度体验、长时间停留、集聚式发展的区域经济模式转型。但是，度假旅游在这一高速发展的过程中，形成了以要素投入、投资拉动、规模扩张为主的粗放型发展模式，其弊端不断显现。

一是我国早期度假产品过分依赖于海滨、湖泊、森林，一味模仿欧式度假模式，针对国人度假文化习惯的供给乏力，未能挖掘我国度假资源优势，与世界其他度假地产品类型重复，未能形成中国特色。

二是很多度假区建设是以度假区、度假村之名而行房地产之实，许多大中城市城郊大规模建设的山庄、庄园、别墅群等，都冠以度假村之名，以房地产销售为主，缺少基本上的度假环境、设施配套，更无丰富的游览、体验内容，不具备基本的度假生活功能，一定程度上破坏了度假旅游产品的形象。

三是度假区、度假综合体建设过分追求硬件的标准化、高档化、豪华化，忽视了对中国传统文化心理的理解，忽视了对自然朴实的山水环境、返璞归真的田园生活氛围的营造，忽视了度假区对多样化、多元化的美好旅居生活功能的建设，忽视了对温馨浪漫的大环境的营造，忽视了有温度的服务文化。

（二）中国式度假产品供给侧结构性调整的主要方向

一是度假产品本土化，要强调中国文化。我国度假旅游发展之初一直跟随西方发达国家的脚步，存在很多欧式度假的仿制品，难以与中国国情相结合，不符合国人的度假文化与习惯。特别是随着"80后""90后"消费群体成为主流，由于他们拥有更强的文化自信，诸如乡村度假、特色民宿发展日益受到追捧，盲目的"欧式度假"已不能满足当今国民的度假消费习惯。因此，摆脱欧式标准，将度假产品本土化、中国化，注重了解中国文化、学习中国文化、体验中国文化，打造适合中国人的度假服务标准、硬件标准，最终形成适合中国人需要的度假产品、度假区和度假目的地是下一个阶段中国式度假发展的重中之重。

二是度假区与度假目的地建设情景化，要强调中国情景。在度假产品集聚的度假区或者度假目的地，按照全域旅游的发展理念，按照大景区建设、旅游目的地运营模式，强化景区化、套餐式、综合体化经营，强调度假酒店景区化,以形成完备的目的地服务体系和产品体系;同时强调体验化,植入中国的文化,讲好中国的故事,强调中国式度假的情景营造。

五 未来行业应对

(一)住宿业应对策略

一是中国文化与本土文化的赋能。随着文化和旅游融合发展,文化不论是现在和未来都将处于重要的位置,文化消费是中国消费升级的重要体验,也是中国式度假消费的重要方向。对于精品酒店、主题酒店、特色民宿等住宿业态来说,要讲好文化故事、做好文化创意、打造文化IP,让文化给产业赋能。特别是对于旅行者来说,如今的住宿已不只是单纯地选择一家过夜的酒店,文化体验、艺术欣赏、时尚偏好以及社交因素也纳入了消费者的考虑范围。因此,很多酒店都在讲述文化、历史、艺术、创始人、设计师等的故事,民宿也在讲文化情怀、生活方式和房东的故事,旅游小镇、历史文化街区、田园综合体也都在挖掘当地文化和民俗事象,讲述属于自己的动听故事。

二是按照中国人的度假文化与习惯,延伸住宿服务链条,融合主题娱乐、新潮消费功能,加强"过夜+"复合化经营,打造微度假目的地。未来中国式度假的游客对于住宿业的需求不再局限于客房以及一些基本配套服务的提供,而是更倾向于家庭式、短逗留、深体验服务的提供,这就要求住宿业具备聚合功能,成为兼具景区、社区和商业服务功能的复合空间,实现无边界融合,实现一站式体验目标。

(二)景区应对策略

一是围绕互联网一代需求,以互联网思维改造、运营景区,实现传统景区的供给创新。据统计,2019年,以新产业、新业态和新商业模式为主要内容的经济发展新动能指数为332.0，比2018年增长23.4%。其中，网络经济指数高达856.5，比2018年增长42.0%，对经济发展新动能指数增长的贡献率为80.5%。对应于我国发展势头强劲的网络经济，对应于中国式度假主流人群的互联网消费特征，旅游景区要适应网络经济新时代，要运用好数字技术，以互联网思维来经营景区，打造数字化景区，强化景区体验。根据艾瑞咨询的调研结果（见图13），通过电子门票、二维码扫描、身份证扫描实现快速入园以及提供无线网络是用户最希望景区升级的服务，完善景区内部交通工具、提供便捷快速的支付方式也是提高游客体验度的重要途径。上述调研都表明，未来景区应该开拓互联网思维，敢于且善于利用科技网络的力量，跟上中国式度假的步伐，立足于快捷、新颖的原则，将服务升级至最新版模式，给游客最佳体验。

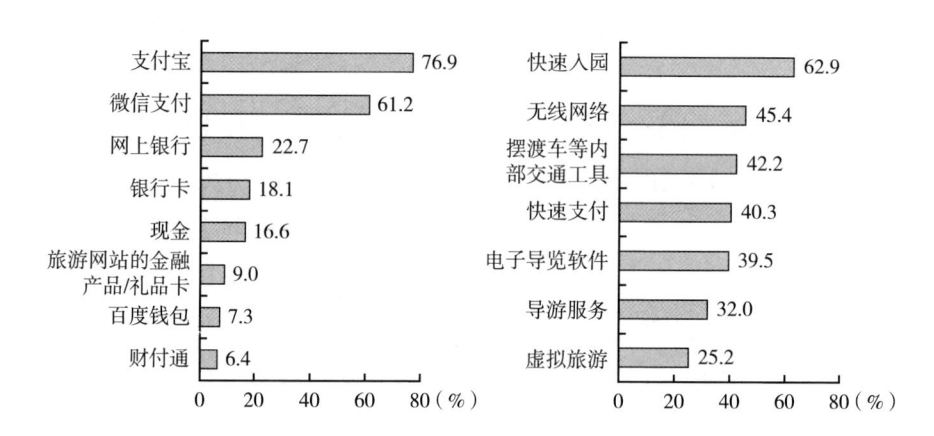

支付方式	比例(%)	希望景区提供的服务	比例(%)
支付宝	76.9	快速入园	62.9
微信支付	61.2	无线网络	45.4
网上银行	22.7	摆渡车等内部交通工具	42.2
银行卡	18.1	快速支付	40.3
现金	16.6	电子导览软件	39.5
旅游网站的金融产品/礼品卡	9.0	导游服务	32.0
百度钱包	7.3	虚拟旅游	25.2
财付通	6.4		

图13 2019年中国旅游用户未来预订景区门票支付方式及希望景区提供的服务

数据来源：艾瑞咨询：《2019年中国景区旅游消费研究报告》。

二是响应中国式度假中的情景式体验要求，强化景区"二消"，以体验经济替代或弱化门票经济。目前门票收入是景区的主要经济来源，如果"门票"花销过大，游客在景区内吃、住、行、娱、购的消费将会受到影响，景区"二消"项目的投入与"二消"产品的营收也会受到影响，景区的综合体验度也会降低。因此，建议以市场为导向，以旅游体验为核心，结合景区作为微度假目的地的特征，创造景区体验情境，提供一系列多层次的体验式个性化旅游产品，开发独具地方特色的文创产品，延伸景区吃、住、行、游、娱、购的相关服务链条。

（三）旅游目的地应对策略

一是要从旅游目的地本身就是美好生活地的角度出发，更加关注本地游市场，要注重旅游目的地主客共享建设。对于多数旅游目的地而言，即使游客规模再大、停留时间再长，也不能忽视本地居民高频率的日常休闲旅游消费需求，特别是中国诸多山水环境优美的度假目的地，本身也是宜居地、美好生活地，要让居民与游客共同享受到良好的度假环境、度假设施、度假服务，从而更好地形成一种良性的度假氛围、度假文化（居民对本地的满意度和美誉度也是地方度假品质的一部分），形成一种能够自我循环的度假经济体系，避免季节性波动和诸如疫情等不可控风险的冲击。

二是要从中国式度假的过夜与异地生活角度，进一步完善旅游目的地的夜景、夜游、夜生活功能，打造旅游目的地的"二消"经济，使旅游目的地除了好住、好玩，还有更多的生活体验式产品。特别是随着高速铁路、高速公路、航空交通的迅速发展，消耗在路上的时间有所缩短，这使得游客可以在旅游目的地停留更多的时间。度假就是一种打发时间的艺术，让游客愿意长时间停留，品尝美食，购物，享受慢生活，远离工作，与陌生人交往，深入感受当地独特的文化，逐渐将旅游变成在异地的生活，让游客悄然变成当地人，更加突出游客的自我创造性，让游客可以根据自己的主观意识将旅游产品重新定制，甚至让游客也变成旅游中的风景，让游客的在地生活变成旅游目的地的又一吸引物，这是旅游目的地发展的又一角度。

参考文献

吴维海：《"美好生活"内涵与"美好生活指数"研究》，《新时代学刊》2018年第1辑。

夏杰长、顾方哲：《习近平关于旅游业重要论述的理论内涵与实践指引》，《学习与探索》2020年第4期。

张蓓、刘培：《花间堂文化精品酒店的"精品"理念解读》，《城市建筑》2014年第16期。

G.4 我国城市居民家庭休闲：现状与趋势*

程遂营 程卫进 程丽**

摘　要： 家庭休闲多指两名及以上家庭成员共同参与的休闲活动以及家庭成员个体以家庭为活动场所而独自开展的休闲活动，可以分为核心家庭休闲和平衡家庭休闲。在移动互联网迅猛发展及新冠肺炎疫情的背景下，城市居民家庭休闲出现了新的特征，室内休闲占据主导地位，互联网线上休闲成为主流，更加注重运动健身和健康管理。根据后疫情时期631名城市居民家庭休闲的问卷调查，可以看出现阶段我国城市居民家庭休闲在时间、空间、内容、态度、满意度等方面的基本概况。据此预测，未来我国城市居民家庭休闲活动将呈现多元化、均衡化、常态化趋势。

关键词： 城市居民　家庭休闲　线上休闲

一　家庭休闲的概念与分类

无论在中国还是在西方国家，家庭休闲都是家庭生活的重要组成部分，

---

* 基金项目：河南省高等学校哲学社会科学应用研究重大项目（项目编号：2020 - YYZD - 03）、黄河文明省部共建协同创新中心重点项目（项目编号：2020K11）阶段性成果。
** 程遂营，河南大学文化产业与旅游管理学院教授、博士生导师，中国社会科学院旅游研究中心特约研究员，主要研究方向为休闲基础理论、公共休闲供给；程卫进，河南大学文化产业与旅游管理学院硕士研究生；程丽，河南大学历史文化学院博士研究生。

对增强家庭的凝聚力和幸福感起到至关重要的作用。在解释与家庭休闲相关的因素以及量化家庭休闲行为方面，西方学者扎布里斯基和麦考密克建立了家庭休闲功能的核心和平衡理论模型[①]。该理论模型将家庭休闲划分为两个类别，即核心家庭休闲和平衡家庭休闲。其中，核心家庭休闲通常是指以家庭为场所、高频率、低成本、无须策划、相对容易开展的家庭活动，如与家人一起用餐、看电视、玩游戏等；平衡家庭休闲则是指发生在户外、低频率、较高成本、需要策划、相对新颖的家庭活动，如家庭度假、野外露营、探亲旅行等。在以上理论模型的基础上，本文将家庭休闲活动划分为核心家庭休闲活动和平衡家庭休闲活动。其中，核心家庭休闲活动包括娱乐消遣、体育健身、教育发展、怡情养性四个类型；平衡家庭休闲活动包括旅游观光、消费购物、户外冒险、社会活动四个类型（见表1）。各个类型的家庭休闲活动由具体的休闲项目组成，而每个具体的休闲项目并不完全属于核心家庭休闲或平衡家庭休闲。例如，"爬山"这个休闲项目，对于每周都会开展一次以上的家庭来说，它属于核心家庭休闲活动；而对于每年才进行一两次的家庭来说，它属于平衡家庭休闲活动。

表1　家庭休闲活动分类

核心家庭休闲活动	娱乐消遣型	吃饭，聊天，看电视剧，看电影，看综艺节目，看视频，看直播，看动画动漫，听音乐广播，打牌，打麻将，打游戏，玩手机，玩iPad，上互联网，下棋，逛街，桌游，唱歌，亲子游戏，与宠物玩耍等
	体育健身型	散步遛弯，跑步，爬山，球类运动，骑自行车，跳舞，跳绳，瑜伽，健身操，太极拳，游泳，呼啦圈，通过哑铃、臂力棒等器材居家健身，通过公共器材健身等
	教育发展型	看书，写作，阅读报纸和杂志，看漫画，练习书法、绘画、声乐等技艺，学习厨艺等
	怡情养性型	养花草和宠物，集邮，收藏，摄影，剪辑，手工，垂钓，美容美发美甲，整理庭院，家居环境装饰等

[①] R. B. Zabriskie, B. P. McCormick, "The Influences of Family Leisure Patterns on Perceptions of Family Functioning", *Family Relations* 3（2001）: 281–289.

续表

平衡家庭休闲活动	旅游观光型	家庭度假，郊游，露营，参观博物馆、展览馆、美术馆等，参观历史遗迹、风景名胜等，动物园、主题公园等游乐
	消费购物型	外出就餐，实地购物，网购，烧烤，洗浴、足疗、按摩，吧式消费（酒吧、茶馆、咖啡厅等），DIY手工坊，KTV唱歌，戏剧、歌剧、音乐厅观赏，实地看文艺表演、体育比赛等
	户外冒险型	攀岩，漂流，潜水，远足，划船，滑雪，滑冰，跳伞，蹦极等
	社会活动型	家庭聚会，拜访亲友，参与节庆、宗教等公共活动，参与扶贫、环保等社区公益活动等

资料来源：R. B. Zabriskie, B. P. McCormick, "The Influences of Family Leisure Patterns on Perceptions of Family Functioning", *Family Relations* 3 (2001): 281-289；王雅林主编《城市休闲——上海、天津、哈尔滨城市居民时间分配的考察》，社会科学文献出版社，2003。

二 移动互联网背景下的城市居民家庭休闲

改革开放以来，我国城市家庭数量稳步增长，家庭休闲市场规模日益扩大。移动互联网的迅猛发展使我国城市居民的家庭休闲方式发生了深刻的变革。同时，受新冠肺炎疫情的影响，我国城市居民家庭休闲呈现出与以往不同的特征：居民深居简出，室内休闲占据主导地位；网络休闲成为主要形式；休闲主题内容发生变化，在线视频扮演了重要角色；居民更加注重运动健身和健康管理。需要说明的是，尽管分析数据并未完全采样于城市居民，但受新冠肺炎疫情的影响，城市居民的互联网家庭休闲行为更为明显，且相关数据也主要来源于对城市居民的统计。因此，以下分析数据可以在很大程度上反映我国城市居民新冠肺炎疫情下的家庭休闲特征。

（一）家庭休闲市场规模日益扩大

根据Analysys易观发布的统计报告，2020年末，我国家庭数量将达到4.52亿户[1]。图1的数据显示，2010~2024年，我国城镇家庭户数呈稳步增

---

[1] 易观：《2018中国家庭金融市场分析报告》，2018年11月。

长的趋势[1]。近年来，城市化的不断扩展使得城市家庭户数也在不断增长。预计在未来的一段时间内，城市家庭数量还会继续稳步增长。如此庞大的家庭数量规模，使家庭休闲市场在城市居民休闲市场中占据了重要地位。

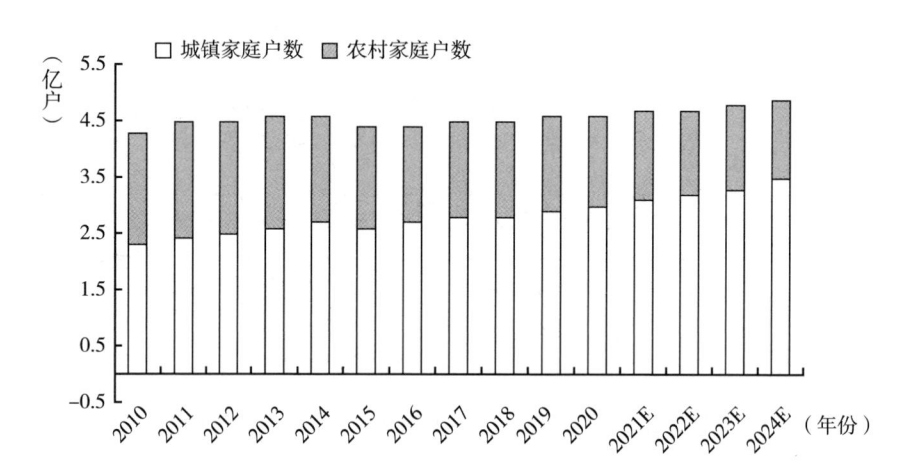

图1　2010～2024年中国城镇及农村家庭户数

资料来源：中国产业信息网《2030年中国城镇及农村家庭户数、城市群人口增量及城镇化率走势分析预测》。

（二）室内休闲占据主导地位

疫情期间，我国居民深居简出，以居家休闲为主，户外家庭休闲活动受到较大限制。如图2所示，疫情期间，33.8%的居民2~3天外出一次，30.2%的居民4~5天外出一次，15.8%的居民几乎没有外出，只有20.2%的居民每天外出[2]。并且，多数居民外出的主要原因是买菜及生活必需品、丢垃圾、买口罩或消毒用品，只有14.4%的居民是遛弯/散步透气（见图3）。室内家庭休闲在城市居民的家庭休闲生活中占据主导地位。

---

[1] 中国产业信息网：《2030年中国城镇及农村家庭户数、城市群人口增量及城镇化率走势分析预测》，2020年1月。
[2] 艾瑞咨询：《疫情影响下的用户消费指数趋势报告》，2020年2月。

我国城市居民家庭休闲：现状与趋势

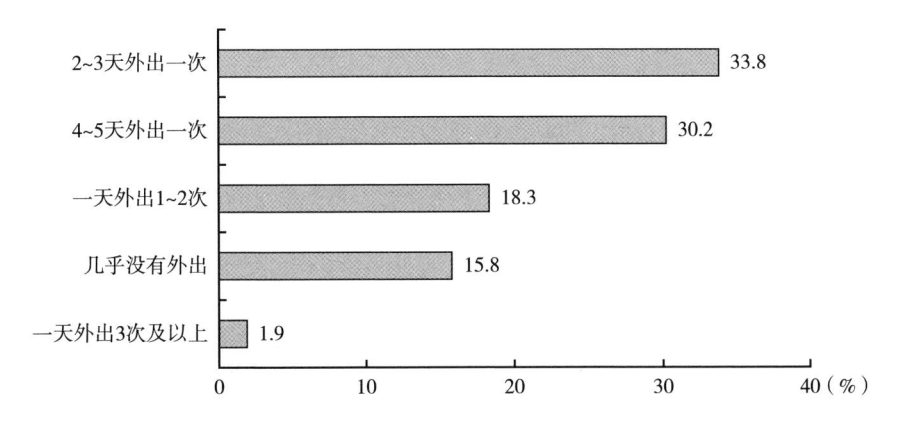

外出频次	百分比
2~3天外出一次	33.8
4~5天外出一次	30.2
一天外出1~2次	18.3
几乎没有外出	15.8
一天外出3次及以上	1.9

图2 疫情期间中国居民外出频次

资料来源：艾瑞咨询《疫情影响下的用户消费指数趋势报告》。

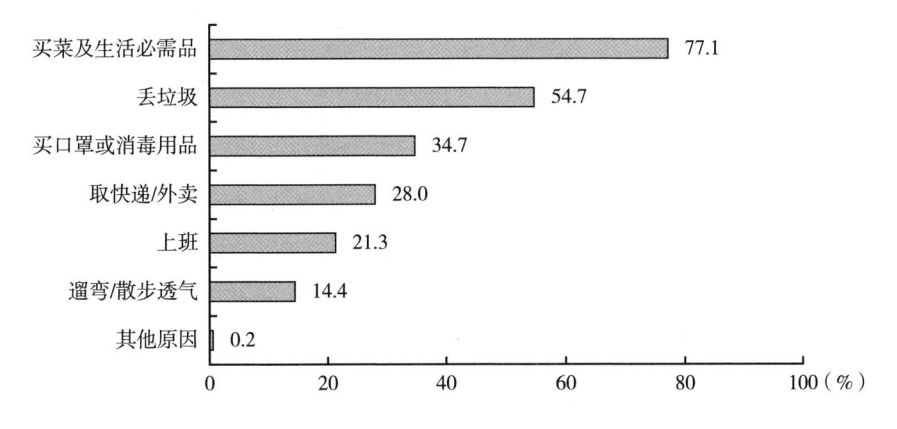

外出原因	百分比
买菜及生活必需品	77.1
丢垃圾	54.7
买口罩或消毒用品	34.7
取快递/外卖	28.0
上班	21.3
遛弯/散步透气	14.4
其他原因	0.2

图3 疫情期间中国居民外出原因

资料来源：艾瑞咨询《疫情影响下的用户消费指数趋势报告》。

（三）网络休闲成为主要形式

疫情期间，我国城市居民的家庭休闲方式以线上为主。数据显示，2020年1~6月，我国移动互联网月独立设备数持续稳步增长[①]（见图4）。到6

---

① 艾瑞咨询：《2020H1中国移动互联网半年度流量报告》，2020年7月。

月份，月独立设备数达到14.26亿台，较2019年增长了3018万台。疫情之下，我国居民"宅生活"加深，线上活跃时长增长明显，在2月份达到了2020年上半年的最大时长，即4.56小时，即使在6月份疫情好转后，仍然保持在4小时以上（见图5）。58同镇在2020年4月发布的《疫情影响下的中国下沉市场休闲娱乐洞察报告》指出，疫情期间，我国居民平均每天休闲娱乐时间长达6.69小时，67.32%的下沉市场用户将玩手机作为首选方式[①]（见图6）。新冠疫情使得我国城市居民的家庭休闲活动主要以线上的形式开展。

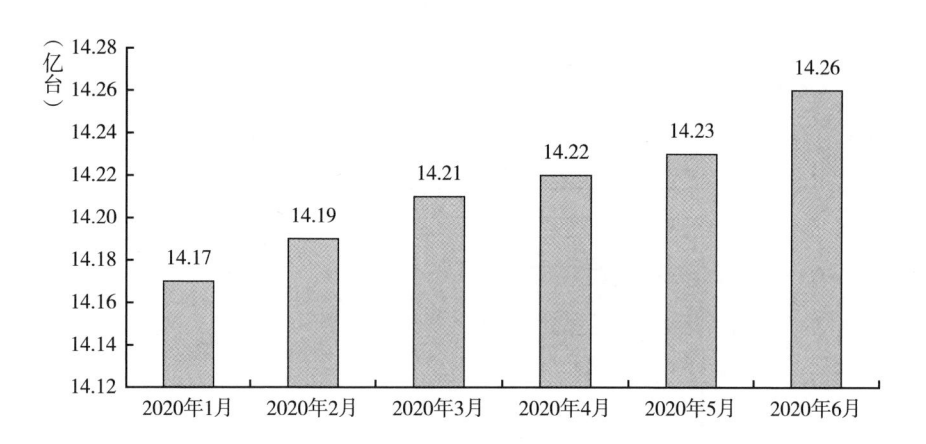

图4　2020年1~6月中国移动互联网月独立设备数

资料来源：艾瑞咨询《2020H1中国移动互联网半年度流量报告》。

（四）在线视频扮演了重要角色

如图7所示，2019年，我国居民长视频观看者的日均时长主要集中在30~120分钟，短视频观看者的日均时长主要集中在10~60分钟。受疫情影响，居民的视频观看行为更加积极，使用黏性提高。有超过五成的居民打开频次更高，观看内容类型更丰富，近四成的居民使用的平台个数

---

① 58同镇：《疫情影响下的中国下沉市场休闲娱乐洞察报告》，2020年4月。

我国城市居民家庭休闲：现状与趋势

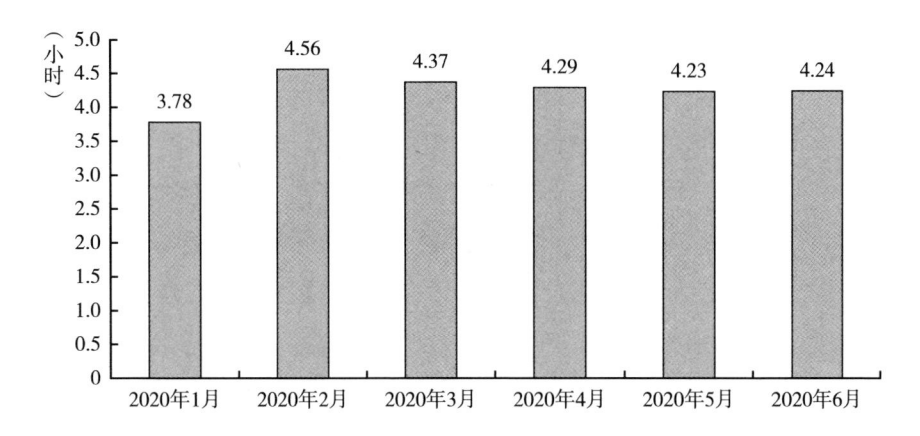

图5　2020年1～6月中国移动网民单机单日使用时长

资料来源：艾瑞咨询《2020H1中国移动互联网半年度流量报告》。

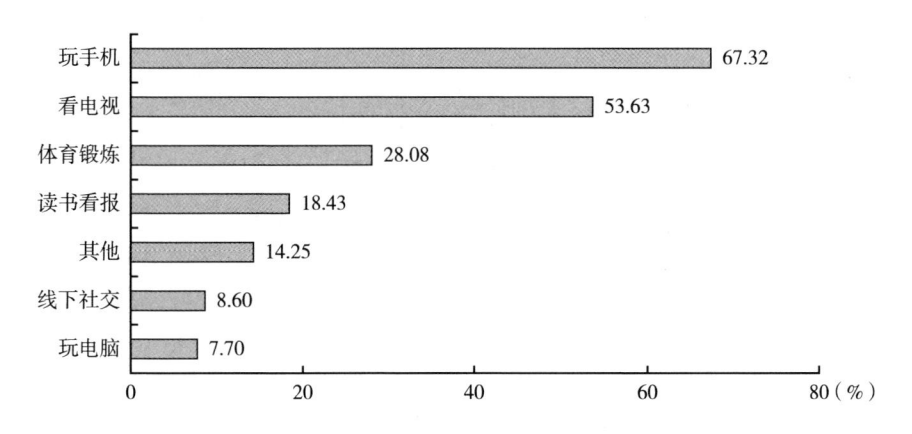

图6　疫情期间用户休闲娱乐方式分布

方式	比例(%)
玩手机	67.32
看电视	53.63
体育锻炼	28.08
读书看报	18.43
其他	14.25
线下社交	8.60
玩电脑	7.70

资料来源：58同镇《疫情影响下的中国下沉市场休闲娱乐洞察报告》。

更多①（见图8）。

另外，城市居民观看视频的类型以电视剧、短视频和电影为主，陪伴家人看视频的时间不断增加。疫情期间，我国观看电视剧、短视频和电影的居

---

① 艾瑞咨询：《艾瑞疫期产业观察：消费力重塑期较长，为多行业企业带来卡位机会》，2020年2月。

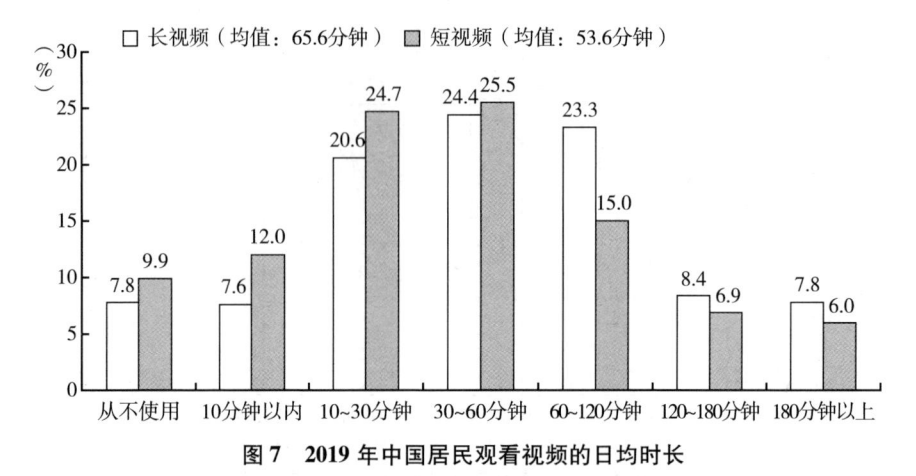

休闲绿皮书

图7 2019年中国居民观看视频的日均时长

时长	长视频（均值：65.6分钟）	短视频（均值：53.6分钟）
从不使用	7.8	9.9
10分钟以内	7.6	12.0
10~30分钟	20.6	24.7
30~60分钟	24.4	25.5
60~120分钟	23.3	15.0
120~180分钟	8.4	6.9
180分钟以上	7.8	6.0

资料来源：艾瑞咨询《艾瑞疫期产业观察：消费力重塑期较长，为多行业企业带来卡位机会》。

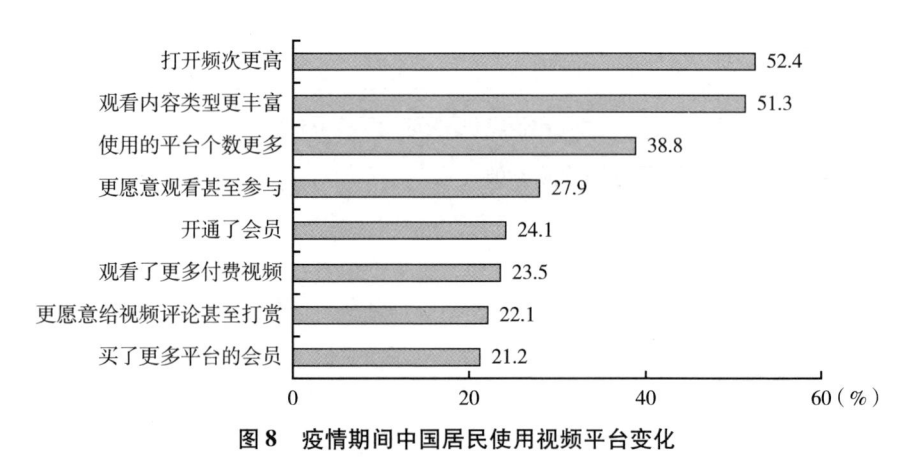

图8 疫情期间中国居民使用视频平台变化

项目	比例（%）
打开频次更高	52.4
观看内容类型更丰富	51.3
使用的平台个数更多	38.8
更愿意观看甚至参与	27.9
开通了会员	24.1
观看了更多付费视频	23.5
更愿意给视频评论甚至打赏	22.1
买了更多平台的会员	21.2

资料来源：艾瑞咨询《艾瑞疫期产业观察：消费力重塑期较长，为多行业企业带来卡位机会》。

民占比均接近70.0%，观看疫情相关视频的居民也超过六成，观看综艺节目的居民超过五成（见图9）。在观看视频方式方面，有更多时间和家人观看视频的居民人数接近一半，占总受访者人数的46.0%，是选择"和平时一样一个人看"的受访者的两倍多（见图10）。由此推测，疫情期间，在线视频在我国城市居民日常家庭休闲活动中扮演了重要角色。

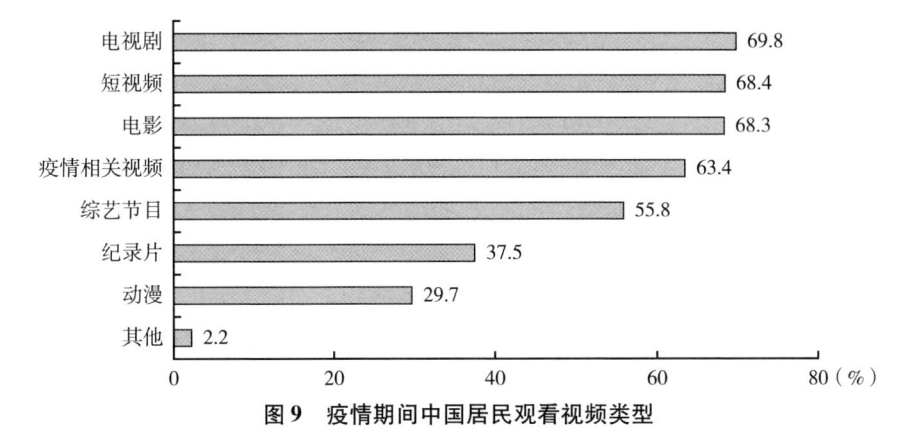

图9 疫情期间中国居民观看视频类型

- 电视剧 69.8
- 短视频 68.4
- 电影 68.3
- 疫情相关视频 63.4
- 综艺节目 55.8
- 纪录片 37.5
- 动漫 29.7
- 其他 2.2

资料来源：艾瑞咨询《2020年后疫情时代中国线上泛娱乐市场展望》。

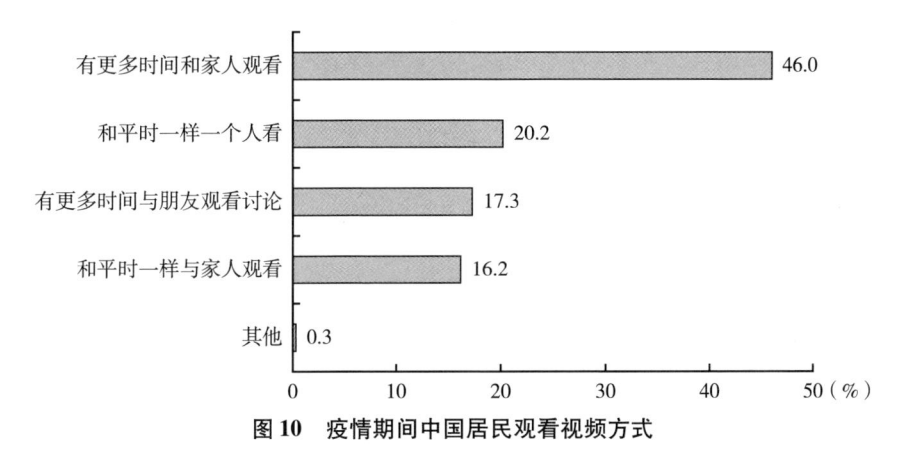

图10 疫情期间中国居民观看视频方式

- 有更多时间和家人观看 46.0
- 和平时一样一个人看 20.2
- 有更多时间与朋友观看讨论 17.3
- 和平时一样与家人观看 16.2
- 其他 0.3

资料来源：艾瑞咨询《2020年后疫情时代中国线上泛娱乐市场展望》。

（五）更加注重运动健身和健康管理

我国城市居民对运动健身和健康管理的需求日益增强。疫情期间，居家办公给了居民较多的休闲时间，运动健身类App用户规模快速上升。2020年2月，国内运动健身类App用户增加至8928.4万，比2019年2月增长了93.3%（见图11）。而健康管理类App的用户规模扩大更加明显。2019年2月至2020年2月，健康管理类App的用户从951.2万上升至2405.1万，同比增长了152.8%（见图12）。

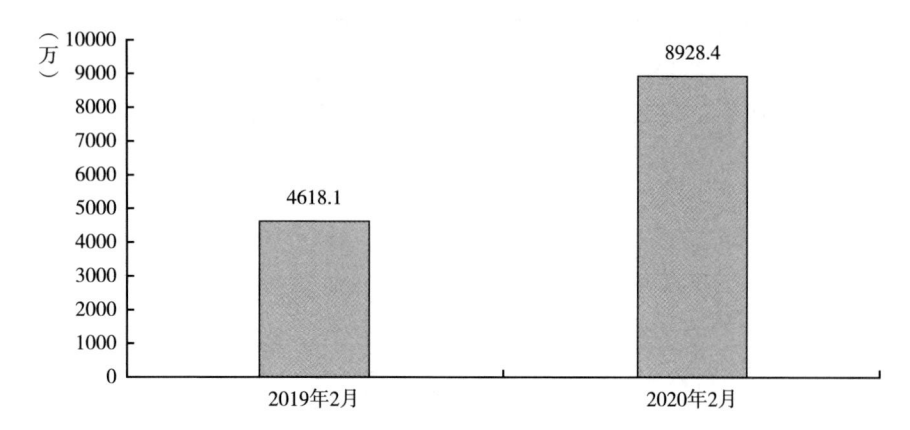

图 11　运动健身类 App 行业月活跃用户规模

资料来源：Quest Mobile《新冠疫情对生活的影响与启示洞察报告》。

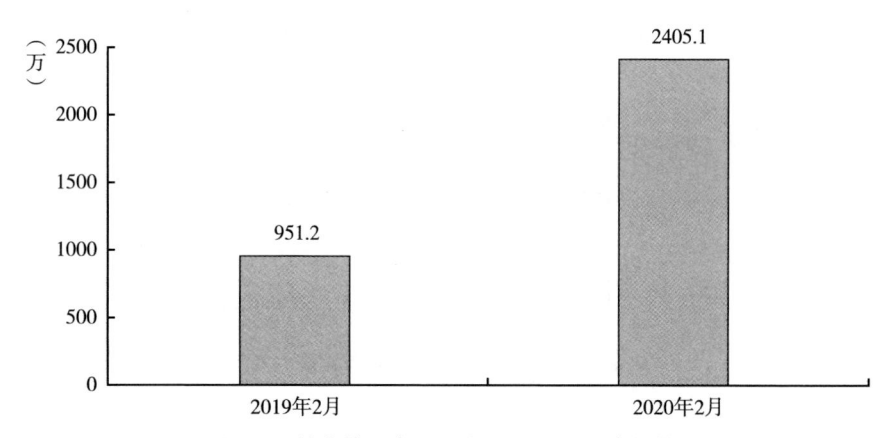

图 12　健康管理类 App 行业月活跃用户规模

资料来源：Quest Mobile《新冠疫情对生活的影响与启示洞察报告》。

三　城市居民家庭休闲现状调查分析

随着国内疫情形势逐渐好转，城市居民户外家庭休闲活动不断多元化。为了深入了解我国城市居民在疫情防控常态化时期的家庭休闲状况，我们以介于发达和欠发达地区之间的中部省份——河南为例，从家庭休闲时间、空间、内容、态度、满意度等几个方面着手，以期勾勒出我国城市居民家庭休闲的大致轮廓。本次问卷调查采取现场随机采访和网络问卷填写两种形式，调查时间为2020年7月20日至2020年8月2日。本次调查在河南省郑州市、开封市、商丘市、安阳市、洛阳市、平顶山市、南阳市、驻马店市、周口市等实地发放了500份问卷，并通过网络发放了185份问卷。剔除无效问卷后，有效调查问卷631份，问卷有效性为92.12%。在本次调查样本中，性别比例较均衡，男、女分别占51.35%和48.65%；年龄以中青年为主，18~50岁的受访者占总人数的75.12%；职业相对分散，全日制学生占最大比例，为26.68%；文化程度以本科、高中、中专或职高、大专居多，合计占78.60%；家庭人均月收入以中等收入为主，人均月收入为2001~6000元的受访者占总人数的73.86%。考虑到城市居民在不同时间段（工作日、周末和节假日）开展家庭休闲活动的时间、空间、内容等可能存在差异，我们分工作日、周末以及节假日对城市居民开展家庭休闲活动的实际情况进行考察。

（一）家庭休闲时间

河南省城市居民工作日家庭休闲时间明显不足。在所有受访者中，有547人在工作日平均每天的家庭休闲时间在4小时以下，占总人数的86.69%。其中，工作日每天用于开展家庭休闲活动的时间不足2小时的人占总人数的47.39%；家庭休闲时间在2~4小时的人占总人数的39.30%。拥有8小时以上家庭休闲时间的人数较少，占比不到总受访人数的10%。在周末，河南省城市居民家庭休闲时间有所增加，但总量仍然较小。具体而言，周末拥有2~7小时的家庭休闲时间的人数明显增加。其中，周末家庭休闲时间在2~4小时的人数最多，占总人数的49.29%；拥有5~7小时的家庭休闲时间的人数次之，占比为22.82%。相比于工作日和周末，河南省城市居民的节假日家庭休闲时间更充足。具体表现为，拥有5~7小时的家庭休闲时间的人数显著增长，占总人数的最大比例，为35.66%；拥有8~10小时和10小时以上家庭休闲时间的人数也明显增加，合计占总人数的22.35%（见图13）。

休闲绿皮书

图例：□ 2小时以内　□ 2~4小时　□ 5~7小时　□ 8~10小时　■ 10小时以上　□ 不确定

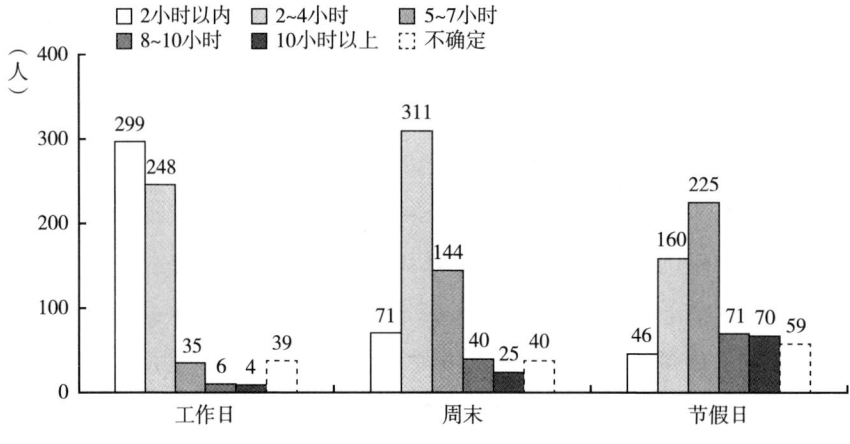

工作日：299、248、35、6、4、39
周末：71、311、144、40、25、40
节假日：46、160、225、71、70、59

图13　河南省城市居民家庭休闲时间分布

（二）家庭休闲空间

整体上，河南省城市居民在工作日、周末及节假日的家庭休闲空间范围差异明显，从周日至节假日，休闲半径逐渐扩展。在工作日，河南省城市居民以居家休闲为主，活动范围主要在1千米以内。具体表现为，631位受访者中，有301位的家庭休闲活动是在家里进行，205位家庭休闲活动半径在距家1千米及以内，二者合计占总受访者人数的80.19%，只有少部分居民的家庭休闲活动范围超过4千米。在周末，河南省城市居民家庭休闲活动范围有所扩展，但家庭休闲半径主要在3千米及以内。其中，家庭休闲半径为2~3千米的城市居民占最大比例，为38.35%。家庭休闲半径在3千米及以内的受访者有463位，占总人数的73.38%。在节假日，河南省城市居民家庭休闲活动范围主要在5千米及以内。家庭休闲半径在5千米及以内的受访者有404位，占总人数的64.03%。值得注意的是，家庭休闲空间距离在10千米以上的受访者人数陡然增加，为114位，占总人数的18.07%（见图14）。这表明，相当一部分城市居民选择在节假日与家人外出度假旅游。

（三）家庭休闲内容

表2、表3以及表4分别显示了河南省城市居民在工作日、周末及节

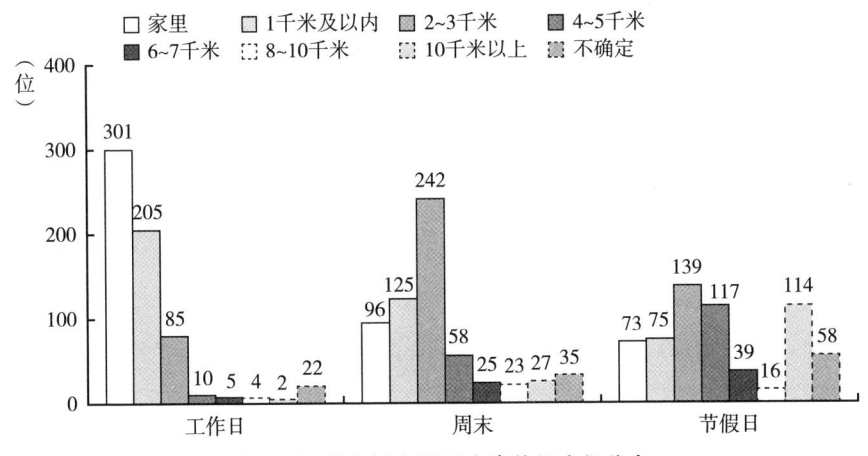

图14 河南省城市居民家庭休闲空间分布

图例：□家里 □1千米及以内 □2~3千米 □4~5千米 ■6~7千米 ⊟8~10千米 ⊟10千米以上 ■不确定

工作日：301、205、85、10、5、4、2、22
周末：96、125、242、58、25、23、27、35
节假日：73、75、139、117、39、16、114、58

假日三个时间段内经常从事的家庭休闲活动的前20项。在工作日，河南省城市居民主要从事吃饭、聊天、散步遛弯、玩手机、看电视剧、外出就餐、看书、上互联网等家庭休闲活动，其中，吃饭、聊天、散步遛弯、玩手机均被超过六成的受访者选择，是河南省城市居民在工作日最频繁开展的家庭休闲活动。在前20项家庭休闲活动中，核心家庭休闲活动占绝大多数。

表2 河南省城市居民工作日家庭休闲活动排名（前20）

活动名称	选择人数	排名	活动名称	选择人数	排名
吃饭	464	1	看综艺节目	204	11
聊天	462	2	看视频	192	12
散步遛弯	422	3	看电影	184	13
玩手机	380	4	跑步	157	14
看电视剧	312	5	家庭聚会	157	15
外出就餐	273	6	实地购物	150	16
看书	268	7	逛街	127	17
上互联网	222	8	整理庭院	112	18
养花草和宠物	212	9	阅读报纸和杂志	109	19
网购	210	10	郊游	108	20

在周末，除了工作日经常开展的核心家庭休闲活动之外，58.48%的城市居民还选择了家庭聚会，选择实地购物和拜访亲友的人数也有所增加。此外，选择在周末参观历史遗迹、风景名胜等，动物园、主题公园等游乐的人数排名也挤进了前20名。这说明，在周末，尽管核心家庭休闲活动在河南省城市居民家庭休闲生活中仍占据主导地位，但平衡家庭休闲活动，如家庭聚会，动物园、主题公园等游乐等也受到较多的重视。

表3 河南省城市居民周末家庭休闲活动排名（前20）

活动名称	选择人数	排名	活动名称	选择人数	排名
吃饭	475	1	郊游	231	11
聊天	465	2	养花草和宠物	230	12
散步遛弯	404	3	看电影	224	13
家庭聚会	369	4	网购	213	14
玩手机	341	5	跑步	212	15
看电视剧	335	6	上互联网	209	16
外出就餐	235	7	看视频	208	17
看书	288	8	看综艺节目	207	18
实地购物	276	9	动物园、主题公园等游乐	177	19
拜访亲友	265	10	参观历史遗迹、风景名胜等	152	20

在节假日，河南省城市居民的家庭休闲活动与周末区别不大。但值得注意的是，选择拜访亲友和家庭聚会的受访者人数排名分别为第3和第4，这表明河南省城市居民倾向于在节假日探亲访友和参加家庭聚会。另外，家庭度假在节假日上升到第12名，参观历史遗迹、风景名胜等也从周末的第20名上升到第13名。由此可以推断，河南省大多数城市居民倾向于选择在节假日开展远程的家庭度假和旅游活动。

表4 河南省城市居民节假日家庭休闲活动排名（前20）

活动名称	选择人数	排名	活动名称	选择人数	排名
聊天	461	1	散步遛弯	392	5
吃饭	454	2	外出就餐	336	6
拜访亲友	424	3	玩手机	328	7
家庭聚会	409	4	看电视剧	318	8

续表

活动名称	选择人数	排名	活动名称	选择人数	排名
读书	276	9	上互联网	219	15
实地购物	253	10	看综艺节目	217	16
看电影	240	11	跑步	209	17
家庭度假	231	12	郊游	195	18
参观历史遗迹、风景名胜等	229	13	看视频	192	19
养花草和宠物	222	14	网购	187	20

（四）家庭休闲态度及满意度

调查结果显示，大部分受访者对独自在家或与家人一起开展休闲活动的必要性持肯定态度。57.53%的受访者认为有必要进行，21.71%的受访者认为非常有必要进行，只有3.01%的受访者持反对的态度（见图15）。整体上，受访者对家庭休闲质量的满意度较高，将近有七成的受访者对目前的家庭休闲质量持满意态度（见图16）。但值得注意的是，仍然有18.06%的受访者对目前的家庭休闲质量感到不满意。这说明还存在许多因素制约着城市居民家庭休闲活动的开展。

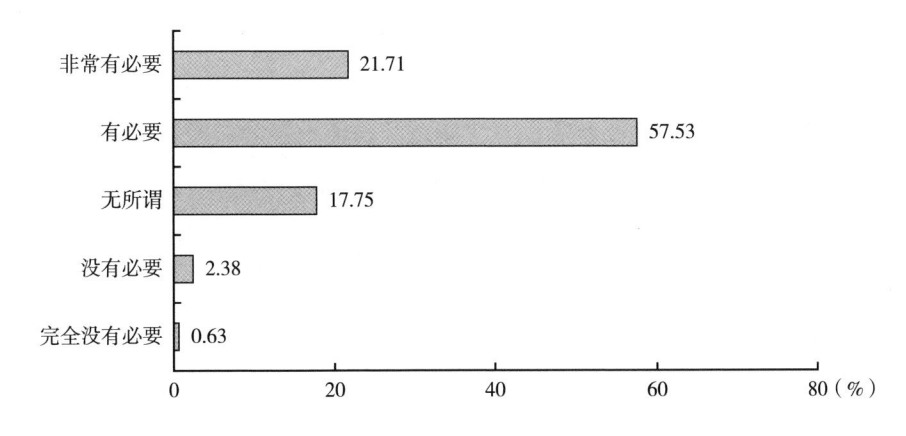

图15 河南省城市居民家庭休闲态度

满意度	百分比
非常满意	11.57
比较满意	15.06
满意	40.41
不确定	14.90
不满意	9.19
比较不满意	4.91
非常不满意	3.96

图16 河南省城市居民家庭休闲满意度

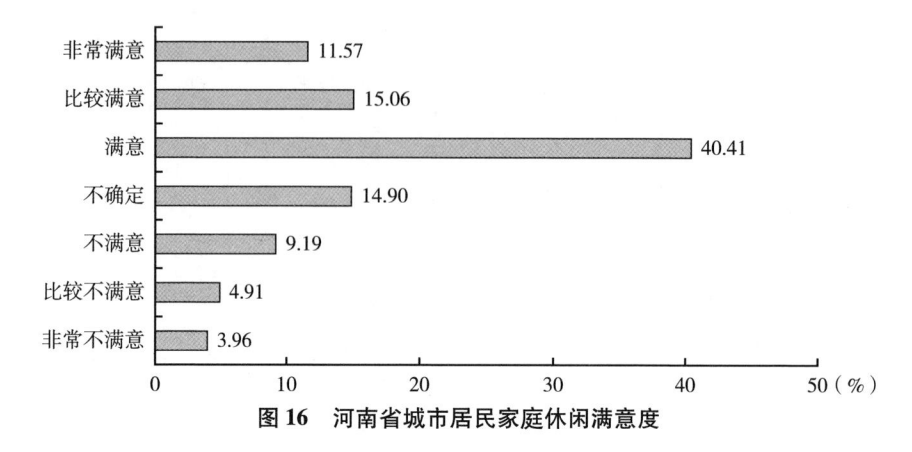

四 城市居民家庭休闲发展趋势

基于移动互联网背景下相关数据分析和典型区域问卷调查结果，可以预测：我国城市居民的家庭休闲支出或将增加；线上家庭休闲活动减少，户外家庭休闲活动增加，核心与平衡家庭休闲活动进一步趋于均衡；家庭休闲活动不断多元化；传统家庭观念发生变化，家庭旅游需求日趋旺盛；家庭亲子游逐渐常态化。

（一）家庭休闲支出或将增加

随着疫情逐渐平稳，我国居民消费信心增强（见图17），家庭收入和家庭支出呈上升趋势，预计城市居民家庭休闲支出也会增加（见图18）。中国社会科学院旅游研究中心等发布的《新冠肺炎疫情下的旅游需求趋势调研报告》显示，2019年5月我国居民的家庭收入指数为139.3，2020年3月为102.5，较2019年5月下降了26.4%[1]。2019年5月我国居民的家庭支出指数为153.8，2020年3月为137.0，较2019年5月下降了10.9%。但是，在2020年3月，两类预期增长指数均大于100，表明预期收入和消费依然呈增长趋势，预计城市家庭休闲消费也会继续增加。

---

[1] 中国社会科学院旅游研究中心、腾讯文旅产业研究院等：《新冠肺炎疫情下的旅游需求趋势调研报告》，2020年4月。

我国城市居民家庭休闲：现状与趋势

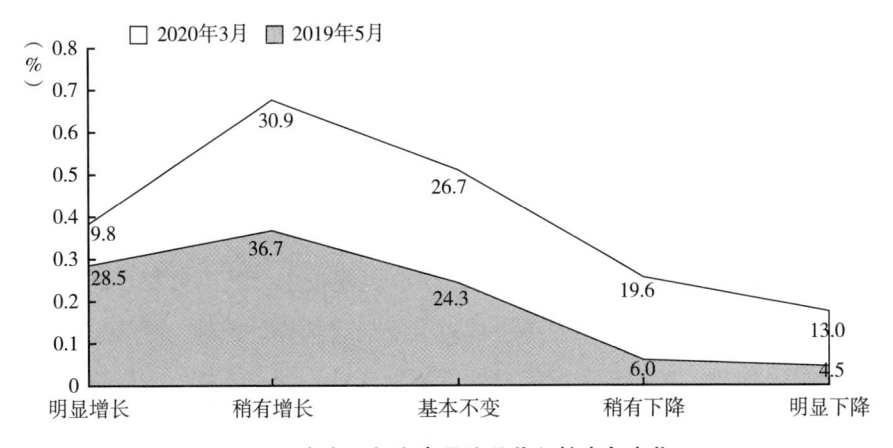

图17 未来一年家庭月均总收入较去年变化

注：指数值 = 100 × 明显增加% + 50 × 稍有增加 + 0 × 基本不变% − 50 × 稍有减少% − 100 × 明显减少% + 100。数值越大，表示居民对未来预期向好的信心越强。

资料来源：中国社会科学院旅游研究中心、腾讯文旅产业研究院等《新冠肺炎疫情下的旅游需求趋势调研报告》。

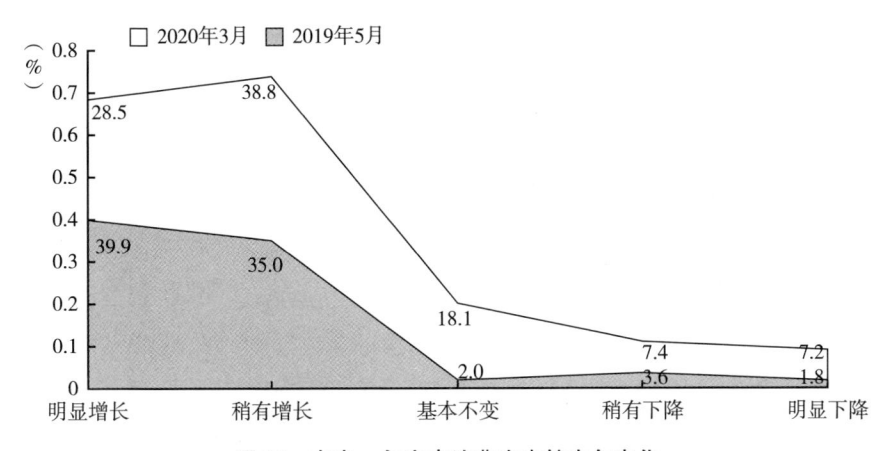

图18 未来一年家庭消费支出较去年变化

资料来源：中国社会科学院旅游研究中心、腾讯文旅产业研究院等《新冠肺炎疫情下的旅游需求趋势调研报告》。

（二）线上家庭休闲活动逐渐减少，核心与平衡家庭休闲活动进一步趋于均衡

疫情结束后，城市居民的家庭休闲活动范围扩大，在线家庭休闲活动时

长缩减。如图 19 所示，疫情结束后，我国居民除对理财股票、手机音乐、综合电商、社交网络等服务的使用热情较高外，短视频、综合视频、手机游戏、手机小说等疫情期间具有超高热情的在线服务使用热情有所衰减[①]。中国旅游研究院发布的《中国家庭旅游市场需求报告 2018》指出，中国已经进入"优质家庭旅游强需求时代"，家庭旅游已经成为人民对美好生活向往的重要组成部分[②]。除了家庭旅游外，在本次调查中，外出就餐、网购、实地购物、家庭聚会、拜访亲友等也被较多受访者选择。此外，尽管攀岩、漂流、远足、划船、滑雪、滑冰等户外冒险型活动不如玩手机、看电视、散步遛弯等被高频开展，但在满足家庭成员刺激体验需求方面也被高度重视。可以预测，疫情之后，在线家庭休闲活动会逐渐减少，线下尤其是户外家庭休闲活动会逐渐丰富，核心与平衡家庭休闲活动进一步趋于均衡。

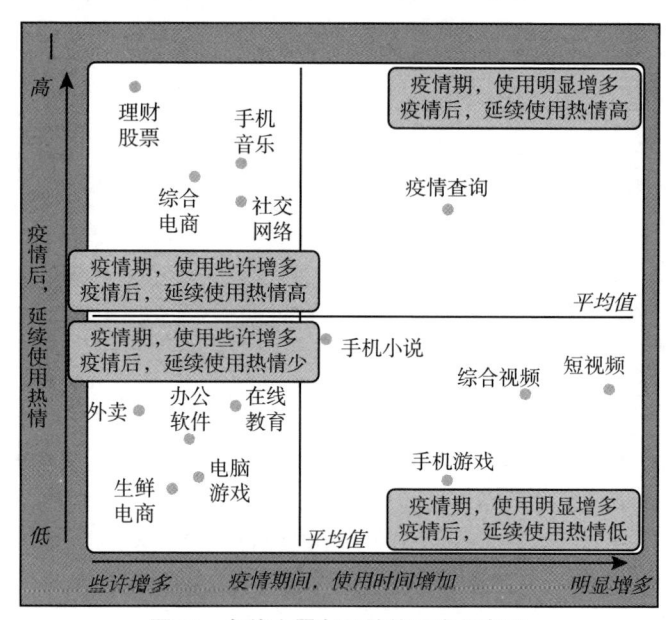

图 19　各线上服务延续使用变化象限

资料来源：企鹅智库《特殊时期的消费：疫情对全国 & 湖北网民消费影响报告》。

① 企鹅智库：《特殊时期的消费：疫情对全国 & 湖北网民消费影响报告》，2020 年 2 月。
② 中国旅游研究院、岭南控股广之旅：《中国家庭旅游市场需求报告 2018》，2018 年 5 月。

（三）家庭休闲活动日益丰富多元

本次调查结果显示，在工作日，由于闲暇时间有限，多数城市居民只能在距家1千米（包括1千米）的范围内开展家庭休闲活动，这就使得城市居民工作日家庭休闲活动比较单调。而在周末和节假日，城市居民的闲暇时间和活动空间都分别有所增加和扩展。因此，在周末和节假日，城市居民的家庭休闲活动相对丰富一些。例如，在631位受访者中，工作日刚好被临界100且大于100个人选择的家庭休闲活动排在第22名，而在周末和节假日刚好被临界100且大于100个人选择的家庭休闲活动分别排在第30名和第37名。这反映了从工作日至节假日，城市居民的家庭休闲活动逐渐丰富。随着我国公共休闲服务设施的进一步完善和休闲环境的进一步改善，即使在工作日，城市居民在家附近（如社区、免费公园等）便能享受较高质量的公共休闲供给和服务。随着休闲服务供给侧的改革，我国城市居民的家庭休闲活动将进一步多元化。

（四）家庭观念发生变化，家庭旅游需求日趋旺盛

大众旅游时代，城市居民亲情观念越发浓厚，通过家庭旅游的方式增进家人之间的理解和构建和谐家庭关系越来越受到重视。中国旅游研究院等在2018年的调查数据显示，有近八成的居民认为家庭旅游可以使人放松、快乐，有67.0%的居民认为旅游有利于家庭和睦（见图20）；超过八成的居民年均家庭出游次数在1~5次，14.8%的居民家庭出游次数在5次以上（见图21）。在本次调查中，有近八成的城市居民认为与家人一起开展休闲活动有必要（见图15）。可以判断，我国城市居民的家庭休闲观念正在发生变化，家庭旅游需求会越来越旺盛。

（五）家庭亲子旅游逐渐常态化

亲子游一直是我国旅游市场中的一个重要细分市场，在"二孩"生育与教育旅游政策的助力下，中国亲子游市场高速发展，家庭亲子结伴旅游的方式将逐渐常态化。易观发布的《中国在线亲子游市场专题分析2019》显

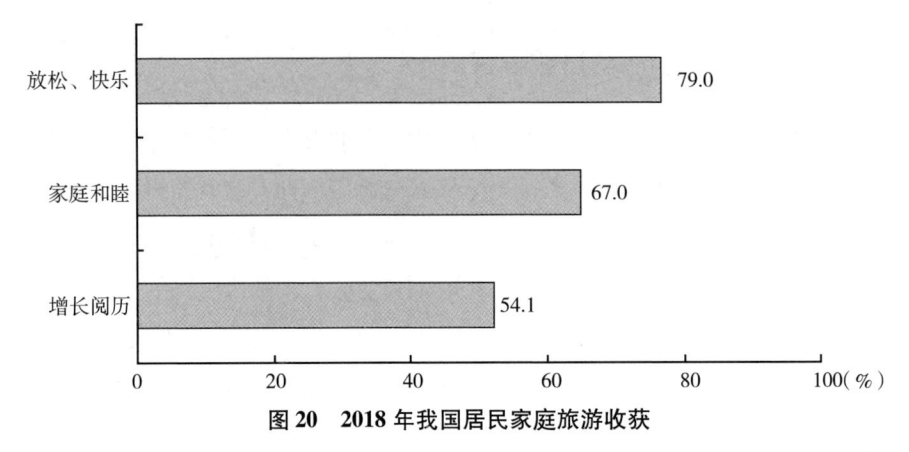

图20　2018年我国居民家庭旅游收获

资料来源：中国旅游研究院、岭南控股广之旅《中国家庭旅游市场需求报告2018》。

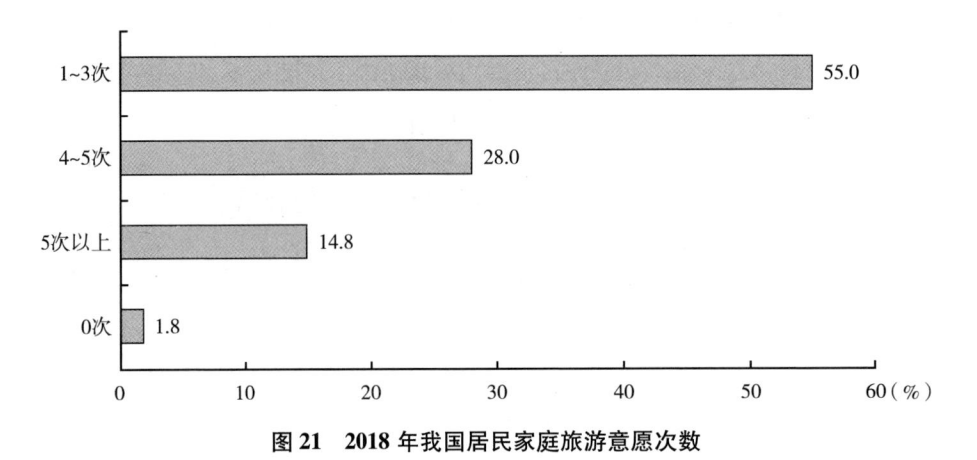

图21　2018年我国居民家庭旅游意愿次数

资料来源：中国旅游研究院、岭南控股广之旅《中国家庭旅游市场需求报告2018》。

示，自2020年起，我国家庭亲子旅游进入应用成熟期，具有庞大的市场需求[1]（见图22）。2020年3月以后，国内家庭亲子游需求逐月加速增长，至2020年5月，较4月增长了77%[2]（见图23）。可以预测，城市家庭亲子游市场规模会不断扩大，并且逐渐常态化。

---

[1] 易观：《中国在线亲子游市场专题分析2019》，2019年8月。
[2] 百度营销中心：《新旅游新体验：2020百度旅游行业需求洞察报告》，2020年6月。

我国城市居民家庭休闲：现状与趋势

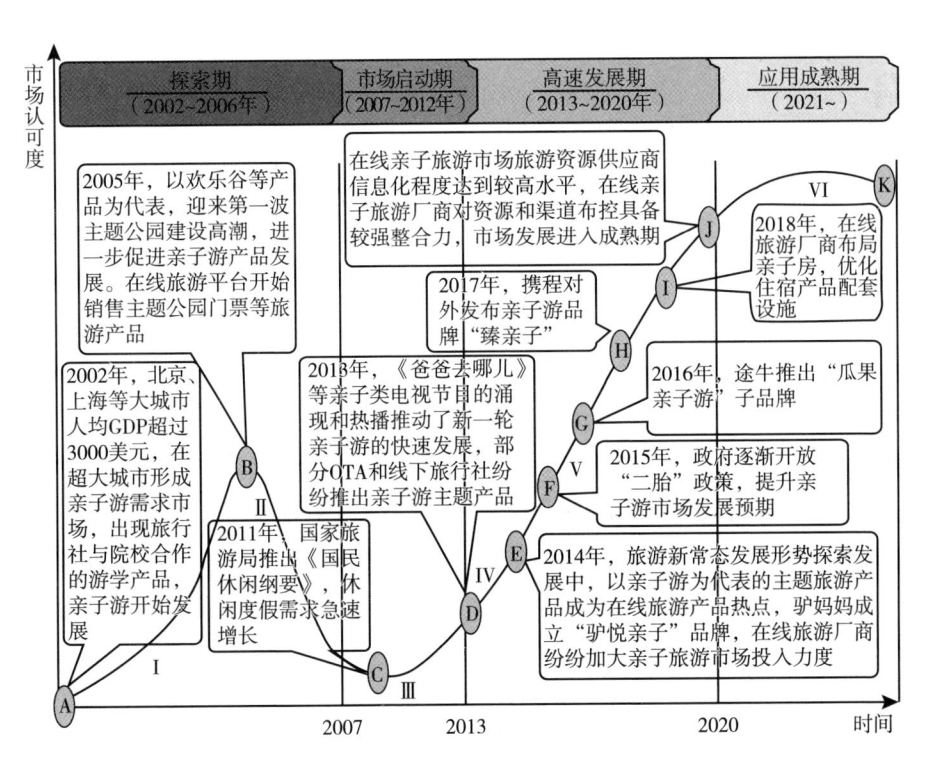

图 22　2018 年中国在线亲子游市场 AMC 模型

资料来源：易观《中国在线亲子游市场专题分析 2019》。

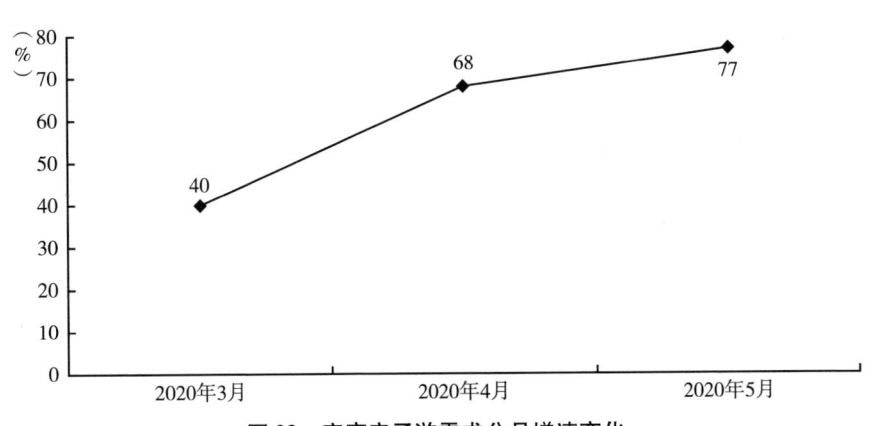

图 23　家庭亲子游需求分月增速变化

资料来源：百度营销中心《新旅游新体验：2020 百度旅游行业需求洞察报告》。

G.5 休闲消费背景下国民对SUV购买需求的变化

方圆 王铭[*]

摘 要： 中国汽车产业已步入存量时代，私家车日渐普及。伴随家庭结构变化和对休闲生活的追求，SUV车型受到越来越多人青睐的同时，也面临新的产业变局和品牌竞争。本文以网易汽车旅游中心的数据和实践为例，分析SUV车型消费现状、发展趋势及未来前景，探索针对SUV品牌内容营销的创新尝试。

关键词： 汽车消费 SUV 网易汽车 圈层营销

一 我国汽车市场消费现状

近年来，我国经济持续增长，人民生活水平逐渐提高，人们对于休闲生活和休闲消费有了更高的追求。而私家车的普及，无论在日常交通出行还是在长途自驾旅行中，都为人们提供了巨大便利和舒适体验，是休闲生活的重要组成部分。中国汽车工业协会的数据显示，2019年我国汽车销量为2576.9万辆，我国继续蝉联"全球最大汽车消费市场"称号。庞大的体量背后，是中国消费者强劲的需求支撑。

---

[*] 方圆，毕业于北京第二外国语学院新闻学专业，目前任职于网易汽车旅游中心；王铭，毕业于黑龙江科技大学机械设计制造及自动化专业，目前任职于网易汽车旅游中心。

（一）汽车消费总体现状

除个体生活、家庭关系外，休闲在社会活动和经济构成中也扮演了重要角色。休闲发展已上升到国家战略、公共政策、民生要务的高度。汽车产业的发展，是满足人民美好生活需要的重要一环。在经历了多年的快速发展后，我国汽车产业已步入转折期，发展速度放缓，正面临前所未有的产业变局和市场形势，汽车品牌已正式进入淘汰赛阶段。

自2004年起，我国汽车市场销量历经快速增长、稳定增长、增速下滑几个阶段。2018年车市出现首次负增长，2019年持续下滑，市场已由成长趋向成熟。2020年，在去产能、去库存、消费增速下滑及新冠肺炎疫情的影响下，整体汽车市场仍呈波动探底态势，销量降幅持续扩大。从行业发展阶段的角度来看，我国汽车行业已步入普及后期。

随着人们生活水平、人均可支配收入的提高及消费观念的转变，汽车消费价格不断上升。在国内汽车市场持续疲软的情况下，入门级车定价不断下探，豪华车整体走势强于乘用车[①]，豪华品牌国产率持续提升。来自中国汽车流通协会的数据显示，2017年中国市场狭义乘用车最低批发价均价为12.8万元，2018年均价增长为13.3万元，2019年1~9月达到14.2万元，整体提升较快，汽车消费升级明显。此外，在购车人群中，再次购车者占比逐年提升，市场正经历增量向存量的转变，迎来增换购潮。

（二）SUV车型消费现状及特点

SUV（Sport Utility Vehicle），即运动型多用途车，按照功能性划分，通常分为城市型和越野型。目前消费者认知的SUV一般以城市型为主，以轿车平台为基础，兼具轿车的舒适性和较大的载物载客空间等优势，并具有一定的越野能力。

[①] 乘用车指设计和技术特性上主要用于载运乘客及其随身行李或临时物品的汽车，包括驾驶员座位在内最多不超过9个座位。

伴随生活方式和出行方式的改变，人们对于汽车的需求不断变化，汽车的使用场景也逐渐增多。"二孩"政策全面放开，家庭人口结构发生改变，消费者对汽车空间的需求更加强烈。此外，近年来，自驾游作为一种新兴的休闲旅游方式被越来越多人接受，长途自驾中的空间舒适度、复杂路况下的车辆性能等成为消费者购车考虑的主要因素。因此，拥有丰富配置、内部空间较大、驾乘舒适的多功能SUV受到更多消费者的青睐。总体来看有如下几个方面的特征。

一是销量比重增加，已成为最大的乘用车细分市场。中国汽车工业协会的数据显示，2014年以来，SUV销量占乘用车销量的比重逐年提升，从2014年的20.7%提升至2019年的43.6%，增长迅速。其市场份额与轿车的市场份额的差距进一步缩小，也是目前为止唯一累计销量保持增长的乘用车。

二是产销持续下降，疫情后复苏情况好于轿车。SUV曾经是2015年和2016年的销量"明星"，但受汽车市场的影响，2018年SUV销量出现负增长，并且持续下滑，2019年SUV再度延续下滑态势，产销量下降幅度均有所扩大。中国汽车工业协会的数据显示，2019年SUV产销分别完成934.4万辆和935.5万辆，同比分别下降6.0%和6.3%。工业和信息化部装备工业一司的数据显示，2020年1~6月SUV销售367.7万辆，同比下降14.9%。其中，4~6月连续三个月同比正增长，5月增幅较大，为20.1%，6月也增长明显，疫情后复苏情况远好于轿车。

三是自主品牌SUV崛起，但前景并不乐观。近年来，中国品牌汽车企业紧跟技术变革和消费者需求，不断提升产品竞争力，在SUV中高端市场站稳脚跟。2019年，中国品牌SUV市场占有率继续保持第一，但总体依然呈现下降趋势，共销售492万辆，同比下降15.0%，占SUV销售总量的52.6%，占有率比2018年下降5.4个百分点[①]。与2018年相比，德系品牌销量增速超40%，表现最为突出；日系略有增长；其他外国品牌均呈明显下降趋势。

---

① 中汽协会行业信息部，《2019年SUV分国别销售情况简析》，2020。

二 休闲生活背景下我国汽车（SUV）消费趋势

目前我国汽车行业发展放缓，但千人保有量较低，市场尚未饱和。人们对便利生活的追求使汽车消费仍有较大上升空间。能够在多方面满足消费者休闲需求的SUV，仍然能够维持高基数增长态势，SUV占乘用车销量比例将进一步提升，但增速将继续放缓。

网易汽车旅游中心依托网易数据中台，通过对用户访问行为以及汽车相关数据的分析，发现关注汽车消费的人群呈年轻化趋势且购买能力增强，汽车使用场景也趋于生活化、休闲化。受新冠肺炎疫情影响，人们安全意识增强，更青睐自驾出行，汽车市场或将迎来一次短期集中的购车小高潮，空间更大的SUV或将成为疫情后中青年消费者的首选。

（一）用户画像

1. 用户基本特征

总体来看，关注汽车消费的人群呈年轻化趋势，主要集中在高线级城市，以拥有较高经济实力的男性群体居多。网易新闻汽车频道80%的用户为男性，25~39岁的中青年人群占比超70%（见图1），已婚比例达到52.3%。他们一般拥有较高的收入水平和消费能力，是社会中坚力量的阶层，家庭购车需求更强烈。

从地域分布来看，主要集中在高线级城市。三线及以上城市用户占比为86.9%，其中，新一线城市占比最多，达到28.3%（见图2）。一线城市中，上海用户最多，北京次之；新一线城市中，杭州用户最多。

2. 用户休闲行为洞察

一是汽车相关内容受到广泛关注，汽车使用场景已由日常出行延伸到自驾旅行。在经常使用的App类型方面，网易新闻用户最关注驾考类App。租车、汽车资讯、汽车交易等内容也是用户比较关注的。在经常使用的48种App类型中，汽车/旅游相关的App类型多达11种。和整体新闻客户端用户

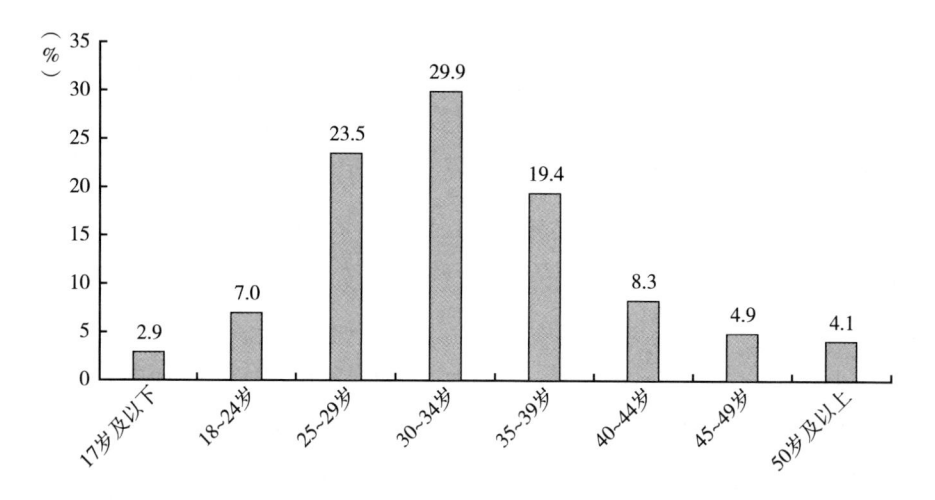

图1 网易新闻汽车频道用户年龄占比

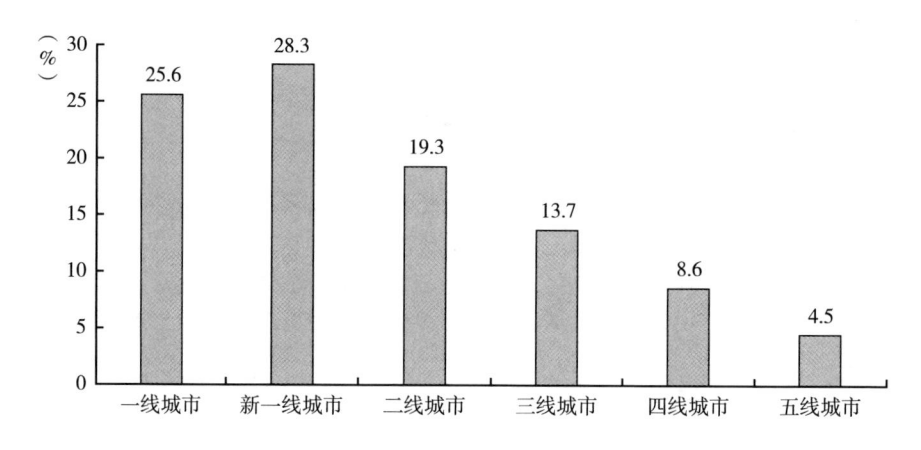

图2 网易新闻汽车频道用户城市分布

相比,网易新闻用户旅行频次及消费水平更高,交通方式偏好飞机和小汽车(见图3)。

二是互联网时代消费者对线上广告的接受度较高、点击意愿较强、购买积极性较高。网易新闻用户在日常内容浏览中,对视频、文字链接和搜索引擎广告的接受度较高;对文字链接、图片和视频广告的点击意愿较强,尤其认可品牌、产品和折扣信息,参加线上活动后购买积极性较高。

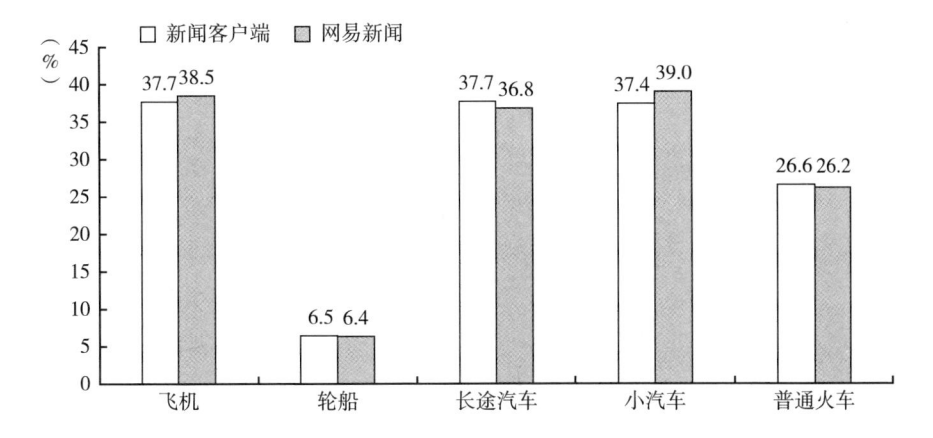

休闲消费背景下国民对SUV购买需求的变化

图3 网易新闻用户2019年外出旅行乘坐公交工具偏好

3. 汽车消费偏好

消费者购买力增强，倾向于购买轿车和SUV车型、德系品牌。在网易新闻用户中，网购用户占比近九成，尤其偏好购买汽车、旅游产品和烟酒。9.4%的用户有购车意愿，其中，23%的用户预购车型为SUV，占比仅次于普通轿车（见图4）。

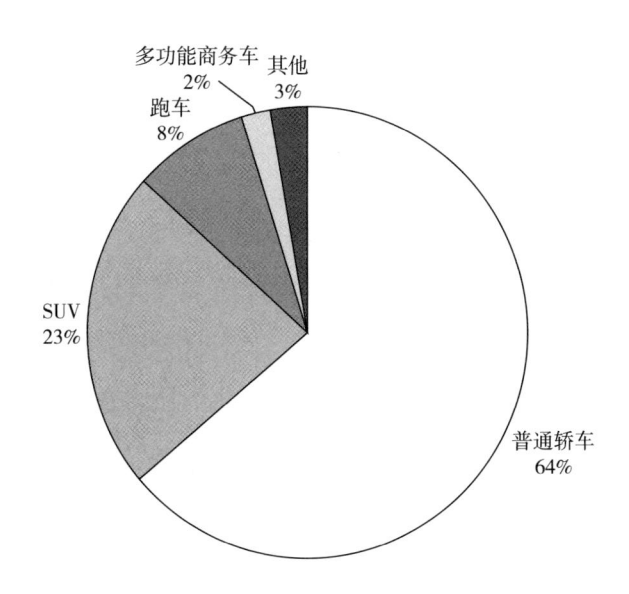

图4 网易新闻用户预购车型占比

在预购车系方面，44%的用户倾向于德系品牌，仅有6%的用户倾向于国产品牌。车辆的技术性能和品牌依旧是用户最为在意的购车考虑因素[1]（见图5）。

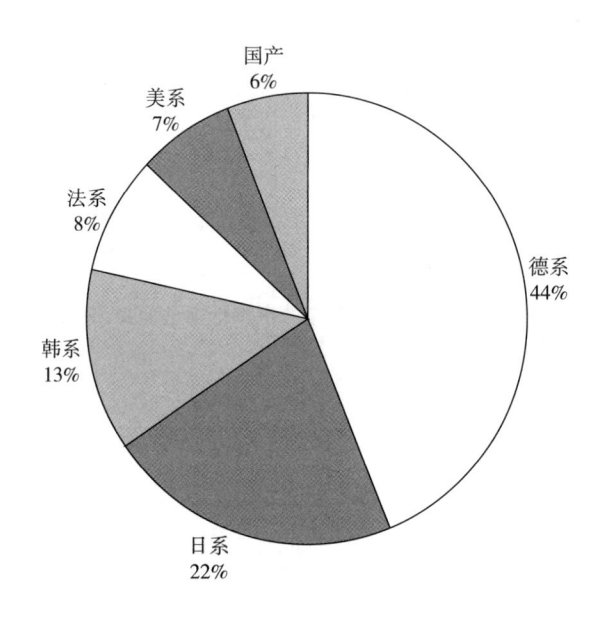

图5　网易新闻用户预购车系占比

（二）2020年以来汽车（SUV）消费的变化

一是出行方式改变，购车需求有所增长。虽然新冠肺炎疫情对汽车销售造成了一定影响，但却增强了消费者对安全出行的意识。为尽量避免乘坐公共交通工具、避免与他人接触，人们在日常出行和旅游过程中更加青睐自驾、租车等相对安全的方式。2020年3月，中国汽车流通协会发布的一份调查显示，超过56%的人希望未来出行方式是"开车"。中国旅游研究院、携程旅游大数据联合实验室发布的《15项发现和待启动的旅行：国人疫情

---

[1] 用户画像数据来源于TalkingData营销云数据库《网易新闻汽车频道人群画像报告》，2020；新生代中国无线网民网络行为与动机研究《网易新闻客户端用户画像》，2020。

后旅游意愿调查报告》显示，在疫情后出游交通方式的选择上，选择自驾游的比例最高，占比达41%。

二是汽车首购、换购意向加强，购车计划提前。进入2020年以来，网易新闻选择首购的潜在消费者从2019年的29.6%提升到35.2%，选择换购的消费者从21.7%提升至24.7%（见图6）。此外，计划3个月内购车的消费者占比为16.5%，计划1个月内购车的消费者占比为11.4%。

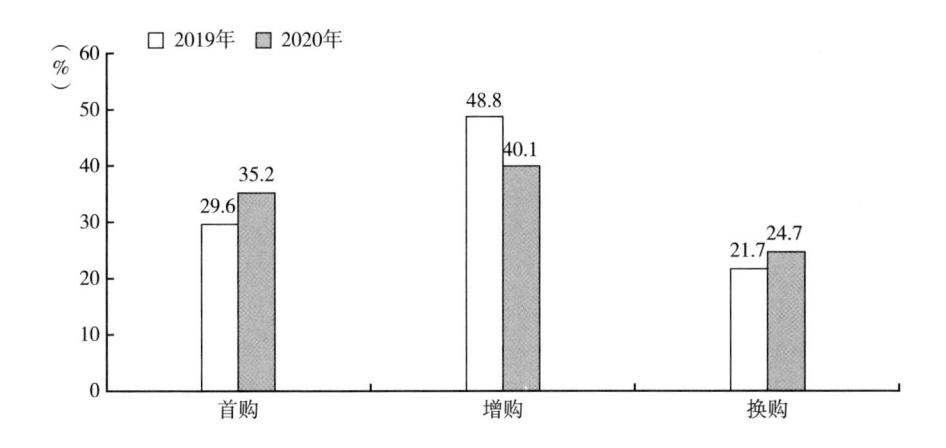

图6 2019年与2020年疫情期间中国消费者购车行为类型对比

三是追求生活品质，中高端SUV成为中青年消费者购车首选。SUV车内空间充足，能够满足多人出行需求，并且动力强劲、通过性好，成为更多消费者尤其是逐渐步入社会或建立家庭的20岁以上中青年人的主要选择。在网易新闻潜在购车消费者中，选择SUV车型的人占比最高，达52%。25~40岁的购车消费者更加偏好20万以上的中高端车型。年龄越大，对35万以上高端车的需求偏好也更强（见图7）。

四是到店看车仍为最受青睐的购车方式，线上渠道受关注程度提高。疫情发生后，68.1%的网易新闻潜在购车消费者依然倾向于传统的到店看车试驾方式，但出于对安全的考虑以及对服务质量和体验重视的加强，手续烦琐且需要多次到场的购车流程也是如今消费者的购车痛点。而在线上看车、选车等新型方式也受到51.6%的消费者的关注（见图8）。

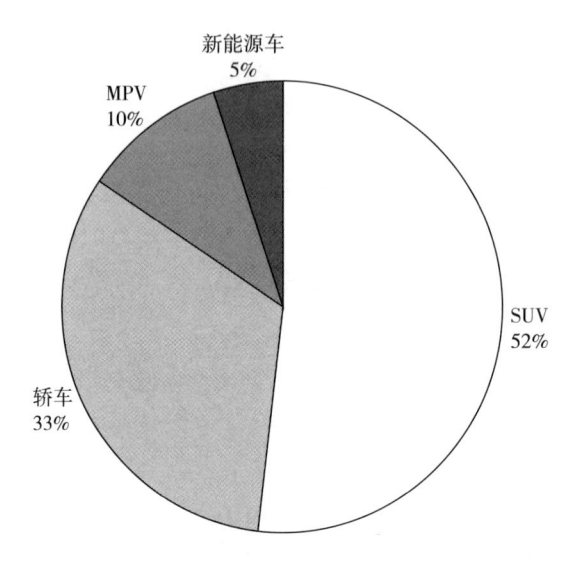

图7 2020年中国购车潜在消费者购车类型偏好

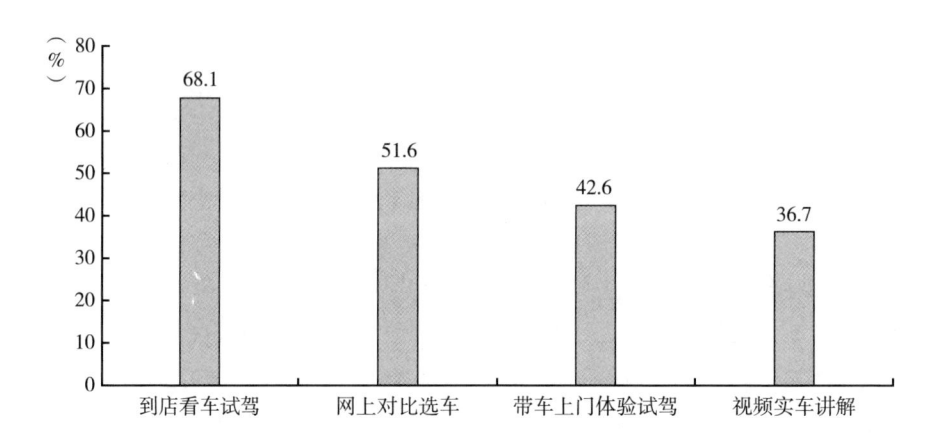

图8 2020年中国购车潜在消费者疫情期间购车方式期待

一线城市、新一线城市25岁以下的较为年轻的潜在购车消费者对线上购车方式的期待度更高。线上渠道已成为在选车、购车环节更为广泛、便捷地触达到消费者的新途径[1]。

---

[1] 网易、艾瑞咨询:《疫情影响下的中国汽车营销研究报告》,2020。

三　SUV 内容营销的创新探索

在休闲消费需求的驱动下，人们对于汽车的使用需求更加多元化，对汽车的空间、性能、场景等都提出了更高的要求，这也使消费者的购车行为更加谨慎。存量时代除产品和技术外，未来的核心竞争更在于品牌。对汽车品牌的选择往往是购车行为的起点，进入消费者的初选品牌单，才是营销的关键。SUV 是目前最受消费者欢迎的车型之一，亟须以创意性的内容、体验感极强的休闲场景设置、全新的用户运营模式，精准触达潜在用户。

伴随互联网的发展，流量红利结束，消费者获取信息的路径更多元化、碎片化。在决策周期缩短的同时，决策过程更加理性，人们不再盲目跟风购车，而是根据自身需求，结合各方口碑并对车辆充分了解后才会最终决定购买，消费需求的裂变也催生了不同的汽车消费圈层①。多元化的圈层渗透，已成为有效圈住消费者的新选择。下面我们以网易汽车旅游中心实践为例进行详细分析。

网易传媒多年来一直秉承"态度营销"理念，并随着休闲消费的市场环境和需求不断变化和创新。2019 年，网易传媒全新升级圈层营销体系——"睿享生活圈"，基于对各个圈层用户的洞察，以数据为基础，以价值内容为驱动，实现全网分发，打造整个互联网用户全覆盖的营销资源体系。同时依托强大的品牌内容，找准圈层用户脉搏，以更多元化的创新体验为品牌提供切实可行的营销解决方案。

基于网易传媒全新的"睿享生活圈"营销体系，网易汽车旅游中心推出了全新的汽车品牌策略——"严选好车　睿享生活"，聚焦休闲消费背景下的汽车消费和营销，通过可圈、破圈、聚圈、收圈四个维度，通过技术、内容、体验和成交效率形成一个针对汽车行业的完整营销闭环。

---

① 圈层广义是指具有社会属性的阶层，也可指一个区域内本身具备很强的社会联系、社会属性相近的群体。

（一）数据可圈

利用数据高效精准地触达价值用户，可解决 SUV 品牌线索收集难题。在触达用户的环节，最重要的是找到对的消费者，提高在不同圈层下对用户的触达效率和精准性。而用户洞察的精准性，很大程度来源于数据能力，一方面是指数据的量级和颗粒度①，另一方面是指数据处理能力。

网易汽车旅游中心依托网易数据中台，覆盖网易全系各平台超 10 亿设备 ID，抓取全矩阵用户访问行为，收录超 100 万高意向用户，获取汽车场景下的产品数据、网易原创汽车内容在全网的用户数据、汽车垂直行业运用的社群数据等，实现对用户的维度洞察；同时接入国内领先的第三方数据平台，为全路径传播提供精确导向，并借力数据产出"品牌洞悉—圈层对接—策略输出—数据沉淀"的全流程服务，锁定最终用户，将优质内容分发至适配度更高的对应圈层之中。

网易汽车旅游中心利用数据中台，为广汽丰田 SUV 下的品牌汉兰达提供数据 AI 画像，通过年龄、地域、身份、购车需求、消费偏好等维度，分析用户对此款车的真实评价和感受，确定哪些方面是购买的决定性因素，哪些方面有待提高和改进，精准定位汉兰达车主及潜在用户，为品牌的营销决策和方向提供有力支持。

（二）内容破圈

以"共情"激发用户购买欲望，以跨界营销突破传播界限，解决 SUV 品牌内容创新难题。仅触达用户，还不足以将用户成功转化为线索池。面对海量的互联网信息，品牌还需要通过优质内容，进一步吸引用户关注，对其产生持续影响，形成黏附力。优质的内容创意能力正是打动用户的重要利器。网易汽车旅游中心联动超过 20 个网易新闻各频道和原创工作室，形成庞大的内容矩阵。同时推出五大"破圈计划"，覆盖不同领域的圈层，大大

---

① 颗粒度主要针对指标数据的计算范围，用于表示某数据集的组成的最小单元。

提高打动用户的效果,为用户培育环节输送更多高质量线索。

1. 热点事件覆盖

结合全年节日节庆、社会大事件,紧跟热度,借势传播SUV品牌形象。2019年"两会"期间,长安旗下的SUV品牌欧尚成为网易新闻的指定采访用车。网易汽车旅游中心全程跟踪报道,通过讲述欧尚车主和员工的逐梦故事,展现国民汽车品牌在时代变迁中的责任与担当。

2. 休闲场景设置

以沉浸式互动呈现,提升用户对SUV产品的体验和感受。近年来,内容营销日趋场景化,通过画面感、体验感给人以身临其境的感觉,拉近品牌与用户的距离。网易汽车旅游中心跨旅游、文化、艺术、科技、体育、游戏等领域,打造出众多新颖场景。例如,将人们熟知的经典名作《千里江山图》通过互动H5的形式动态展现,为雪佛兰SUV品牌探界者策划了一次在画中穿越千里江山、寻找民族印记和非遗文化的"自驾之旅"。H5中不仅再现了《千里江山图》中的诸多美景及文化,也自然植入了探界者的外观及性能,给用户留下了深刻的印象。

3. 跨界实力种草

KOL[①]"带货",趣味性与专业性兼备。网易汽车旅游中心联动内部资源《网易态度公开课》,以KOL现场演讲的形式与用户零距离实时互动;同时对外拓展了一批在各领域中极具影响力的意见领袖资源,并联动行业知名机构、协会等进行权威背书,增强内容传播的专业性,提高内容传播的高度。网易汽车旅游中心以上市三周年为契机,为广汽三菱SUV品牌欧蓝德打造了主题为"三即生活"的营销活动,邀请脱口秀达人、旅行博主、户外装备设计师,从不同角度趣味解读欧蓝德在生活中的重要性,凸显欧蓝德以家为核心的品牌形象。

4. 情感深度渗透

突破形式主义的桎梏,让SUV品牌真正走进用户内心。内容营销不仅

---

① KOL(Key Opinion Leader,关键意见领袖)通常被定义为拥有更多、更准确的产品信息,且为相关群体所接受或信任,并对该群体的购买行为有较大影响力的人。

要解决曝光问题，更要解决信任问题。将受众的情感诉求与品牌的推广诉求有机结合，才能使内容在具备形式表现力的同时兼具情感渗透力。网易汽车旅游中心围绕治愈系、温情系、正能量等情感维度打造出多元化的原创栏目IP。在2019年春运期间，网易汽车旅游中心携手广汽三菱、广州市共青团、广铁集团，发起了一场主题为"冬日暖阳共青团爱心专列—爱不缺席"的公益活动，组成包括SUV车型的广汽三菱车队，为务工人员提供免费返乡服务，引发强烈的社会共鸣，同时使品牌形象深入人心。

5. 品质内涵体现

强化品牌USP①，提升SUV的品牌感知。好的内容营销既要有创意，也要有独特的"品质感"。网易汽车旅游中心回归汽车本身，着力体现品牌品质：打造业内首个汽车设计专业高端访谈栏目，与设计师一同深挖汽车设计背后不为人知的故事；用内容重现历史，与车企高管一同追溯品牌诞生及行业发展过程中的历史脉络；放眼未来，结合新能源汽车规划全新知识体系，进行深度科普。2020年4月，网易汽车旅游中心为吉利旗下的SUV品牌豪越打造了一场主题为"躺赢"的全球空间首秀活动。邀请豪越设计师以趣味脱口秀的形式介绍车型设计特点，邀请网易严选设计师结合车型特别设计了一款移动床垫。从设计角度出发，以新颖的形式凸显了品牌"大空间"的特色。

（三）用户聚圈

提升用户体验，搭建沟通互信的桥梁，解决SUV品牌连接用户的难题。聚合网易全平台圈层，打造全方位的汽车内容生态，与用户需求进行深度捆绑，精准培育高意向用户。可通过一种态度、主张、兴趣、场景或氛围，使品牌与用户之间产生共鸣。同时引流不同圈层用户，建立汽车专属社群，第一时间为品牌获取真实反馈。

---

① USP（Unique Selling Proposition），20世纪50年代初美国人罗瑟·瑞夫斯（Rosser Reeves）提出的一种销售主张，其特点是必须向受众陈述产品的卖点，同时这个卖点必须是独特的、能够带来销量的。

随着生活水平的提高以及消费观念的转变,越来越多的年轻人开始追求精致生活、品质生活。网易汽车旅游中心以"智享精致生活"为主题,为东风悦达起亚 SUV 车型 KX5 打造了一次寻找生活美学之旅。自驾前往四个目的地,让人们在上海感受小资格调,在广西欣赏星空的浪漫雅致,在安徽领略森林树屋的童话美,在广州的精致美食中品味百味人生。敏锐捕捉当下消费者的心理需求,拉近品牌与用户之间的距离。

(四)效果收圈

深度沉淀和运营,激发用户购买欲望,解决 SUV 品牌转化交易难题。触达、打动和培育三个环节后,将形成核心的用户转化池,再刺激消费者进行购买,为品牌带来实际销售效益,是营销闭环的最终目的和关键所在。截至 2019 年,网易汽车旅游中心运营"3000+"购车群,通过持续的消费互动和优惠政策,最大限度留住用户,进而实现购车转化。

网易汽车旅游中心在 2019 年为北京现代打造了一场主题为"钱途研究所"的营销活动。线上通过社群、直播等形式与用户深度互动,了解用户的关注点及需求,并通过条漫、H5 等形式将主题进一步延伸发散,引发用户共鸣;同时,线下在 CBD 商圈搭建沉浸式快闪店,通过实际体验聚集核心用户。此次营销活动以人们日常十分关注的"钱"为核心主题,让用户真切感知北京现代旗下包括 SUV 在内的多款车型的促销政策,精准激发用户购买欲望。

四 SUV 消费前景及展望

高品质的生活方式和出行体验,将成为年轻消费群体的不懈追求,在为 SUV 消费市场提供巨大发展空间的同时,也对 SUV 的产品、服务和品牌营销提出了更高的要求。展望未来,如下趋势值得关注。

一是消费需求不减,整体市场持续增长。国家卫健委数据显示,2019 年我国出生人口 1465 万人,二孩及以上孩次占比为 59.5%。中国旅游车船协会预测，到"十三五"时期末，我国自驾游人数将达到58亿人次，约占国内旅游人数的70%以上。基于家庭结构和出游方式的变化，加之疫情后人们购车意愿增强，未来消费者对SUV车型仍有较大需求。

二是向低油耗、小排量发展。2019年7月1日起，我国部分地区开始执行国家第六阶段机动车污染物排放标准。面对日益严格的油耗和排放标准，车企势必将减少大排量SUV的市场投入，研发更多低油耗、轻量化、小排量、混合动力的SUV车型。此外，为满足消费者对城市出行和长途自驾的双重需求，SUV在保证空间感的同时还将不断提高舒适性。

三是重点考虑后排乘坐舒适性及配置丰富度。舒适的乘坐感受和较大的储物空间是SUV消费群体较为看重的车辆产品力之一，此类消费者购车后会明显提高自驾游频次。考虑到更多的全家车型场景，整车设计初始就需要考虑到后排成员乘坐空间、座椅舒适性、增加充电接口、大尺寸全景天窗等实用配置。

四是增强车辆智能互联和社交能力。SUV购车人群日渐年轻化，这些消费者成长于互联网下，对移动智能网联设备依赖度高。车辆互联功能和体验的优劣，将成为这些消费者购车与否的重要衡量因素。建议整车企业将更丰富的车联功能和生态应用接入车辆，在汽车出行工具属性上，增加社交和移动终端的新定位。

五是打造丰富的金融消费产品。SUV新购车用户对汽车信贷等金融购车政策接受度更高，据威尔森监测，2020年第一季度汽车金融渗透率已达55.3%，并呈持续上升趋势。当前，更多车企开始使用零利率贷款、置换补贴等丰富便捷的金融产品带动车辆销售，部分车企甚至推出了以租代购、直租和保值回购等用户接受度更高的方案。丰富的金融产品和方案可以更好地满足购车的多元需求，转化车辆售卖效果。

六是用年轻化的语言和多元文化进行沟通，融入用户的休闲生活圈层。新时期的营销核心是把冰冷的产品语言准确地转化成用户喜闻乐见和易于接受的形式，针对年轻消费群体的特点，结合自身产品卖点，和用户贴心沟通，快速融入用户的生活圈层，增强年轻用户对品牌和产品力的信心。

参考文献

中国汽车流通协会、巨量引擎-汽车数据策略研究院：《2019中国汽车消费趋势报告》，2019。

杨帅：《我国SUV车型的发展现状及趋势分析》，《汽车与配件》2018年第5期。

中国汽车技术研究中心：《中国汽车产业2019年总结及2020年展望》，2019。

G.6 作为休闲场所的公共文化场馆使用状况调查
——以杭州为例*

张海霞 薛瑞 周寅 黄梦蝶**

摘　要： 公共文化场馆是彰显居民生活品质与地方文化服务能力的空间载体，其供给数量、质量与供需关系是表征城市公共治理水平的重要指标。以杭州为例，解构公共文化场馆的供需现状，剖析居民的休闲行为倾向，研究发现：杭州市公共文化场馆高度集中于主城区，新城与郊县（区、市）公共文化场馆建设滞后，公共文化场馆存在四种"地方—场馆"模式；本地居民对公共文化场馆偏好具有低年龄分型性，居民对图书馆与博物馆休闲表现出高偏好度与高满意度；居民参与公共休闲的主要目标是"学习"与"娱乐"，公共文化场馆亟须强化社会交往与健康服务功能；居民对公共文化场馆的硬件满意度普遍高于软件环境，亟须提升公共文化场馆的服务与管理能力；时空间可获性、居住时间、文化水平、收入水平是影响居民公共休闲行为的主要因素。为进一步提高公共文化场馆的供给质量，增进居民休闲福祉，应优化公共场馆布局，分区分类实施公共休闲服务能力战略，提高公共文化场馆的可获性，加强公共文化场馆的内涵建设。

＊ 基金项目：国家自然科学基金（项目编号：41501165）。
＊＊ 张海霞，浙江工商大学旅游与城乡规划学院副教授，博士，硕士生导师，主要研究方向为公共休闲与旅游规制；薛瑞、周寅、黄梦蝶为浙江工商大学旅游与城乡规划学院硕士研究生。

关键词： 公共文化场馆 休闲行为 杭州

公共博物馆、文化馆、美术馆、科技馆等兼具旅游休闲与文化发展的载体功能，是文旅融合时期文化系统与旅游休闲系统思维对接的关键领域。作为群众文化活动的重要阵地和国家公共文化设施的重要组成部分，公共文化设施的供给现状与休闲利用现状是评估公共文化服务水平、增进居民休闲福祉的重要依据。西方学者曾经就纽约此类大城市公共休闲空间的利用率下滑等问题展开公共服务质量的大讨论，研究表明，消费者购买偏好的相关理论成果适用于休闲文化场馆的研究。探讨公共休闲场馆的供给现状，剖析公共休闲场馆的休闲者特征，探讨公共休闲服务能力的提升路径，对于社会治理现代化具有重要意义。

一 杭州市公共文化场馆的发展状况

（一）杭州市公共文化场馆建设现状

2000年以来，围绕创建"世界休闲之都"的目标，杭州在城市公共文化设施建设上取得了突出成就。公共文化场馆数量从20世纪90年代的41个增加到2010年的72个，增加了76%，尤其是公共博物馆在此阶段得到了快速发展，从20世纪90年代初的14个增加到35个，增加了1.5倍，出现了特色鲜明的专题博物馆群（见图1）。

杭州经济社会发展经过了从西湖时代、钱江时代、跨江发展到拥江发展的战略历程，城市的公共文化服务能力与能级不断提高。截至2020年6月，杭州共建公共博物馆、图书馆、文化馆、美术馆、科技馆、体育馆[①]等六类公共文化场馆110个，总面积为278.6万平方米，人均公共文化场馆面积为0.77平方米。

---

① 本研究从场馆公共性视角出发，将体育馆也纳入公共文化场馆范畴。

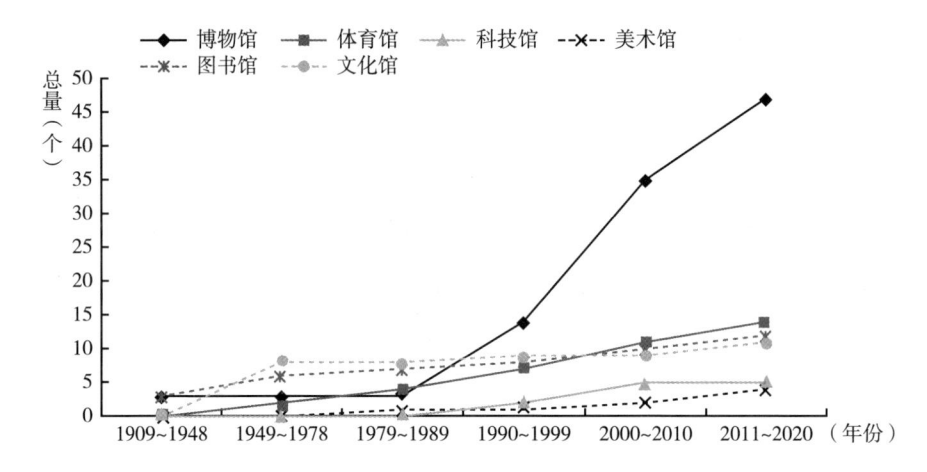

图1 杭州市公共文化场馆的发展历程

公共休闲空间分布是影响居民休闲生活质量的重要因子。杭州市公共文化场馆不均衡分布，形成了高度集中于主城区①的公共文化场馆分布格局（见图2）。从空间密度看，主城区最高（人均0.15平方米），然后依次是富阳区（人均0.06平方米）、萧山区（人均0.04平方米）、淳安县（人均0.03平方米）、桐庐县（人均0.03平方米）、余杭区（人均0.03平方米）、临安区（人均0.01平方米）、建德市（人均0.01平方米）。从公共文化场馆数量看，主城区公共文化场馆总占比达到67.63%；从人均面积上看，主城区是临安、建德市的15倍之多。

根据公共休闲场馆的数量分布与经济发展水平的关系，杭州市各行政区分成四类"地方-场馆"模式（见图2）：（1）高经济发展水平-高文化场馆供给区（Ⅰ区），如西湖区（16.36%）、上城区（16.36%）、萧山区（11.82%）、余杭区（9.09%），典型特征是GDP水平高，文化场馆供应充足，分布着浙江省图书馆、杭州市图书馆、浙江美术馆、西湖博物馆等杭州最知名的公共文化场馆，总量达到杭州公共休闲场馆的53.63%。（2）低经济发展水平-高文化场馆供给区（Ⅱ区），如下城区（10.91%）、江干区

---

① 杭州主城区主要包括上城区、下城区、西湖区、拱墅区、江干区。

(10.00%)、拱墅区(10.00%),虽然GDP水平位于杭州市平均水平之下,但因历史文化沉淀丰富,分布着大量公共文化场馆,总数占全杭州的30.90%。仅拱墅区就拥有张小泉剪刀博物馆、中国扇博物馆、中国伞博物馆、京杭大运河博物馆、都锦生博物馆等专题博物馆,成为杭州运河文化、丝绸文化、民间工艺文化的重要载体。(3)高经济发展水平-低文化场馆供给区(Ⅲ区),以滨江区(4.55%)为典型,新城经济发展初具规模,成为杭州市钱江时代城市发展的增长极,然而公共文化场馆建设却相对滞后。(4)低经济发展水平-低文化场馆供给区(Ⅳ区),临安区、富阳区、建德市、桐庐县、淳安县等呈现经济发展水平与公共文化场馆建设双低的状态,公共文化场馆数量仅占全杭州的10.92%。

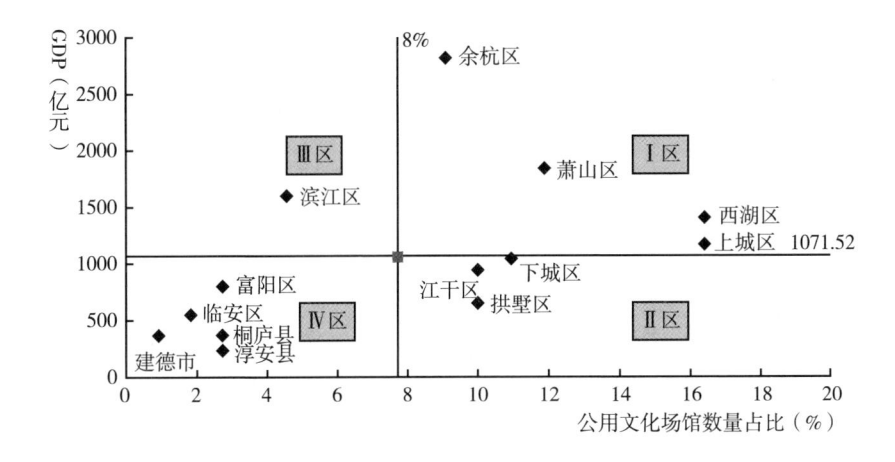

图2 杭州市公共文化场馆的"地方-场馆"模式

资料来源:杭州各县市2019年国民经济和社会发展统计公报。

(二)调研实施与样本特征

为深入展现杭州市公共文化场馆的居民休闲生活现状,2020年8月开展了抽样调查,通过问卷星平台发放调查问卷,共回收360份问卷,其中有效问卷329份,有效问卷回收率为91.39%。被调查者以中青年为主,21~40岁的居民约占61.40%;在杭居住时间15年及以上的居民占46.20%,

1~14年的约占53.80%（见表1）。居民每次参观公共文化场馆时长为2.37小时，其中以图书馆参观平均时长最长（2.99小时）。

表1 样本分布情况

属性	分类	样本数	占比(%)	属性	分类	样本数	占比(%)
性别	男	128	38.91	月收入	2000元及以下	57	17.33
	女	201	61.09		2001~3500元	29	8.81
年龄	20岁及以下	19	5.78		3501~5500元	42	12.77
	21~30岁	104	31.61		5501~7500元	52	15.81
	31~40岁	98	29.79		7501~9500元	41	12.46
	41~50岁	60	18.24		9500元以上	108	32.83
	51岁及以上	48	14.59	居住区	滨江区	33	10.03
学历	初中及以下	4	1.22		下城区	24	7.29
	高中/中专	9	2.74		余杭区	19	5.78
	本科/大专	220	66.87		拱墅区	26	7.90
	硕士及以上	96	29.18		江干区	80	24.32
职业	公务员	16	4.86		上城区	12	3.65
	企事业工作人员	115	34.95		西湖区	104	31.61
	自由职业者	15	4.56		萧山区	17	5.17
	个体经营者	14	4.26		其他区县	14	4.26
	科教文卫从业者	51	15.50	在杭居住时间	1~3年	79	24.01
	外来务工人员	3	0.91		4~7年	43	13.07
	离退休人员	13	3.95		8~14年	55	16.72
	学生	71	21.58		15~20年	61	18.54
	其他	31	9.42		21~34年	53	16.11
婚姻状态	已婚	203	61.70		35~69年	38	11.55
	未婚	126	38.30				

二 公共文化场馆使用者的行为特征

（一）对图书馆、博物馆的高偏好度与高满意度

杭州居民的公共文化场馆平均到访率为14.4%，图书馆（39.5%）到

访率最高,其次为博物馆(17.6%),体育馆为11.9%,美术馆为8.8%,科技馆为5.2%,有13.6%的居民没有参观公共文化场馆的经历。居民到访率由高到低排名前10的场馆均为图书馆、博物馆,排名前20的中除浙江省美术馆、浙江省黄龙体育中心、杭州市区其他体育馆外①,亦均为图书馆、博物馆(见表2)。

表2 杭州市公共文化场馆居民到访率排名

排名	名称	百分比(%)	排名	名称	百分比(%)
1	浙江省图书馆	24.9	11	中国良渚博物院	8.8
2	杭州城区其他图书馆	22.8	12	杭州市区其他博物馆	8.5
3	杭州市图书馆	21.9	13	杭帮菜博物馆	8.2
4	浙江省博物馆	16.1	14	中国工艺美术博物馆	8.2
5	杭州博物馆	13.1	15	中国湿地博物馆	7.9
6	京杭大运河博物馆	12.5	16	杭州郊县图书馆	7.6
7	中国茶叶博物馆	11.6	17	浙江省黄龙体育中心	7.6
8	中国丝绸博物馆	11.6	18	杭州市区其他体育馆	7.3
9	浙江省自然博物馆	11.2	19	浙江省美术馆	7.3
10	杭州市少年儿童图书馆	10.6	20	中国印学博物馆	6.7

杭州居民对公共文化场馆整体满意度较高,其中,图书馆、博物馆的建设最为成功,平均满意度均达到4.07,其次为美术馆(4.00),再然后是科技馆(3.92)、文化馆(3.89),居民满意度最低的是体育馆(3.78)(见图3)。

(二)以学习知识、休闲娱乐为主的公共休闲目的

有14.3%的居民以"文化场馆休闲"为主要休闲动机,仅次于"旅游观光"(25.0%)、"居家休闲"(21.4%)、"户外运动"(17.9%),其次为"购物娱乐"(10.7%)、"社会服务"(7.1%)及"其他"(3.6%)。从各

---

① 杭州市区其他体育馆指除了杭州市体育馆、浙江省黄龙体育中心、西湖文体中心、奥林匹克体育中心、杭州体育中心之外的其他公共体育馆,不包括杭州各郊县体育馆。郊县体育馆居民到访率为3.3%。

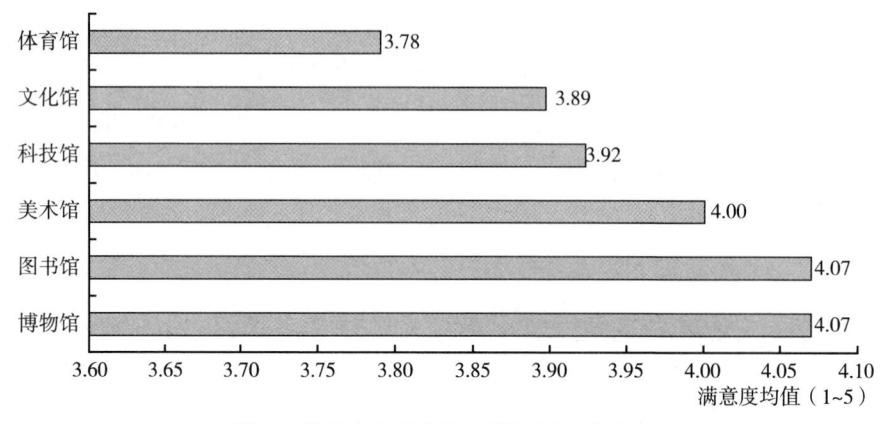

图3 杭州市公共文化场馆的居民满意度

满意度均值（1~5）

- 体育馆 3.78
- 文化馆 3.89
- 科技馆 3.92
- 美术馆 4.00
- 图书馆 4.07
- 博物馆 4.07

场馆的目的偏好结构（见图4）看，目前的公共文化场馆承载着学习知识、休闲娱乐的基本公共诉求。

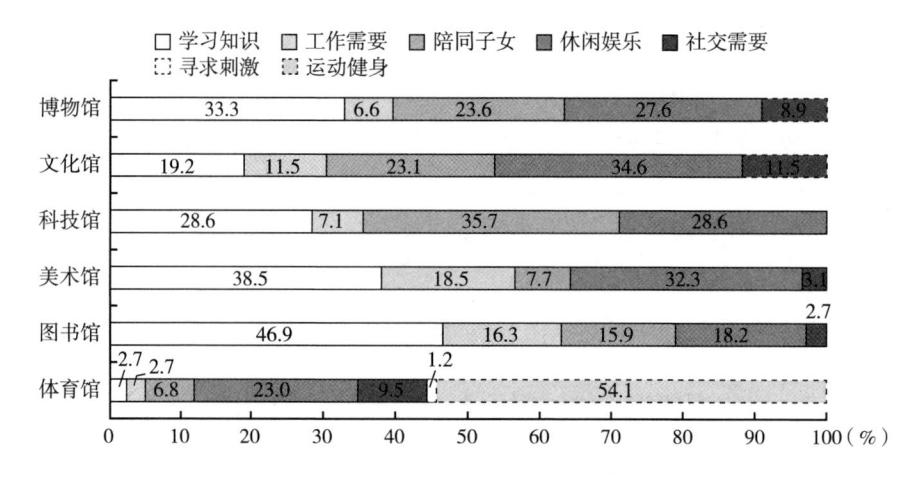

图4 公共文化场馆的居民休闲目的结构

图例：□学习知识 □工作需要 ■陪同子女 ■休闲娱乐 ■社交需要 □寻求刺激 ▦运动健身

场馆	学习知识	工作需要	陪同子女	休闲娱乐	社交需要	寻求刺激	运动健身
博物馆	33.3	6.6	23.6	27.6	8.9		
文化馆	19.2	11.5	23.1	34.6	11.5		
科技馆	28.6	7.1	35.7	28.6			
美术馆	38.5	18.5	7.7	32.3	3.1		
图书馆	46.9		16.3	15.9	18.2	2.7	
体育馆	2.7	6.8	23.0	9.5	1.2		54.1

注：若数据分项合计与总值不等，是由数值修约误差所致。

（三）公共文化场馆休闲的弱年龄分型

调查显示，同一休闲目的，也有明显的年龄分型特点，但公共文化场馆的居民休闲的年龄分型并不明显，并呈现如下特点（见图5）。（1）高年龄组－高户外休闲参与。旅游观光类休闲和户外运动休闲，随着年龄增长，居民参与度增加，说明迈入中年后，对健康的关注成为休闲的主要动机。（2）低年龄组－高娱乐休闲参与。居家休闲、购物娱乐类休闲活动随着年龄增长，参与度减少。说明30岁以下人群精力充沛，娱乐活动丰富，网购、游戏等居家休闲活动多样，时间占比较高。（3）各年龄组－深度休闲参与。文化场馆、社会服务等深度休闲类活动受年龄影响不大。

对于各类文化场馆，参观图书馆、美术馆和文化馆的人群中，以21～30岁居多，参观博物馆的居民多为31～40岁，科技馆与体育馆则受欢迎度比较广泛（见表3）。

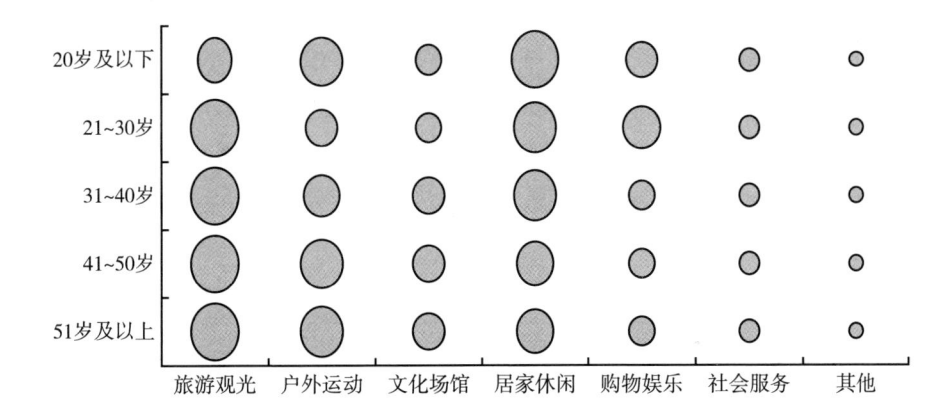

图5 居民休闲目的年龄分型图（百分比图）

表3 杭州市公共文化场馆的参观者构成

	20岁及以下（%）	21～30岁（%）	31～40岁（%）	41～50岁（%）	51岁及以上（%）	合计（%）
图书馆	10.8	37.7	30.0	13.8	7.7	100
博物馆	1.7	22.4	39.7	22.4	13.8	100
美术馆	6.9	37.9	20.7	17.2	17.2	100
科技馆	0.1	29.4	29.4	23.5	17.6	100
体育馆	10.3	30.8	17.9	28.2	12.8	100
文化馆	0.1	36.4	27.3	18.2	18.2	100

注：若数据分项合计与总值不等，是由数值修约误差所致。

（四）公共文化场馆供给水平类型不均衡

根据杭州公共文化场馆质量的居民评价（见表4），可以得出杭州公共文化场馆具有以下特点。（1）各类场馆硬件条件评价均高于软件环境。由于近年来大量新建标志性场馆建成，以及公共文化场馆在通风、采光、照明、安全、卫生等条件设施方面的改造升级，杭州市居民对场馆硬件条件评价普遍高于软件环境。（2）文化馆、美术馆、体育馆特色体验与服务不足，随着文创、科技等新元素的融入，博物馆、图书馆、科技馆围绕核心吸引物的特色体验有所突破，譬如浙江省科技馆围绕"科学浙江"推出的青少年科技培训实验室、沉浸式影院等成为吸引公众参与科普体验的新亮点；又如浙江图书馆推出的全省免押金服务和网上借阅活动等。（3）活动组织、管理与服务是公共文化场馆的质量短板。各类场馆普遍缺乏具有活力和社会黏性的文化活动，缺乏常态的策划与活动运营意识，对员工与志愿者的培训不足，尚未形成让公众普遍认可的管理理念、服务流程和文化形象。

表4 杭州公共文化场馆质量的居民评价

	设施与环境	活动组织	管理与服务	体验与功能
博物馆	4.11	4.01	4.01	4.05
美术馆	4.10	3.92	3.94	3.98
图书馆	4.09	3.96	3.99	4.02
科技馆	4.06	3.92	3.95	4.00
文化馆	3.99	3.87	3.90	3.90
体育馆	3.85	3.81	3.82	3.85

三 影响公共文化场馆使用状况的主要因素

（一）公共文化场馆的时间、空间可获性

从居民不选择公共文化场馆休闲的主要原因上看，因为"没有时间"不选择公共文化场馆休闲的超过30%，因为"交通不便"不选择公共文化场馆休闲的接近20%（见图6），可见时间、空间可得性是主要制约因素，

提高公共文化场馆的交通连通性十分必要。同时，数据显示，杭州市居民很少对公共文化场馆的"内容"和"服务"不满意。

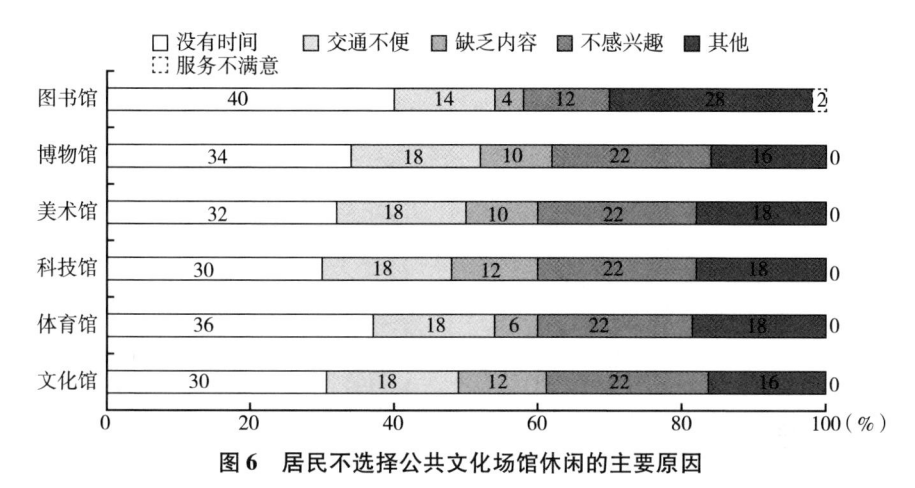

图6 居民不选择公共文化场馆休闲的主要原因

注：若数据分项合计与总值不等，是由数值修约误差所致。

（二）居住时间与收入水平

调查显示，居住时间影响居民休闲活动类型结构（见图7），居民居住时间越长，公共文化场馆的休闲参与类型越均衡。居住时间为1~3年的居民，以图书馆休闲占绝对主体；相对而言，居住时间超过20年的居民，对各类公共文化场馆的参与更加均衡。

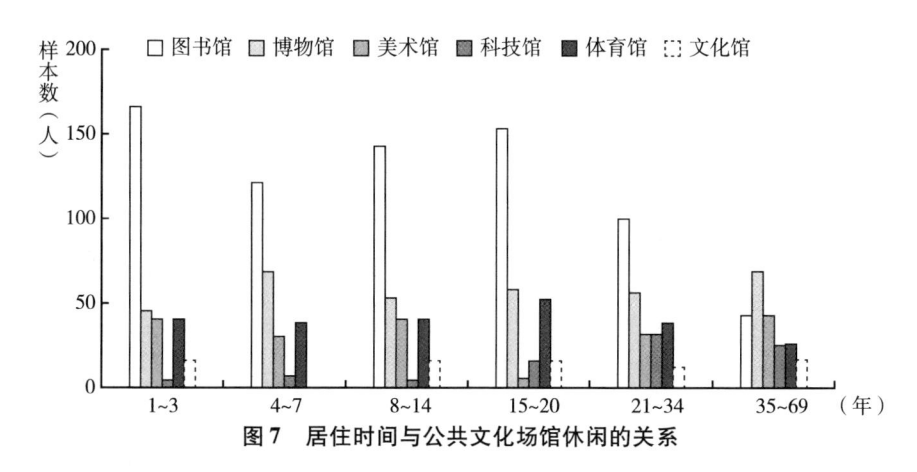

图7 居住时间与公共文化场馆休闲的关系

同时，收入水平亦影响居民休闲活动的丰富度（见图8），收入水平越高，文化场馆休闲参与越多样，类型分布越均匀。

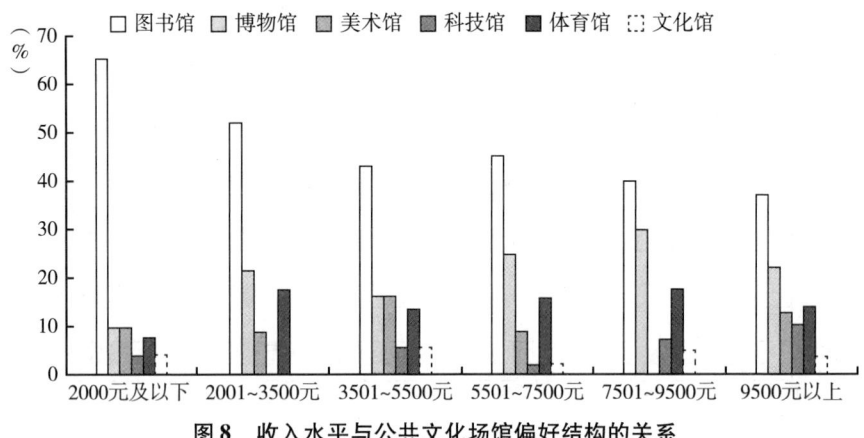

图8 收入水平与公共文化场馆偏好结构的关系

（三）文化水平

调查显示，各类文化场馆的到访者几乎均为高文化水平居民（见图9）。除体育馆外（89.74%），其余五种文化场馆的到访者中，大专及以上文化水平的居民均超过93.00%，其中，美术馆、科技馆和文化馆高达100%。即使去除样本因素，数据仍显示公共文化场馆对低文化水平居民的休闲与文化功能不足，大众普及程度亟待提高。

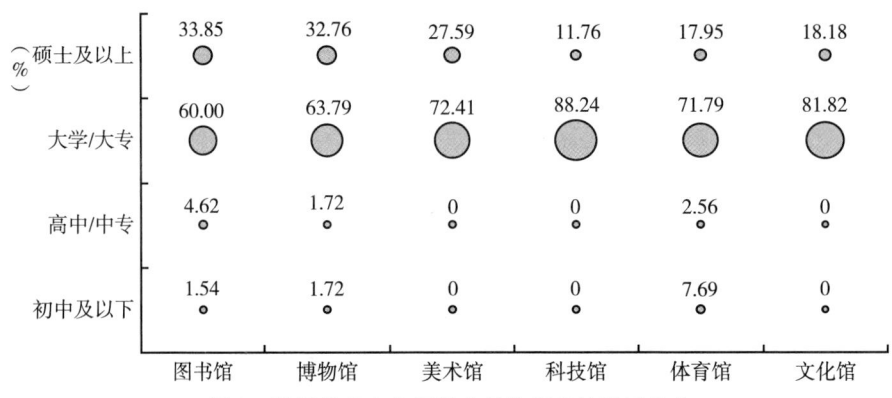

图9 杭州公共文化场馆本地休闲者的学历分布

四 公共文化场馆的休闲供给水平提升建议

（一）优化文化场馆布局，分区分类实现公共休闲服务水平提升

一是多样化主题化战略：高经济发展水平－高文化场馆供给区（Ⅰ区）、高经济发展水平－低文化场馆供给区（Ⅲ区）。考虑人流密集度和建馆成本，建议在杭州未来经济发展重点区块——滨江区、余杭区、萧山区，积极推动灵活多样化的、主题化的新型公共博物馆、文化馆、科技馆等，增量与提质同步；在公共文化场馆基础较好的上城区、西湖区，创新发展高品质的公共场馆服务产品，发挥城市公共文化品位的载体作用。

二是联动发展战略：低经济发展水平－高文化场馆供给区（Ⅱ区）。探讨下城区、江干区、拱墅区的文化场馆价值提升路径，建议结合大运河文化公园建设，以杭州居民的认同感、自豪感培育为目标，加强杭州文化IP打造、活动策划与营销整合，推动京杭大运河博物馆、张小泉剪刀博物馆、中国扇博物馆、浙江省自然博物馆等文化场馆的多点联动发展。

三是特色大型场馆战略：低经济发展水平－低文化场馆供给区（Ⅳ区）。临安、富阳、建德、桐庐、淳安等郊县（区、市），建议谋划建设标志性的大型特色文化场馆，保障居民公共休闲的基本权利的同时，推动地方经济的发展。

（二）提高公共文化场馆的可获性，切实保障居民休闲权利

一是应提高各类公共文化场馆的交通连通性，推动公共交通系统与居民高到访率场馆的合作，完善标示标牌系统的建设，以提高场馆的实际利用率；二是建设集中、统一的公共文化场馆服务平台，为休闲者提供实时的、智能化的公共文化场馆信息。

（三）加强公共文化场馆的内涵建设，全面提升居民休闲生活质量

一是丰富各类场馆的"活动"类型，围绕公共文化场馆的主题，设计

特色服务内容，以活动促质量，特别是应加强对美术馆、文化馆、体育馆的活动策划与实施，以提高居民对公共文化场馆的整体满意度；二是加强对文化场馆工作人员的培训，推进志愿者服务，建立面向参观者的质量评价与监督体系；三是针对科技馆、文化馆、博物馆等不同类型的场馆，探索多样化的公益性活动，丰富活动内容与形式，提升文化场馆的公益性功能与文化载体价值。

参考文献

宋瑞：《中国旅游发展笔谈——文化和旅游的关系》，《旅游学刊》2019年第4期。

〔加拿大〕简·雅各布斯：《美国大城市的死与生》，金衡山译，译林出版社，2006。

张海霞、唐金辉：《居民公共休闲空间公平感和幸福感认知的影响因素——以杭州市为例》，《城市问题》2019年第5期。

刘正兵、张超、戴特奇：《北京多种公共服务设施可达性评价》，《经济地理》2018年第6期。

S. M. Low, D. Taplin, S. Scheld, "Rethinking Urban Parks: Public Space and Cultural Diversity," *Annals of the Association of American Geographers* 2010 (04), pp. 853-855.

G. Trinh, D. Lam, "Understanding the Attendance at Cultural Venues and Events with Stochastic Preference Models," *Journal of Business Research* 2016 (09), pp. 3538-3544.

G.7 休闲观鸟摄影现状分析
——以沈阳及其毗邻地区为例

尹德涛*

摘　要： 沈阳及其毗邻地区的休闲观鸟摄影者，退休老年人占绝大多数，男性多于女性，高收入和高学历者占比高。随着到观鸟地点的空间距离或时间距离的增加，观鸟摄影人数递减，年龄大的人数相应递减，女性占比也相应递减。沈阳及其毗邻地区的休闲观鸟摄影者中，偶尔型占比较高，出行距离近，而且其中的女性占比高于积极型和熟练型；积极型占比最高，熟练型出行拍摄范围最广；受新冠肺炎疫情的影响，观鸟摄影者显著增加，而且女性增加明显。普及鸟类和自然摄影伦理知识，提高鸟类摄影者的自身素养，改善休闲观鸟摄影环境，将促进休闲鸟类摄影的健康发展。

关键词： 休闲　观鸟摄影　沈阳

一　观鸟与观鸟摄影

（一）观鸟

观鸟是指在不影响鸟类正常活动的前提下，在自然环境中欣赏鸟的自然

---

* 尹德涛，博士，沈阳航空航天大学经济与管理学院旅游管理专业教授，观鸟摄影爱好者，主要研究方向为休闲与旅游管理。

美,观察记录它们的外形姿态、数量、取食方式、食物构成、繁殖行为、迁徙特点和栖息环境等,是一种有益身心健康的休闲活动①。

观鸟活动兴起于18世纪晚期的英国和北欧,早期是一项纯粹的贵族消遣活动②,在科学与经济较发达的国度由上层社会人士推崇而形成时尚,逐渐在欧美国家普及。后来,随着亚洲经济地位的提高,日本、泰国、中国台湾、中国香港等国家和地区也兴起了观鸟活动。中国香港观鸟随着英国观鸟活动开展较早,中国台湾观鸟活动则始于20世纪70年代③。观鸟作为一项时尚的户外运动在西方国家十分流行,并且已经成为生态旅游最重要的表现形式④。

1982年7月,英国克莱茵旅行社组织了一个专门观鸟旅游团到中国黑龙江省看鸟,历时15天,行程3044千米,共观赏到水禽和林鸟176种。团员中有鸟类专业研究人员,但大部分都是鸟类业余爱好者⑤。

1996年,中国大陆开始有民间观鸟活动,最初是在北京和广州两地。北京的观鸟形式为民间组织召集队伍,请鸟类学家辅导,去公园和郊区观鸟。当观鸟者中出现有旅行经验的组织者后,便长途旅行去外地观鸟。北京第一次有组织地去外地观鸟是1998年2月去东洞庭湖国家级自然保护区⑥。

(二)观鸟摄影

早期的观鸟,特指用望远镜观察自然状态下的野生鸟类。到了20世纪,包括光学仪器在内的新技术和新装备投入使用到观鸟活动,刺激了公众参与的积极性。现今的观鸟人到野生鸟类栖息地或者活动地观察、拍摄鸟类,也是观鸟摄影者。

---

① 张秩通:《观鸟———一路走来的城市绿色新风尚》,《园林》2011年第8期,第50~53页。
② 欧圆:《观鸟的历史》,《科学大观园》2007年第18期,第59~60页。
③ 钟嘉:《观鸟活动简介》,《知识就是力量》2002年第12期,第17页。
④ 赵金凌、成升魁、Jim Harkness、闵庆文:《国内外观鸟旅游研究综述》,《旅游学刊》2006年第12期,第85~90页。
⑤ 董世和:《旅游观鸟》,《野生动物》1982年第4期,第42页。
⑥ 钟嘉:《中国大陆观鸟比赛》,《人与生物圈》2017年第3期,第72~76页。

鸟类摄影使用的长焦镜头犹如枪炮，拍摄时高速连拍的快门声——"哒哒哒……"如同枪声一样，所以拍摄鸟类又俗称"打鸟"。

如今，观鸟已成为用影像记录鸟类的户外活动，观鸟摄影成为一部分人的重要休闲方式，能够激发公众对鸟类的保护意识，有益于爱鸟护鸟。观鸟也可以收集鸟类数据，为鸟类研究和保护提供基础信息。但是，对野生鸟类的近距离、群体性拍摄，也对鸟类造成了不利影响。

（三）观鸟摄影者及其类型

1. 观鸟摄影者

戴维·斯考特（David Scott）认为观鸟者是在野生鸟类的活动与栖息地，在不影响鸟类正常生活的前提下，观察、欣赏、记录其各种特征与行为的人[①]。

观鸟摄影需要按照鸟类生活习性选择适宜的地点和时间，安排具体拍摄过程，相对而言缺乏灵活性和自主性，也需要更多的闲暇时间，所以鸟类摄影者多为退休人士和闲暇时间较多的中青年人。

观鸟摄影需要长焦和高速摄影器材，所以鸟类摄影者一般需要具备较高的可支配收入。

岳茂伟等2017年对云南高黎贡山百花岭观鸟游客的调查数据显示，百花岭男性观鸟游客的比例要高于女性[②]。国内外观鸟游客普遍具有年龄大、学历高、收入高的特点，主要通过网络和朋友获取观鸟信息，普遍喜欢小规模结伴出行。

2. 观鸟者类型

麦克法雷（McFarlane）用观鸟者和野生动物观赏者分类的方法分析过去的旅游经历与旅游周期密集性和经济支出；用集群分析的方法，根据不同的观鸟动机，将观鸟者分成四类，即偶尔型、初级型、中间型和高级型[③]。

[①] David Scott, "Exploring the Diversity among Wildlife Watchers and Birdwatchers", Available, www.prr.msu.edu/trends2000/pdf/scott.pdf.2003, 最后访问日期：2020年8月14日。

[②] 岳茂伟、杨建美、肖乾丽：《高黎贡山百花岭国内观鸟游客行为特征及满意度研究》，《旅游纵览》（下半月）2018年第8期，第59~61页。

[③] B. L. McFarlane, "Specialization and Motivations of Birdwatchers," *Wildlife Society Bulletin*, 1994 (3), pp.361-370.

赵金凌等通过调查观鸟者行为（过去12个月观鸟的次数和花费的时间）、观鸟技能水平（通过声音和观察能辨认鸟的种类）和对观鸟的忠诚程度（从观鸟中得到的快乐和认为观鸟的重要程度、观鸟与观鸟者生活方式的关联度）三个方面，将河南省信阳市罗山县境内董寨国家级自然保护区的观鸟旅游者划分为三类，即偶尔型、积极型和熟练型，偶尔型和积极型的观鸟者占82%①。

（1）偶尔型观鸟旅游者占整个观鸟旅游者总数的45%。这个群体中的个体参与观鸟旅游的机会不多，技能也比其他类型低，对观鸟的忠诚度也最低。

（2）积极型观鸟旅游者占调查总数的37%。这个群体在所有观鸟旅游者中观鸟旅游次数最高，通过观察和根据声音辨别鸟的种类也高于偶尔型观鸟者，观鸟对其生活方式的影响还有重要性甚至高于熟练型观鸟者。

（3）熟练型观鸟旅游者占被调查者的18%。这个群体最大的特点是技术水平最高，是积极型观鸟者的2倍左右；观鸟次数低于积极型观鸟者，但是观鸟的天数却高于积极型观鸟者；观鸟对其生活的影响和重要性也略低于积极型观鸟者；学历比较高，男性的比例高。

3. 休闲观鸟摄影者

本文中的休闲观鸟摄影者是指利用某一天的闲暇时间，在居住地及其毗邻地区进行观鸟摄影的人。如果观鸟摄影者的观鸟摄影活动时间超过一天，活动的空间范围不在居住地，就是旅游观鸟摄影者，也就是观鸟旅游者。

一部分休闲观鸟摄影者既进行休闲观鸟摄影活动，也进行旅游观鸟摄影活动。

二 沈阳及其毗邻地区休闲观鸟状况

笔者经历了2年（2018年7月至2020年7月）在沈阳及其毗邻地区的

---

① 赵金凌、成升魁、闵庆文：《基于休闲分类法的生态旅游者行为研究——以观鸟旅游者为例》，《热带地理》2007年第3期，第284~288页。

休闲观鸟摄影实践,通过观察观鸟摄影情况和与其他观鸟摄影者交谈,了解到当地的一些休闲观鸟状况。

(一)休闲观鸟摄影者

辽宁省盘锦市的观鸟摄影于2003年始于段文科先生,并于2005年创办鸟网(http://www.birdnet.cn)。沈阳的大众休闲观鸟摄影大约始于2015年,但是人员增加得比较快,目前沈阳的观鸟摄影微信群一般都在100人以上,实际人数应该是微信群成员的数倍。

依据观察,沈阳当地的休闲观鸟摄影者,退休老年人占绝大多数,男性多于女性,高收入和高学历者占比高。随着到观鸟地点空间距离或时间距离的增加,观鸟摄影人数递减,年龄大的人数相应递减,女性占比也相应递减。

如果将沈阳的休闲观鸟摄影者,按照偶尔型、积极型、熟练型进行分类,偶尔型占比较高,出行距离近,而且其中的女性占比高于积极型和熟练型;积极型占比最高;熟练型出行拍摄范围最广。

(二)鸟类资源

1. 野生鸟类资源种类

邱英杰等2006年的调查统计,辽宁省有鸟类种数418种,其中,雀形目鸟类有171种,非雀形目鸟类有247种。在非雀形目鸟类中,水鸟有162种,占鸟类种数的38.76%[1]。

辽宁省有留鸟58种,占鸟类种数的13.88%;有夏候鸟115种,占鸟类种数的27.51%,冬候鸟35种,占鸟类种数的8.37%;有旅鸟207种,占鸟类种数的49.52%;还有迷鸟3种,占鸟类种数的0.7%。

鸟类在辽宁省的迁徙均属于移位迁徙,因此,一些同种鸟类在辽宁省既有夏候鸟、冬候鸟,又有旅鸟。如丹顶鹤每年在盘锦最多可见到900多只,但在当地繁殖的不足60只。在辽宁省,赤麻鸭是旅鸟,斑嘴鸭是夏候鸟,

---

[1] 邱英杰、张凤江、田华森:《辽宁的鸟类资源》,《辽宁林业科技》2006年第6期,第14~21页。

但在冬季很多地方还都能见到这两种鸟。这些冬候鸟并不是在辽宁省繁殖的，而是从北方迁来在辽宁省越冬的。因此，按主要居留型统计的冬候鸟，包括一些在辽宁越冬夏的候鸟和旅鸟，辽宁的冬候鸟实际有50多种。

辽宁是中国鸟类迁徙的重要通道，全省从东到西有3条鸟类迁徙路线，即东部鸭绿江水系，中部沈阳、盘锦、大连一线，西部医巫闾山以西和辽西走廊。其中主要的迁徙停歇地是鸭绿江口至大洋河口之间，大连老铁山，辽河口地区，辽西走廊以及一些水库、河流等地。

辽宁又是东北亚鸟类迁徙的咽喉地带，春秋两季经辽宁迁徙的鸟类数量十分庞大，鸟类迁徙时的迁徙路线在辽宁内陆基本属于全面铺开，只有到沿海地带，鸟类迁徙路线才较为清晰。

2. 鸟类的季节变化

据中国观鸟记录中心的基础统计，辽宁省记录的鸟类有24目67科354种[①]。沈阳市报告记录的鸟类有210种，春季是沈阳及其毗邻地区野生鸟类种类最多的季节（见图1），也是观鸟摄影活动最频繁的时间段。

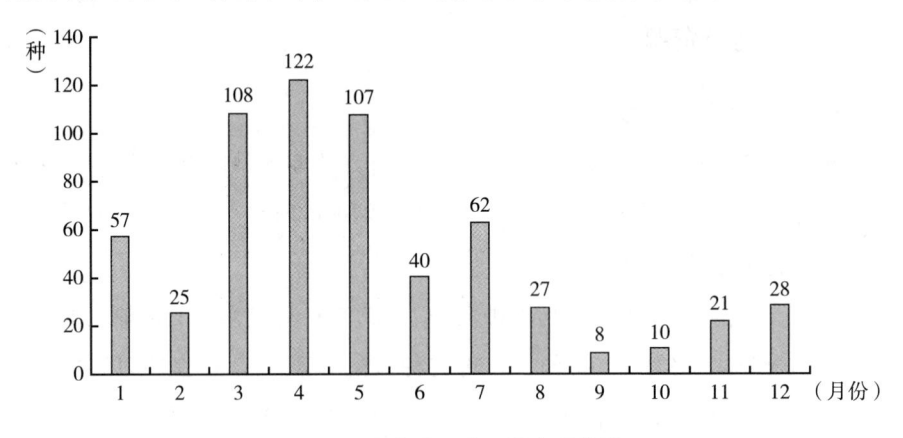

图1 辽宁省沈阳市月份鸟种数量

资料来源：中国观鸟记录中心，http://www.birdreport.cn/home/search/taxon.html?search＝eyJwcm92aW5jZSI6Iui＋veWugSJ9，最后访问日期：2020年8月14日。

---

① 中国观鸟记录中心，http://www.birdreport.cn/home/search/taxon.html?search＝eyJwcm92aW5jZSI6Iui＋veWugSJ9，最后访问日期：2020年8月14日。

在沈阳过冬的候鸟以野鸭类为主，有赤麻鸭、绿头鸭、秋沙鸭等。集中于辽河、浑河、蒲河水坝下游的活水（未结冰）水域。冬季也是拍摄林中的留鸟的主要季节。

春季和春夏之交，是鸟类的繁育期，是观鸟摄影最重要的时间段，吸引的观鸟摄影者最多。

张雷等通过 2012～2019 年连续 8 年对辽宁省鸟类繁殖期前后进行的观测，共记录夏季鸟类 178 种 202622 只，隶属于 17 目 50 科，优势种和常见种均以水鸟为主，其中夏候鸟 70 种，旅鸟 47 种，留鸟 47 种，国家Ⅰ级重点保护鸟类 3 种，国家Ⅱ级重点保护鸟类 16 种[①]。整体而言，林地生境鸟类多样性相对稳定，而湿地生境鸟类多样性变化幅度更大，如盘锦市辽河口和沈阳市法库县獾子洞湿地公园，鸟类种类、数量、多样性指数和均匀度指数变化幅度均较大。

（三）观鸟摄影地点

沈阳观鸟摄影地点分布于各类公园，河流、湖泊、湿地等水域沿岸，陆地林间或开阔地带。按照空间距离，可以划分为沈阳市辖区、沈阳市毗邻地区两种。

1. 沈阳市辖区

沈阳市辖区的观鸟点包括沈阳城区和郊区两部分，城区内的观鸟点主要是公园和水域（河、湖）沿岸，交通便捷，是观鸟摄影者最经常光顾的地方，也是观鸟人数最多的地方，其中以北陵公园人数最多（见表1）。

表1　沈阳市辖区观鸟点概况

观鸟点名称	适宜观鸟的季节	主要鸟种
皇姑区北陵公园	春、夏、秋、冬	大山雀、北长尾山雀、戴胜、大斑啄木鸟、灰头绿啄木鸟、棕背伯劳、普通翠鸟、夜鹭、绿头鸭、小䴙䴘、黄苇鳽
浑南区东陵公园	春、夏、冬	大山雀、北长尾山雀、黄喉鹀、普通鸭、旋木雀、棕头鸦雀、大斑啄木鸟、灰头绿啄木鸟、三宝鸟

---

① 张雷、蒋一婷、韩宏宇等：《2012～2019 年辽宁省夏季鸟类多样性及年际变化》，《生态与农村环境学报》2020 年第 5 期，第 587～591 页。

续表

观鸟点名称	适宜观鸟的季节	主要鸟种
和平区中山公园	春、夏、冬	大山雀
铁西区劳动公园	春、夏、冬	大山雀、棕背伯劳、黄苇鳽
沈阳城区浑河沿岸	春、夏、秋、冬	楔尾伯劳、戴胜、大斑啄木鸟、中华攀雀、苍鹭、白鹭、夜鹭、绿头鸭、赤麻鸭、小䴙䴘、鸳鸯
沈阳城区南运河沿岸	春、夏	棕背伯劳、戴胜、黄鹂、鸳鸯
于洪区丁香湖公园	春、夏	凤头䴙䴘、绿头鸭、斑嘴鸭、夜鹭、苍鹭、白鹭
大东区朱尔水库	春、夏	凤头䴙䴘、白骨顶、苍鹭、白鹭、夜鹭
沈北新区蒲河沿岸	春、夏	戴胜、棕背伯劳、中华攀雀、黄苇鳽、大苇莺、苍鹭、白鹭、夜鹭
沈北新区仟睿达水上世界	春、夏、秋	苍鹭、白鹭
沈北新区辽河七星湿地公园	春、夏	凤头䴙䴘、绿头鸭、斑嘴鸭、夜鹭、苍鹭、白鹭
沈北新区沙岗子村	春、夏	鸬鹚、苍鹭、白鹭
沈北新区蒲河生态廊道	春、夏	凤头䴙䴘、绿头鸭、斑嘴鸭、夜鹭、苍鹭、白鹭
苏家屯区城市学院附近	春、夏	雕鸮
辽中区蒲河湿地公园	春、夏	凤头䴙䴘、绿头鸭、斑嘴鸭、夜鹭、苍鹭、白鹭、中华攀雀
法库县獾子洞湿地公园	春、夏	白鹤、绿头鸭
康平县卧龙湖水库	春、夏	白鹤、燕鸥、须浮鸥

注：不完全统计。

2. 沈阳毗邻地区

沈阳毗邻地区的观鸟摄影活动，可以当天往返，不需要离家过夜。交通工具普遍是汽车，多数地方，如抚顺、本溪、辽阳、鞍山、阜新、盘锦、营口等地，可以通过普通公路或高速公路到达；个别地方，如鞍山、营口、丹东东港等地，也可以乘坐高铁动车到达（见表2）。

表2 沈阳毗邻地区观鸟点概况

观鸟点名称	适宜观鸟的季节	主要鸟种
抚顺市城区浑河沿岸	春、夏、秋、冬	凤头䴙䴘、绿头鸭、斑嘴鸭、夜鹭、苍鹭、白鹭、普通翠鸟
抚顺市抚顺县前甸镇上头村	春、夏	苍鹰、灰脸鵟鹰、夜鹰
抚顺市抚顺县三家子村	春、夏	雀鹰

续表

观鸟点名称	适宜观鸟的季节	主要鸟种
抚顺市清原县北崴子村	春、夏	苍鹭、白鹭
本溪市本溪县太子河沿岸	冬、春	赤麻鸭、绿头鸭
本溪市本溪县关门山水库	冬、春	赤麻鸭、绿头鸭
本溪市本溪县小市镇城沟村	冬、春	山雀等十多种鸟
辽阳市弓长岭区瓦子沟	春、夏	苍鹭、白鹭
辽阳市文圣区台子沟	春、夏	翠鸟
铁岭市莲花湖	春、夏	野鸭、鹀鹀等
铁岭市开原市白鹭洲	春、夏	白鹭、苍鹭
鞍山市千山风景区	冬、春	山雀、红嘴蓝鹊等
阜新市细河区玉龙湖公园	春、夏	野鸭、鹀鹀等
阜新市彰武县那木斯莱自然保护区	春、夏	须浮鸥、凤头鹀鹀
盘锦市辽河湿地	春、夏	多种水鸟、震旦鸦雀等
营口市沿海产业基地海岸	春	以鸻鹬为主的鹬鸟等
丹东东港市宝华西路与宝华东路之间的海岸	春	斑尾塍鹬、大滨鹬、黑腹滨鹬等

注：不完全统计。

（四）观鸟摄影形式

国外观鸟游客以野外自然环境的观鸟为主，在人工鸟塘或鸟棚蹲守的比较少见。另外，目前国外的观鸟旅游发展已经比较成熟，与其他项目结合较好，而国内的开发比较单一。目前，在云南高黎贡山百花岭观鸟主要有两种方式，一种是在野外自然环境观察，另一种是在村民人工建立的鸟塘或鸟棚蹲守观鸟[①]。

沈阳及其毗邻地区的观鸟摄影者，主要通过网络微信进行联络，通报鸟

---

① 岳茂伟、杨建美、肖乾丽等：《高黎贡山百花岭国内观鸟游客行为特征及满意度研究》，《旅游纵览》（下半月）2018年第8期，第59~61页。

类活动信息，建有若干个沈阳市的观鸟摄影者微信群和省内微信群。拍摄形式包括野拍、棚拍、诱拍，有鸟导（观鸟导游）的固定观鸟点一般都是收费的。

野拍的地点多数是固定的，选在鸟类经常出没的地方，拍摄距离多数比较远；在繁殖、孵卵、育雏期间，在鸟窝附近拍摄，距离比较近。棚拍是固定在鸟类取食或饮水的地点守候，拍摄距离通常比较近。诱拍是在鸟类取食地点投放食物，引诱鸟类前来以便拍摄，是野拍和棚拍通常采取的方式。

（五）疫情的影响

2020年居家到城区公园进行户外活动成为必需的休闲形式。春季正值多数鸟类的繁殖季节，观鸟摄影者显著增加，而且女性增加明显。

沈阳市内公园和浑河滩地公园，交通便捷，为偶尔型、女性观鸟摄影者提供了良好的条件。

人们较少进入公园，也改变了部分鸟类的繁育状况，如沈阳北陵公园的灰头绿啄木鸟一般是在远离人群的林中高处的树洞做窝，2020年春在游人较少的情况下，灰头绿啄木鸟在以往游人较多的地方做窝繁育，在公园解除禁入后便利了拍摄。

三 休闲观鸟摄影环境存在的问题

（一）存在对鸟类的人为伤害

一是减少鸟类的天然食物。例如，飞廉的花籽是金翅鸟的食物，北陵公园飞廉开花结籽的时节是拍摄金翅鸟的最佳时间，但是在此期间，北陵公园每年定期割除飞廉，不仅使金翅鸟丧失了食物来源，也消除了拍摄金翅鸟的良好场景。

北陵公园东西荷花湖，荷花覆盖面积过大，无水草覆盖的浅水水面越来越少,也减少拍摄水鸟的机会。

二是给鸟类投喂食物不当。例如,如有人给绿头鸭的雏鸟投喂馒头、面包等面食,面食进入雏鸟胃中吸水后膨胀,容易造成其死亡。

三是近距离拍摄对鸟类造成干扰,特别是公园的游人用短焦镜头拍摄鸟类,距离鸟巢很近,对成鸟育雏影响较大。

四是有人用弹弓打鸟,这种现象虽然不普遍,但是偶有发生。

(二)观鸟摄影处于自发状态

沈阳及其毗邻地区观鸟摄影处于民间自发状态。

一方面,没有相应的管理或服务组织(政府或非政府组织),没有促进观鸟摄影发展的制度和措施。

另一方面,公园规划建设没有配套的观鸟设施或设计,例如,抚顺城区的浑河北岸的一些地段,河堤很陡,无法到达滩地水边拍摄。法库县獾子洞水库(湿地)春季白鹤迁徙到来之时,由于距离鸟类较远,拍摄困难,观鸟摄影者只能"望鸟"兴叹。

(三)观鸟摄影者素质有待提高

一方面,休闲鸟类摄影者的自然知识和鸟类知识储备不足,需要普及爱鸟护鸟知识。

另一方面,在遵循自然摄影伦理方面有所欠缺,这个方面不仅需要相关知识的普及,还需要使其能够真正做到。

(四)冬季投食与诱拍

冬季是鸟类食物相对匮乏的季节,特别是大雪之后,沈阳的公园经常有人给鸟类投喂食物,有些也成为诱拍鸟类的环节。这一现象不符合中国生物多样性保护与绿色发展基金会所制定的《自然摄影伦理规范》倡导的"尊重自然、禁止棚拍"的拍摄。应保证被拍摄物的自然状态,避免为了拍摄目的而施加人为影响。摄影师要爱护自然,保证整个拍摄过程符合自然规律并且需要在动植物处于一种无人惊扰的纯自然状态下进行拍摄。然而,如何避免这种有助于野生鸟类的投喂和诱拍现象,值得探讨。

四 结束语

休闲观鸟摄影者是利用当日的闲暇时间,在当地及其毗邻地区进行观鸟摄影的人。沈阳及其毗邻地区的休闲观鸟摄影者,退休老年人占绝大多数,男性多于女性,高收入和高学历者占比高。随着到观鸟地点空间距离或时间距离的增加,观鸟摄影人数递减,年龄大的人数相应递减,女性占比也相应递减。如果将沈阳的休闲观鸟摄影者,按照偶尔型、积极型、熟练型进行分类,偶尔型占比较高,出行距离近,而且其中的女性占比高于积极型和熟练型;积极型占比最高,熟练型出行拍摄范围最广。沈阳观鸟摄影者显著增加,而且女性增加明显。

普及鸟类和自然摄影伦理知识,提高鸟类摄影者自身素养,改善休闲观鸟摄影环境,将促进休闲鸟类摄影的健康发展。

对影响观鸟的降雨、风速、能见度以及雾、降雪、积雪、雨凇、大风等气象要素变化进行分析[1],做好观鸟天气预报工作,可以提高观鸟摄影效果。

---

[1] 黄菊梅、刘学、李奇等:《东洞庭湖湿地"观鸟气象指数"研究》,《气象科技进展》2020年第3期,第96~98页。

休闲供给与产业

Leisure Supply & Industry

G.8 中国主题公园发展趋势与前瞻

李毅 崔枫 刘晓峰 李登黎 张昱竹*

摘 要： 近年来，旅游消费需求的升级、旅游行业供给侧结构性改革的深化以及国家政策的导向变化，要求中国主题公园行业需要深度思考发展方向和发展模式，加之2020年新冠肺炎疫情对主题公园行业影响尤为严重，更有必要对主题公园的未来发展做理性的思考和预判。本报告在行业实践的经验基础上，结合市场和政策等主要因素，展望新时期背景下中国主题公园的行业发展趋势、竞争态势，并提出对国内主题公园未来发展策略的思考。

---

* 李毅，香港理工大学浙江大学联合培养旅游管理博士，华侨城旅游研究院副院长；崔枫，厦门大学旅游管理博士，华侨城旅游研究院研究员；刘晓峰，天津大学工商管理硕士，华侨城旅游研究院研究员；李登黎，四川大学旅游管理硕士，华侨城旅游研究院研究员；张昱竹，上海财经大学旅游管理硕士，华侨城旅游研究院研究员。

关键词： 主题公园　旅游消费　文化IP

一　主题公园的路口

（一）行业发展与政策环境推动主题公园转型升级

近年来，中国的旅游业处在持续增长的趋势中，并且随着我国社会经济快速发展，人民群众对美好生活的需求与日俱增，对品质化需求持续提升，中国旅游市场的需求和供给都呈现了多元化和加速升级换挡的趋势。在这一发展态势下，中国的主题公园产业蓬勃发展。

我国的主题公园市场的发展经历了由以第一个大型器械游乐园"长江乐园"为代表的开拓阶段，到迪士尼、环球影城纷纷进驻的国际化竞争阶段。华侨城、长隆、华强、宋城、海昌等本土主题乐园集团成长为中国主题乐园产业发展的中流砥柱。

我国主题公园行业高速发展，培育了一个较为完整的产业链，较好地满足了人民群众日益增长的旅游消费需求，推进了全域旅游的进程。主题公园项目在为各地政府创造大量就业机会和税收的同时，也优化了当地环境，推动了城镇化建设。在供给侧结构性改革背景下，主题公园还担负着丰富文化供给、塑造本土文化品牌、建设文化强国的重要使命。

中国主题公园产业的活跃也影响了整个国际主题公园产业。近一两年，国际主题公园市场的增长有相当一部分是源自中国市场的成长动力。根据最新发布的《2019年全球主题公园和博物馆报告：全球主要景点游客报告》，2019年全球主题公园发展呈现平稳增长的趋势，排名前十的主题公园集团中有三个来自中国，且游客年增长率最高。

随着市场的火热，各方资本也持续不断地进入主题公园产业。大量旅游与非旅游资本的注入，进一步加剧了国内主题公园的竞争，也带来了许多问题。经营业绩普遍较低、产品品质不佳、后期升级改造不及时、知识产权积累不足等严重影响着我国主题公园的发展质量。

近年来,国家连续出台了相应政策,尤其是五部委联合印发的《关于规范主题公园建设发展的指导意见》,以防范"假公园真地产"项目,规范了我国主题公园发展。行业发展环境与政策环境推动着中国的主题公园来到了转型升级的路口。

(二)新冠肺炎疫情加速我国主题公园转型步伐

作为旅游景区的典型代表,主题公园一直具有前期投入大、回收期长、人群聚集、门票价格相对较高等特点。此次疫情期间,正是由于这些特点,主题公园受到的冲击更为严重。

一方面,主题公园遭遇了巨大的直接冲击与短期压力。持续闭园停业导致主题公园游客、收入归零,但是财务、人工、折旧摊销等成本和费用依然在发生,许多主题乐园由于现金流吃紧而面临破产风险。

另一方面,疫情也为主题公园发展带来了深远的间接冲击与长远影响。目前,已有多方专家提出新冠病毒或将长期存在,由此可能导致旅游者的行为模式、体验方式发生持续的重大变化,主题公园的运营方式也需要随之发生改变,甚至相应的行业标准也需加以改变。

虽然说我国旅游产业持续发展的态势不会改变,主题公园向上发展的基本趋势也不会出现改变,但是疫情带来的变化也进一步强化了中国主题公园转型升级的迫切性。

二 国内外主题公园行业发展形势

(一)国内外主题公园发展环境分析

1. 政府政策宽紧有度支撑行业健康发展

近年来,国家针对主题公园行业整体政策利好,2018年国家发展改革委等五部委联合印发《关于规范主题公园建设发展的指导意见》,明确了严格控制主题公园周边的房地产开发;园区内严禁进行房地产开发;用地应通过招、拍、挂等方式取得,严禁采取划拨方式等关键环节。这些措施有利于抑制主题公园投资泡沫，避免盲目过热建设与同质化竞争，倒逼主题公园企业的商业模式、盈利能力、产品组合、创新能力等各方面提升，有利于引导主题公园行业健康、有序、规范、持续发展。

2020年以来，在政府政策宽松、减税降费等一系列措施下，我国国内消费服务市场表现出强大的韧性，消费服务已然成为我国恢复经济增长的"压舱石"和"稳定器"。2020年3～6月，政府出台一系列政策文件及措施，具体发布时间、文件名称及核心内容见表1。

表1　2020年3～6月政府出台多政策鼓励消费复苏

时间	政策文件	核心内容
2020年3月	发改委等23个部门联合发布《关于促进消费扩容提质加快形成强大国内市场的实施意见》	第一，大力优化国内市场供给，其中提到进一步完善免税业政策，完善市内免税店政策，建设一批中国特色市内免税店；第二，重点推进文旅休闲消费提质升级，进一步丰富文化旅游产品，开发一批适应境内外游客需求的旅游线路、旅游目的地、旅游演艺及具有地域和民族特色的创意旅游商品
2020年3月以来	各省市推出消费券提振消费信心	3月以来，全国近20个省市发放数十亿消费券，提振消费信心，鼓励居民消费
2020年6月	财政部、海关总署、税务总局联合发布《关于海南离岛旅客免税购物政策的公告》	一是免税购物额度从每年每人3万元提高至10万元；二是离岛免税商品品种由38种增至45种；三是取消单件商品8000元免税限额规定；四是以额度管理为主，大幅减少单次购买数量限制的商品种类；五是鼓励适度竞争，具有免税品经销资格的经营主体均可平等参与海南离岛免税经营；六是加强事中事后监管，明确参与倒卖、走私的个人、企业、离岛免税店将承担的法律责任

资料来源：Wind、西部证券研发中心。

随着国家发改委、财政、金融、商务等综合部门的宏观政策和地方政府救市支撑政策的出台，加上省内旅游、都市旅游、乡村旅游市场的明显复苏以及跨省旅游的陆续恢复，主题公园行业开始平稳恢复。

2. 经济环境复杂多变，行业热度持续不减

2018年以来全球经济形势不容乐观，宏观经济整体承压，2020年上半年受新冠肺炎疫情影响，休闲服务行业承受巨大考验。根据中国旅游研究院数据，2020年第一、第二季度旅游经济运行综合指数分别为68.95和

75.69，同比大幅下降，环比有所回升，还处于"相对不景气"水平。

随着复工复产的稳步推进，国内、国外疫情管控效果的分化，进一步驱动国内旅游消费的回流和复苏，景区、演艺、酒店等行业有望加速复苏进程，中央各项优惠政策进一步激发文旅消费潜力，为主题公园行业中长期成长奠定基础。

近五年，我国人均国内旅游消费与人均出游次数合年均增长率分别为2.7%、10.3%（见图1、图2），人们出游热情高涨，国内外各文娱企业和地产商基于中国市场的良好预期，加速国内主题景区布局，行业投资热度不减。

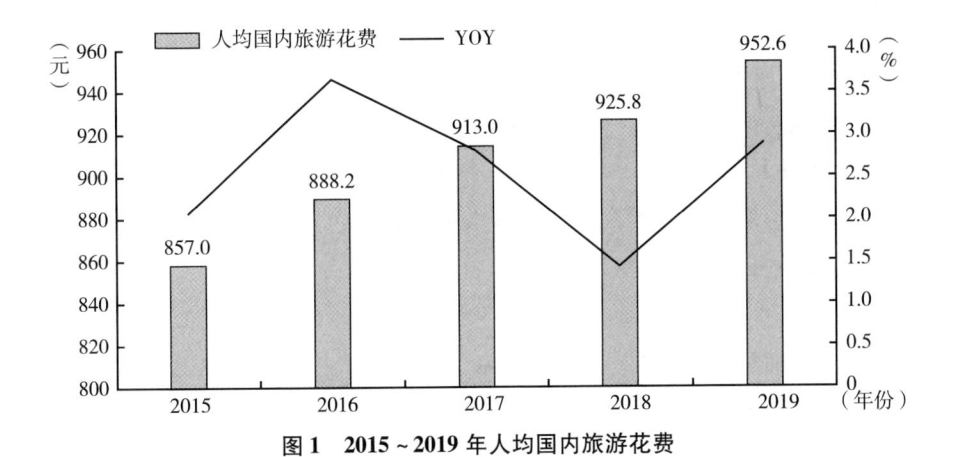

图1　2015~2019年人均国内旅游花费

资料来源：国家统计局、国盛证券研究所。

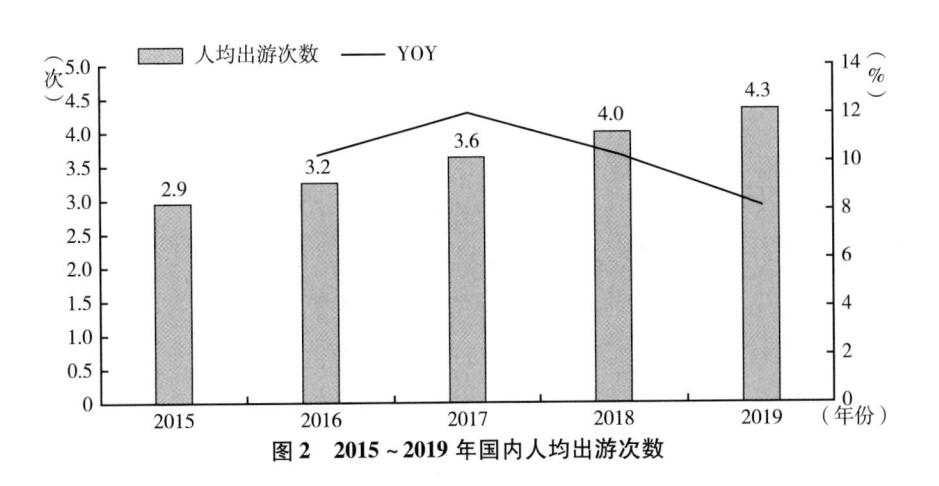

图2　2015~2019年国内人均出游次数

3. 新技术涌现促进行业升级

新一轮科技革命、产业革命、互联网革命正蓬勃生长，5G、AR/VR、AI等当代科技新要素为旅游业从高速度增长、融合发展走向高质量发展提供了全新动能和无限可能。以信息技术、互联网、物联网、大数据为基础的智慧景区建设已经在主题乐园逐渐推广，智能导游、网络营销、在线支付、移动支付、手机智能导游、二维码电子门票、LBS、App、AR/VR等各种高新技术和手段已经在主题乐园得到广泛应用。各地主题公园开展旅游智慧化升级：部分地区推出微信小程序上线"热点区域客流量"新功能，游客可实时查看区域内各热门园区的当日客流量，提示各景区饱和度趋势；公园App新增"入园预约"功能，游客可在页面中选择景区后，填写个人信息并提交即完成预约；这些高新技术的加速运营，为景区的运营和服务提升提供了革命性的手段，大大提高了游客体验值，实现了游客线下线上的融合服务，也提升了景区的管理效率，降低了运营成本。

4. 城镇化推动消费升级娱乐方式不断增多

截至2019年末，我国人口总量平稳增长，人口自然增长率为3.34‰，城镇化率达到60.6%，比2018年末提高了1.02个百分点，人口进一步向中心城市、大都市集聚，城镇化成为推动我国经济发展的重要动力。三、四线城市城镇化率的进一步提高以及城乡一体化的不断推进，说明消费市场蕴含着巨大的升级潜力。

此外，2019年我国0～15岁的人口为2.5亿人，占总人口比例的17.8%，若以三口之家计算则有7.5亿人有亲子游需求，亲子游市场潜力巨大。

2020年第一季度，国内旅游人次和收入分别同比负增长83.4%、87.02%，有组织的旅游活动全面停止，自助旅游和自由行市场大幅度萎缩。3月中旬，随着全国新冠肺炎疫情得到基本控制，商务旅行、探亲访友、休闲度假等旅游需求开始恢复。清明节和劳动节两个假期，旅游市场均呈现平稳有序、积极向好的局面。根据文化和旅游部数据中心测算，前五个月全国乡村游和都市游出游人数同比分别恢复67%和53%，周边游和自驾游出游人数同比恢复57%和53%，分别达到3.96亿和1.31亿人次（见表2）。

表2　2017~2020年端午、五一、清明节国内旅游数据

节日	年份	游客人次（亿）	YOY(%)	旅游收入(亿元)	YOY(%)
端午	2017年	0.83	7.20	337	—
	2018年	0.89	7.9	362	7.3
	2019年	0.96	7.7	393	8.6
	2020年	0.49	-49.0	123	-68.8
五一	2017年	1.34	14.4	791	16.2
	2018年	1.47	9.7	871.6	10.2
	2019年	1.95	32.7	1177	35.0
	2020年	1.04	-47.0	432	-63.3
清明	2017年	0.93	—	390	—
	2018年	1.01	8.3	421	8.0
	2019年	1.12	10.9	478.9	13.7
	2020年	0.43	-61.4	82.6	-82.8

消费者旅游观念也在不断发生改变，年轻一代充分享受社会发展带来的红利，消费意愿强烈，具备消费升级的主观需求。个性消费偏好或将催化新消费文化热点出现，从需求端倒逼主题公园供给端提供更加符合消费者需求的体验式服务。

（二）未来国内主题公园行业态势分析

1. 未来行业区域发展形势

目前全球主题公园发展呈现龙头优势集中，亚太地区已成为主题公园发展中心[1]。国内已经形成了珠三角、长三角、环渤海、西南地区等几个主题乐园聚集区。同一区域内已建成的主题乐园之间的竞争主要体现在不同主题

---

[1] TEA与AECOM发布的《2019年全球主题公园和博物馆报告：全球主要景点游客报告》数据显示，在全球前25主题公园中，美国占据9席，总游客量达1.06亿人次，占全球前25主题公园集团总接待量的41.86%，是目前全球最大主题公园市场。

间的竞争、与上游产业资源间的竞争、市场份额方面的竞争、品牌及管理能力之间的竞争等几方面。从区域分布上看，我国大型主题公园由东到西呈阶梯状分布，区域联合和相互竞争态势已然形成，沿海城市尤其长三角区域成为主题公园最为集中的区域，此外，京津冀、珠三角与之并列，成渝地区在近几年迅速崛起。伴随消费升级，二、三线城市居民对娱乐需求也越来越高，主题公园布局不断下沉，在常规区域聚集的基础之上，成都、重庆、安徽、郑州、长沙、西安等地成为各大运营商看中的地区，除了欢乐谷以外，海昌海洋公园、华强方特、恒大童世界等也相继在这些地方落地。

2. 未来行业市场发展趋势

（1）短途游、亲子游加速成为主流消费趋势

假期碎片化使城市周边短途旅游崛起，亲子游成为人民对美好生活向往的重要组成部分，"带娃出游"成为旅游市场的主流消费趋势，而且呈现出亲子游儿童低龄化的趋势。一方面，居民消费能力随经济发展得到持续加强；另一方面，交通条件的改善进步，在便利旅游出行的同时，也极大地刺激了居民对新兴旅游产品的消费热情。

随着"80后""90后"家庭渐成为社会中流砥柱，这部分群体大多有带娃出游需求，且对于主题乐园及旅游综合消费的价格敏感度较低，家庭游正加速成为主题乐园的主导消费方式。随着二胎政策的放开，家长对陪伴孩子以及对孩子性格培育和综合品质培育的重视逐步加强，使亲子游需求快速膨胀。而主题乐园多建设于城市市区或周边，具备较强的周边游、短途游的属性，正逐渐成为亲子游最主要的目的地之一。

（2）包含微度假功能的综合体项目受到青睐

相较于传统旅游度假区，微度假综合体多布局在城市周边，符合城市人群周末和小长假的出游需求，具备文、商、旅等多种业态，依托室内外水乐园和（或）无动力儿童乐园构建旅游吸引物为主要产品组合模式。

当前，我国整体旅游市场呈现出由传统观光游向休闲度假游的转变，旅游产品也逐渐由单一观光产品向复合型旅游产品转变。在此背景下，以"主题乐园+"为核心产品模式的微度假业态成为文旅市场的重要趋势。微

度假模式能显著提升散客比例、客单价及游客停留时间。"乐园+酒店""乐园+商业综合体"等产品组合方式增强了传统主题乐园的度假属性，使融合主题娱乐、新潮消费和品质度假的2~3天的微度假项目受到市场欢迎，以微度假为代表的周边游产品逐渐完成迭代更新并迎来二次增长。

（3）复合型文化IP成为主题乐园与游客深度交互的入口

目前，主题乐园连锁化、集团化的发展趋势明显，异地化扩张提速。依托优质文化IP构建主题乐园的吸引性不言而喻。通常单体主题公园的辐射范围主要以3小时车程范围的本地和周边游客为主，品牌影响力更大的主题公园具备更强的内容更新能力和更广的客源辐射半径，随着文旅融合时代的到来，复合型文化IP成为主题乐园运营方为游客提供深度定制式服务内容的入口，也成为双方任何有趣有价值的场景式意见交换的连接点。

依托核心主题打造复合文化主题，再将复合文化主题产品与周边的旅游度假相结合，配套打造功能板块。每个功能板块错位发展使各个娱乐产品主题特色突出、游线清晰明确，满足了游客多样化的旅游及度假需求，为主题乐园的持续发展提供了源源不断的流量。

3. 未来行业竞争格局分析

总体来看，主题公园行业在头部效应显现的基础上呈现竞争加剧的趋势。过去，国内大型连锁主题公园主要由华侨城、长隆、海昌海洋世界、华强方特等少数几家运营商开发运营。但近年来，除迪士尼、环球影城、默林、华侨城、长隆、融创、华强方特等国际主题公园运营商纷纷扩张布局国内市场以外，包括融创、恒大、世茂、碧桂园、佳兆业、新华联等在内的多家企业，纷纷进军旅游景区投资领域，设立文旅事业部，加速文旅产业布局和行业整合。具体如融创收购万达乐园，恒大打造恒大童世界、恒大养生谷，佳兆业打造金沙湾乐园，等等。此外，诸如华谊兄弟、博纳影业等影视、传媒公司也纷纷利用其影视制作、IP优势，布局影视类主题景区。行业新进入者的增加，既有国家对房地产行业调控力度加剧，使企业做出被动转型，也有各类企业完善战略布局的主动选择。主题公园行业竞争进一步加剧。不过区别于新进入者原有的行业特性，主题公园开发涉及从意向选址、规划定位到开发、运营等多个环节，产品开发及盈利周期较长,新进入者涉足主题公园的发展情况尚需时间检验。国内知名主题乐园运营商连锁产品发展情况见表3。

表3 国内知名主题乐园运营商连锁产品发展情况

企业	产品及品牌	布局地及开业时间(含计划开业时间)	旅游业态组合
迪士尼	迪士尼乐园、神奇王国、好莱坞影城、迪士尼影城乐园等	中国香港(2005年)、上海(2016年)	以主题乐园(群)为核心吸引物,配套酒店、商业街/小镇露营地、体育设施等
环球影城	环球影城、环球影城冒险岛	北京(2021年)	以主题乐园(群)为核心吸引物,配套酒店、商业街/小镇等
华侨城	欢乐谷、玛雅海滩水乐园等、锦绣中华·中国民俗文化村、世界之窗、光明农场大观园、麦鲁小城、卡乐星球	深圳(1998年)、北京(2006年)、成都(2009年)、上海(2009年)、武汉(2012年)、天津(2013年)、重庆(2017年)、成都(2018年)、南昌(2019年)	以机动游乐为主的陆地乐园,以水上设备为主的水乐园,以及生态乐园、机动游乐、演艺等业态结合的度假区
长隆	主题乐园群	广州(1997年)、珠海(2014年)、清远(2020年)	以主题乐园群(机动游乐型乐园、水乐园、野生动物园、海洋动物内容等)和大马戏为核心产品的度假区
华强方特	方特欢乐世界、方特梦幻王国、方特水上乐园、方特东方神话乐园、方特科幻乐园、方特探险王国	重庆(2006年)、芜湖(2007~2015年)、泰安(2010年)、汕头(2010年)、沈阳(2011年)、青岛(2011年)、株洲(2011~2015年)、郑州(2012~2015年)、厦门(2013年)、南通(2013年)、天津(2014年)、济南(2015年)、嘉峪关(2015年)、大同(2015年)、厦门(2017年)、南宁(2018年)、长沙(2019年)、嘉峪关(2019年)、邯郸(2019年)、荆州(2019年)	以影音项目为特色的游乐型主题乐园;以乐园集群或个体发展,除现有产品外,还有中华复兴之路主题乐园在建、中华非遗主题乐园在规划中;部门项目配有酒店、高尔夫等设施
海昌	极地海洋世界、渔人码头、加勒比海水世界	大连(2002年)、青岛(2006年)、大连(2009年)、重庆(2009年)、烟台(2009年)、成都(2010年)、天津(2010年)、武汉(2011年)、上海(2017年)	以海洋动物观赏、表演为核心,配套酒店、休闲商业街等物业;另有与水相关的渔人码头、加勒比海水世界等产品

续表

企业	产品及品牌	布局地及开业时间(含计划开业时间)	旅游业态组合
融创	主题乐园、雪世界、水世界、电影世界、体育世界	广州(2019年)、哈尔滨(2017年)、西双版纳(2015年)、昆明(2019年)、青岛(2018年)、无锡(2019年)、南昌(2016年)、合肥(2016年)、济南(2021年)、成都(2020年)、重庆(2020年)、桂林(2021年)	涵盖主题乐园、水世界、雪世界等主题乐园,以及融创MALL、酒店群、秀场、酒吧街等配套综合设施的度假区

未来,随着经济社会的发展和国民收入的增加,居民消费能力不断增强,游客出游需求渐趋常态化,主题公园作为旅游业的重要载体和重要吸引物,或将吸引更多社会资本涌入这一领域。据原国家旅游局、华侨城集团联合出版的《主题乐园发展报告》预测,与美国、日本等成熟旅游市场相比,中国主题乐园的供应量远未达到饱和预期,行业发展将在激烈竞争中存在广阔的市场潜力和发展空间。

(三)新模式正在萌芽

1. "开放式运营+分票制经营"逐渐增多

当前,传统的国内外主题乐园普遍采用"一票制"购票入园政策。但近年来,我们看到,广州融创文旅城、华侨城顺德欢乐海岸PLUS、三亚海昌梦幻海洋不夜城等项目纷纷尝试打破乐园行业传统运营模式,推出了"开放式运营+分票制经营"的模式。通过主题乐园分设"演艺套票""游乐套票""设备票"等多种票务政策,游客可以根据具体需求,灵活组合感兴趣的项目,乐园为游客提供"畅游无门槛,欢乐无极限"的全新体验,有效降低了游客游览门槛;游客也可以根据自己的具体需求,灵活购买单项或组合套票,比如喜欢游乐设施的可单独购买"游乐套票",喜欢演艺表演的可单独购买"演艺套票"。在打通游客与乐园"一张票"的壁垒的同时,也便于企业更好地聚集人气、服务游客。

2. 以节庆为带动的整体策划和整合营销加速

节庆起源于传统的民间节日。近年来,随着旅游产品和旅游方式的多样

化,出现了以各种节庆活动为依托,经过一定的旅游开发而形成的一种特殊的现代旅游产品,即节庆旅游。节庆旅游的开展对旅游目的地的影响是广泛的、深远的,节庆活动与主题公园的结合形成了以节庆为带动的主题公园整体策划营销。例如,华侨城自2013年以来,整合旗下旅游、文化、艺术等多种元素,利用在全国的项目,隆重推出覆盖主题公园、度假区、主题酒店、特色小镇、美丽乡村等各类业态的"华侨城文化旅游节",将自身特有的创想文化和欢乐体验带给广大游客;开元森泊度假乐园借势"双十一购物节",与开元旅业旗下多个酒店品牌开展组合营销,并获评2019"中国服务旅游产品十大创意案例"。节庆活动整体策划和整合营销的开展,不仅突出了以主题公园为核心的旅游目的地的整体形象,也成为弘扬当地优秀传统文化的重要途径。

3. 主题公园智慧化进程加速

疫情中的旅游行业的系列防控举措加速了主题公园数字化、信息化、智慧化建设进程。从2020年第一季度末(3月中旬)开始,严防控、重安全、不聚集成为国内文化和旅游市场工作的主基调。主题公园智慧化建设的最大意义是可依托数字化运营,建立丰富、立体的用户群体画像,并可实时深刻洞察消费者行为,实现商家对消费者的深度运营和爆发式的品牌传播价值及转化,为游客提供"数字化+线下服务"的旅游体验,连通线上及线下场景,通过场景式运营提高会员存量和用户复购率,进而实现"品效合一"的品牌宣传和营销路径。

三 国内主题公园未来实践策略

(一)国内主题公园未来战略布局建议

1. 总体来看,未来国内主题公园将继续深化集群式发展

从中国主题公园分布及发展历程来看,珠三角、长三角、环渤海、西南地区(成都、重庆等地)已经成为主题公园分布的四个密集区域,呈现向

经济发达、游客集中、气候条件较好的地区空间聚集发展的基本规律,未来国内主题乐园发展将继续保持产业集聚化发展的趋势。集聚主要有两种:一种是不同品牌的主题公园在一个大区域集聚,如珠三角、长三角等;另一种是在某个区域以度假区模式进行规划,以主题乐园群为核心吸引物,配套酒店、商业以及休闲街区等,集中打造旅游休闲目的地,例如深圳华侨城度假区、广州长隆度假区、上海迪士尼度假区、珠海长隆度假区、清远长隆度假区、芜湖方特等。主题乐园聚集化发展可以提高相关公共配套设施的利用效率,有效地提升度假区的旅游吸引力,扩大主题乐园(群)的市场范围,有利于主题乐园的健康发展。

2. 区域布局上,未来主题公园将逐渐向中小城市渗透布局

由于主题公园对所在地的人口、经济具有较高要求,珠三角、长三角、环渤海、西南等地区的一、二线城市仍旧是当前主题公园布局的核心区域,但除此之外,一些三、四线城市也显示出一定的发展潜力。未来随着不同类型、不同规模主题公园的涌现,一、二线城市公园数量的饱和,三、四线城市居民对娱乐需求越来越高,主题公园布局不断下沉,国内主题公园将逐渐向中等发展水平的城市布局。

3. 业态布局上,除IP型、游乐型、动物型持续受欢迎外,水公园也将成为新热点

主题公园按照产品类型可以分为八大类,分别为奇幻/卡通人物类、历史/文化类、动物/海洋动物类、自然/景观类、演艺/媒体类、游乐场/器械类、水公园类等。目前国内较为受欢迎的主题乐园集中在IP型、游乐型、动物型,代表企业分别有迪士尼、欢乐谷、长隆/海昌。此外水公园也逐渐显示出了其吸引力,一方面水公园规模和投资较小,有利于建设运营;另一方面夜经济的发展和国内水公园普遍采取与音乐节结合的模式,使人们的亲水偏好得到了进一步释放,这或将成为主题乐园新的布局点。

4. 乐园规模上,大型公题公园(度假区)具备强大的竞争力,精致而小规模的公园也具有一定生命力

目前来看,巨额投资的大型主题公园或度假区仍具备强大的竞争力,市

面上也出现了部分"小而美"的主题公园,这部分公园多位于城市商业中心,与购物商场等结合,以亲子公园为主,满足都市家庭人群平日及周末的休闲需求,具有一定的生命力。

(二)国内主题公园未来运营策略建议

1. 商业模式从单一公园向全产业链发展

一方面,主题公园作为大型文化旅游企业产业链中的重要一环承担着内容有形化、体验实体化和聚集人气的作用,其经济外部性带来的相应的外溢价值则通过上下游的影视、衍生商品、主题住宿等形式予以收回。另一方面,主题公园具有投入和运营成本高、回收周期长的弱点,从财务上必须用一些互补的商业模式来弥补这一缺陷,金融、地产、商业、新型城镇化等各种跨产业融合的模式不断涌现,成为主题公园投资、运营的一种趋势,成为大型企业集团中重要的一环。例如主题公园与大型购物广场的有效融合,不仅能丰富主题公园的活动内容,满足游客购物需求,更能拓宽主题公园收入来源,支撑主题公园运营与发展。

2. 重点关注家庭市场,创新产品迭代,丰富产品类型

未来在国内主题公园运营上要更加关注家庭出游市场。主题公园的核心产品为消费者对"主题场景氛围"的体验,与自然风光、文物古迹等自然、人文景区相比,在满足一家三代人的偏好、旅程、游玩时长、出游时机决策等方面具有明显的优势,其体验感的项目更适合家庭成员互动和情感交流,"具有科普教育意义的自然体验类主题公园"和"能够营造快乐氛围、促进家庭情感的主题公园"成为产品发展的重要趋势。珠海长隆和广州长隆均成为千万量级旅游目的地,迪士尼长期引领行业发展,日本环球影城能从低谷再度崛起在于其坚守"能够营造快乐氛围、促进家庭情感的主题公园"这一策略。

同时,也要不断创新产品迭代,丰富产品类型,目前主题公园产品越来越趋向于组合成为主题娱乐集群,通过融入周边的餐饮、零售、酒店及住宅等,一方面在运营和推广上形成合力,另一方面成为能够吸引更广泛客群的

综合型产品。

3. 持续深化科技运用、文旅融合

一方面，目前主题公园的发展已经离不开高新技术的应用，技术革新将大幅提升娱乐体验，未来主题公园要不断提高产品的科技含量，增强技术与技术之间、技术与项目之间、项目与游客之间的互动性。另一方面，当前"文旅融合"是旅游发展的核心基调，而主题公园是优秀文化传播的重要载体，其不仅能满足大众文化和娱乐需求的旅游体验产品，制造梦想和欢乐之地，更是一种不分民族和信仰的世界语言，在优秀文化的传承创新、文化自信的确立、民族文化的"走出去"中都能扮演十分特殊且不可替代的重要角色。因此，未来主题公园的运营要更加关注文化的挖掘和融入，创新文化的传播和展示方式。

4. 为游客创造个性化、定制化的游玩体验

目前市场需求变化迅速，为顺应市场多变的环境以及旅游者多元化、差异化的需求，未来主题公园要更加注重为游客提供个性化、定制化体验，以对应专门的细分市场。如浙江安吉 Hello Kitty 主题乐园以及一些竞技主题乐园、儿童乐园等。

（三）国内主题公园未来竞争关系建议

1. 在几大主题公园聚集区域保持良好的竞合关系

目前，我国已经形成了珠三角、长三角、环渤海、西南地区等几个主题公园聚集区，区域联合和相互竞争态势已经形成。同一区域内已建成的主题公园之间的竞争主要体现在不同主题间的竞争、对上游产业资源间的竞争、市场份额方面的竞争、品牌及管理能力之间的竞争等几方面。但聚集式发展并不一定会带来恶性竞争，相反通过集群式发展，可以发挥主题公园产业的集聚效应。区域内不同类型、不同主题的公园形成差异化市场互补的竞合关系，从而提升区域旅游吸引力，增加总体客源规模，并且产生地区品牌效应，最终让区域内所有主题公园都受益。

2.要更加注重"质"的竞争，而不仅是"量"的竞争

当前，国内主题公园行业竞争空前激烈，全球前十名的主题公园欧美集团巨头通过不同形式争相进入，与之同时，本土主题公园企业也正在逐渐成长，例如华侨城、长隆、万达、海昌、华强、宋城等已成为中国主题公园市场的中流砥柱。面对激烈的市场竞争，大型主题公园集团越来越倾向于通过"规模"对抗"规模"，一方面借助不断并购、整合来补足补强其业务；另一方面，广泛运用各种资本运作手段实现规模壮大。

同时也应看到，国内主题公园 IP 和文化创意能力较弱，与国际知名主题公园相比，民族的文化特别是与时俱进的新文化缺少创新，创新内容少，手段也相对简单，以才起步的 IP 对抗百年 IP 当然存在较大差距。此外，主题公园不仅是文化产品，更承载着民族文化意识形态，在这方面国内主题公园讲故事的能力相对较弱。因此，未来国内主题公园企业要更加注重"质"的竞争，而不能仅关注"量"上的规模，只有优质的产品才能实现长久的发展，要用智慧和耐心打造精品，提升主题公园的文化内涵和品质。

参考文献

AECOM、TEA：《2019 年全球主题公园和博物馆报告：全球主要景点游客报告》。

邹统钎等：《主题公园要敢于对"野蛮资本"说不》，《中国旅游报》2019 年 5 月 14 日，第 4 版。

G.9
博物馆休闲：现状与展望

刘晓洁 沈 涵*

摘　要： 博物馆拥有独特而厚重的历史文化属性，是人们迅速了解一个城市文化历史和人文脉络的绝佳方式，对于城市形象和品牌的建立与推广具有重要作用。通过对于博物馆现状和发展趋势的分析，指出目前博物馆休闲在营销方面和运营方面均在不断创新发展，主要体现在名人营销、影视营销、文化创意产品开发、线下接触点增加、沉浸式展览创新和线上数字化运营六个方面，由此为国内博物馆休闲的发展提供借鉴。

关键词： 博物馆休闲　文化消费　遗产保护　文创产品

随着国家对文化休闲活动的倡导和民众对文化消费需求的增加，博物馆成为越来越多休闲旅游者出行目的地的选择对象。根据文化和旅游部的统计，2019年全国博物馆接待人数达到11.4亿人次，同比增长9.9%。但是，近年来全球博物馆的到访量则增长缓慢，博物馆到访总量达到了瓶颈，受限于互动性弱、体验性低、创新力度不足等因素，出现了博物馆吸引力逐年下降、年轻群体消费意愿低等现象。同时，由于新冠肺炎疫情的影响，全球85000多座博物馆均在不同时段进行关闭，占到全球博物馆总数的90%。据国际博物

---

* 刘晓洁，复旦大学旅游学系硕士研究生，主要研究方向为旅游消费者行为研究。沈涵，复旦大学旅游学系教授，博士生导师，中国社会科学院旅游研究中心特约研究员，主要研究方向为消费者行为、旅游市场营销、城市品牌等。

馆协会预计，全球13%的博物馆可能永久关闭，对于博物馆的正常运转秩序和影响力都造成了严重的冲击。[①] 面对这样的新形势，如何对博物馆休闲的营销方式、运营模式、风险管控方法进行创新是非常值得关注的问题。

一 博物馆休闲的概念与作用

（一）博物馆休闲的概念

根据国际博物馆协会1989年对于博物馆的定义，博物馆是指出于教育、研究、观赏等目的收集、保护、展览并推广人类和人类生活环境的物证，并面向社会服务、面向大众开放的永久性机构，这是第一次对博物馆的界定加入了游览和观赏的功能。

而在博物馆的运营过程中，博物馆也逐渐从原来以教育为首要职能的角色逐渐被赋予"休闲场所"的标签，其职能由"教育"逐渐走向"教育+休闲"。在此背景下，博物馆的运营也越来越关注观众的整体体验提升，满足观众日趋增长的休闲需求，博物馆也从文物陈列机构开始转变为民众参观游览休闲的场所，博物馆休闲随之产生。

博物馆休闲是指博物馆发挥其休闲的职能，博物馆的休闲属性是建立在博物馆的教育属性上满足观众的休闲需求。随着知识经济时代和大众化休闲时代的到来，文化休闲也成为休闲活动的重要内容，因而博物馆也日益成为普通大众开展休闲活动的重要方式，融入大众的文化生活中。目前，博物馆休闲是一种新型休闲生活方式，在实现大众休闲娱乐目的的同时，又能够满足其在知识教育、审美、自身修养等方面的需求。

（二）博物馆休闲的作用

基于博物馆休闲的概念，可以总结出博物馆休闲主要有以下三大作用。

---

① "Museums, Museum Professionalsand COVID-19," https：//icom.museum/en/covid-19/.

第一,博物馆是国家和城市文化的重要窗口,博物馆休闲活动是大众了解一个国家、一座城市的文化历史和形象的重要方式。特别是历史类博物馆的休闲活动,历史博物馆能够展示国家或地区历史、文化历史,并通过博物馆休闲活动向市民、旅游者输出国家或地区的文化与形象。第二,博物馆休闲发挥了知识教育和传播的功能。艺术类博物馆休闲活动能够通过绘画、雕刻、实用艺术、装饰艺术等艺术的展示陶冶观众的艺术情操;科学类博物馆能够通过动植物、自然科学、天体、现代技术等的展示传播科学知识,通过区别于传统学校教育传授的方式开展科学教育。第三,博物馆休闲也是城市公众游览休憩的重要方式,博物馆为城市市民提供了高素质的休闲环境,城市居民通过博物馆游览可以达到休闲娱乐和知识教育的目的。

二 博物馆休闲的发展现状

从全球视角出发,目前关于博物馆休闲活动发展的最新统计数据是由AECOM与主题娱乐协会(TEA)联合发布的 *2018 Theme Index and Museum Index*[①]。根据该报告,2018年度全球开展博物馆游览的人数达到1.081亿人,访客量总体上相对较稳定。其中,法国卢浮宫以1020万访客量蝉联博物馆游览人数总量第一,并且相较于2017年810万访客量拥有显著的增长。从空间视角来看,如表1所示,在全球排名前20位的博物馆中,美国以占有6大博物馆并吸引了3160万访客量居于第一位,其次是英国、中国大陆、法国、梵蒂冈城、俄罗斯、西班牙和中国台湾地区。从时间视角来看,如图1所示,近年来全球博物馆访客总量的增长率有所放缓,并且接近零增长甚至出现负增长,如2018年博物馆1.081亿人次的访客量相较于2017年1.080亿人次的访客量只增长了0.1%(见图1),因而各个地区和国家也在积极寻找博物馆在发挥休闲游览职能上的创新发展出路。

---

① *2018 Theme Index and Museum Index*, https://aecom.com/theme-index/.

表1　2018年全球博物馆访客量统计数据

国家	美国	英国	中国大陆	法国	梵蒂冈城	俄罗斯	西班牙	中国台湾地区
全球排名前20博物馆数量(座)	6	5	4	1	1	1	1	1
总访客量（万人）	3160	2660	1090	1020	680	430	390	390

资料来源：2018 Theme Index and Museum Index，http：//aecom.com/theme–index/。

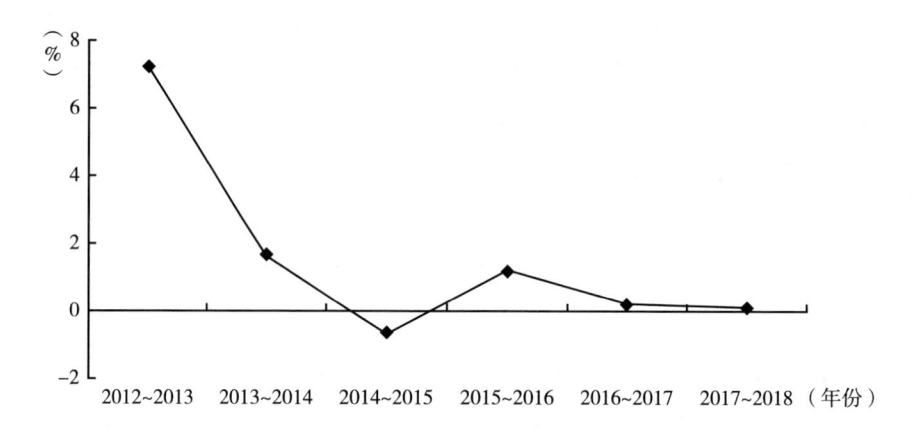

图1　2012～2018年全球博物馆访客增长率

资料来源：2018 Theme Index and Museum Index，http：//aecom.com/theme–index/。

其中欧洲的博物馆作为全球博物馆休闲市场的主导者，主要关注于通过运用和扩大多种营销渠道，来寻找新的受众。欧洲的博物馆休闲行业通过寻找创新营销方式来扩大其影响力和吸引力，其中包括社交媒体营销、举办特殊活动、与名人和名设计师合作、打造主题IP展览等形式，使欧洲博物馆业在全球博物馆访客增长率放缓的情况下，在2017～2018年实现了6.1%的博物馆访客增长率，显著高于全球平均水平。

而北美地区的博物馆由于政治因素和关闭修缮等原因，在近年来访客总量有所下降，但是其仍在全球博物馆休闲业中占据重要的地位，呈现出国际博物馆休闲的又一发展趋势——数字化及科技化发展趋势。随着社交媒体的普及，越来越多的人热衷于通过社交媒体分享其休闲娱乐经历，而传统的博物馆展览方式由于互动性和体验性较弱，难以满足年轻一代的社交和体验需求。随着数字化和科技化的发展，快闪及沉浸式体验展览开始抢占传统博物馆的大量游客。沉浸式展览提供沉浸环境并且提供给游览者大量分享及拍照机会，同时增强了展览的互动性和体验性，拉近了观众与作品之间的距离，吸引了来自千禧一代的消费者、家庭消费者和在社交媒体上有影响力的消费者。科技及数字媒体与艺术的结合也成为现代博物馆休闲中的一大趋势。

在亚太地区，表现较为突出的是中国博物馆的访客量，中国国家博物馆、中国科学技术馆、浙江省博物馆和南京博物院均进入了全球博物馆总访客量排名前20位的博物馆名单中，其中中国国家博物馆的访客量已排名全球第二。目前，中国的多个博物馆也同欧洲一样通过尝试利用有影响力的名人宣传来提高访客量，而中国的主要方式是通过打造博物馆和文物相关电视节目来开展营销活动，吸引更多消费者对于中国传统文化遗产和文物保护的关注，从而提高博物馆休闲活动的热度。对于社交媒体的关注和运用也是中国博物馆发展的一大趋势，如自2016年故宫博物院发出的关于故宫雪景的微博以来，每年冬季"故宫雪景"均会成为社交媒体上的讨论热点，也引发了更多人对于故宫博物院的关注和出游意愿的增强。此外，科技化也是国内博物馆发展的一大趋势。现代化运营系统、智能化解说系统、文化与展厅数字化等科技化智慧博物馆新形态正在形成。根据同程艺龙与同城旅游联合发布的《中国博物馆主题游消费趋势报告2019》，国内博物馆休闲群体在年龄结构的组成方面，"90后"群体占比为43.2%，其中"95后"占比达24.9%，呈现出博物馆主题访客群的日趋年轻化。[1]

综上所述，目前国内外博物馆及博物馆休闲发展正处于转型和创新发展的阶段，主要体现在两大方面，一是在博物馆休闲活动营销方面，更多进行创新性探索，通过名人效应、IP打造、社交媒体宣传等创新营销方式来使博物馆重新绽放生机，同时也扩大了博物馆的受众范围；二是在博物馆内部建设方面，主要体现在科技化与数字化发展趋势。全球的大型博物馆均在探

---

[1] 《〈中国博物馆主题游消费趋势报告2019〉发布》，https://www.sohu.com/a/314500707_280657。

索如何通过科技化手段提高博物馆的运营效率及通过数字化方式提高观众的体验感和互动性。

三 全球博物馆休闲发展的趋势

随着文化休闲活动热度的提升，博物馆越来越受到民众的关注和重视，加之文物博览类综艺节目的兴起，"为一座馆，赴一座城""跟着博物馆去旅行"正在成为越来越多休闲活动爱好者青睐的出游方式。根据国家文物局发布的统计数据，2019年国内博物馆举办展览接待的访客总量已经达到了12.27亿人次，相较于2018年增加了1亿多人次；而截至2019年底，全国已备案博物馆达5535家，比2018年增加181家。[①] 一系列数据都表明，随着市民文化休闲活动需求的提升，国内博物馆休闲的热度也在不断攀升。因此，本报告对全球博物馆休闲发展的趋势和创新案例进行梳理，以期对于国内博物馆休闲的发展有所助益，主要归纳为以下六大趋势。

（一）名人营销创造博物馆新热点，开辟博物馆休闲营销新模式

名人效应是指名人的出现所形成的引人注意、扩大影响并强化事物的效应。与名人进行合作、邀请名人代言等形式被广泛用于商业营销的策划中，知名人物拥有的知名度通常可以让一个地点或者一个品牌更具吸引力和影响力，对于受众对一个地方或者一个品牌的态度具有积极作用。因而近年来，多个博物馆也在尝试通过与名设计师合作布展、设计名人展览、邀请名设计师设计博物馆分馆、邀请名人进行与博物馆关联的相关创作等营销手段，积极拓展博物馆品牌的营销力。博物馆通过名人营销，借助名人效应，可以吸引由名人引领而来的一批新受众，高效率地吸引一批新的文化休闲者，提高营销转化效率，同时也提高了博物馆的影响力，已经成为近年来众多博物馆选择的新型营销方式。例如，作为世界顶级访客量的博物馆卢浮宫，2018

[①] 国家文物局，http://www.ncha.gov.cn/。

年与著名歌手碧昂丝合作在卢浮宫内拍摄了碧昂丝新出单曲的音乐录影带，卢浮宫展出的《蒙娜丽莎》《断臂维纳斯》《卡米尔夫人肖像》均出现在其录影带中。据统计，1.5亿人观看过此录影带，并且为卢浮宫吸纳了一大批国际旅游者，卢浮宫访客统计数据显示当年有75%的到访者均为国际旅游者，同时当年卢浮宫的总访客人数达到了1020万人次，创造了博物馆休闲人次数新的世界纪录，迄今为止仍未被打破，创造了利用名人效应进行营销的典范。其次，卢浮宫还尝试与名设计师合作，卢浮宫与获得普利兹克建筑奖的明星建筑师JeanNouvel合作设计了卢浮宫的海外分馆——阿布扎比卢浮宫，而这一举动使阿布扎比卢浮宫在设计之初就受到了媒体的广泛关注，卢浮宫和明星建筑师的双重品牌效应使得卢浮宫再次成为人们讨论的热点。而著名艺术家Marina Abramovic在MoMa博物馆举办的个人回顾展览也因其名人因素吸引了平均每天7120名到访者参观，极大地发挥了名人的营销作用。

（二）影视营销打造博物馆IP，提升公众遗产保护关注度

博物馆影视营销是指博物馆通过打造博物馆相关纪录片、综艺节目、主题电影、电视剧等形式，将博物馆的历史发展进程、博物馆的展出、博物馆的文物保护工作、博物馆展品的渊源等展现给观众，让观众能够更加深入地了解博物馆，同时能够以生动的方式拉近博物馆与观众之间的距离。同时，通过影视的拍摄与播映，可以塑造博物馆的IP，使民众通过影视观赏感知博物馆的形象，激发观看者的情感共鸣，从而形成文化休闲的需求和动机，做出出行决策。

传统的博物馆影视营销更多的是以纪录片的形式进行营销，如BBC推出的系列博物馆纪录片《博物馆的秘密》就拍摄了梵蒂冈博物馆、巴黎卢浮宫等22家全球知名博物馆，将这些博物馆珍藏的展品和博物馆的历史故事展示给观众，使博物馆的形象更加生动鲜活。而在国内，纪录片《我在故宫修文物》则以更加风趣的方式记录了故宫的文物修复师如何通过他们的妙手将新的生命活力注入一件件文物中，引发了民众对于传统文化遗产保护的关注。但是，纪录片的受众较为有限，并且受众的活泼度较低，因而近

年来电影营销和综艺营销成为博物馆影视营销的新方法。例如，电影《德军占领的卢浮宫》《达芬奇密码》等都是以卢浮宫为背景故事展开的，不仅为卢浮宫带来了较高的合作报酬，也激发了观众到卢浮宫的参观热潮；上海东方传媒集团等则出品了文化影片《当卢浮宫遇见紫禁城》，将卢浮宫和故宫这两大中外大型博物馆 IP 进行碰撞，引发了国内外文化历史界和广大民众对博物馆文化历史的关注。《奇妙美术馆》则是将博物馆中严肃且静态的展品进行活化和风趣化，如和别人聊天并抱怨不想再微笑的蒙娜丽莎，调侃野兽派的皮埃罗等，以喜剧的方式将严肃的艺术展品进行戏剧化的大胆演绎，使这些艺术品变得更加亲民。其次，近年来国内一系列文博类综艺的大热更是让博物馆文化"活起来"也"火起来"。《国家宝藏》与国内 9 大博物馆合作，并且邀请明星加持，将每个博物馆的三件珍藏文物进行舞台化的展示；《上新了，故宫》则是通过打造文化创新类真人秀节目，探索故宫的历史秘密和文化底蕴，引发了广大观众的热议和跨圈层的讨论。以真人秀综艺呈现博物馆文化主要面向年轻一代群体，也成为年轻一代了解和喜爱博物馆文化的一个突破口，使近年来国内博物馆参观人数中青年群体的占比越来越重，一定程度上扩展了博物馆文化休闲活动的受众范围。

（三）文创产品启发博物馆新思路，形成文化消费领域"新宠"

博物馆文创产品是将博物馆的馆藏精品进行复仿或者提炼其精华元素进行再创作，已成为大多数博物馆提高额外收益和吸引新受众的做法。文创产品能够通过将历史文化元素或艺术元素融入人们日常使用的物品中，用平易近人的方式将文化展现出来，通过文创产品加深民众的感受，找到与博物馆文化的共鸣。打造博物馆文创产品其实是在塑造博物馆的品牌，文创产品的核心不在于卖一个产品，而在于卖一个故事，在讲好文物故事的同时又能够适应市场化，因而文创产品的成长也非常迅速。根据清华文化经济研究院发布的《新文创消费趋势报告》，2019 年电商平台的博物馆文创产品的成交规模相比于 2017 年增长了 3 倍，而博物馆旗舰店的累计访问量也达到 16 亿人次，是线下博物馆接待人次的 1.5 倍，同时购买文创产品的用户中有 1 亿用户为"90后",文创产品成为博物馆新的营销方式,也成为年轻消费者的消费新趋势。①

大英博物馆就针对馆藏的重点文物进行重点开发,为古埃及木乃伊、古罗马石柱等文物开发出系列文创产品,包括文具、杯子、首饰、U盘、布偶玩具、巧克力等,将展品的图案、字样、纹饰等元素进行重新整合,既满足消费者的需求,又不失展品的文化品格;故宫博物院则创立故宫文化创意中心,让传统文化走进生活、融进生活,通过"朕知道了"纸胶带、"奉旨旅行"行李牌等一系列既融入故宫文化又与现代流行话语相结合的文创产品和一系列联名文创产品的打造,使历经600年历史的故宫焕发年轻的姿态,此外,还举办故宫文创设计大赛并面向公众征集文化创意产品。目前故宫的文创产品年销售额已经超过15亿元,搭建起了故宫的文创商业版图和IP价值产业链。

(四)线下接触点增强文化感知,促使博物馆文化融入生活常态

博物馆是不可移动的休闲目的地,一般情况下民众无法高频率的接触到博物馆,这就会导致其对于博物馆的感知下降。所谓接触点,就是博物馆与消费者产生信息接触的地方,即运输营销信息的载体,一般营销接触点包括报纸、杂志、广播、电视、网络等媒体。而针对博物馆,可以通过以创意广告牌、复仿创作、互动增强等形式增强民众与博物馆的接触点,与消费者建立密切的联系,从而能够实现有效的营销传播效果。

例如,加拿大温哥华的Science World博物馆,就让整个温哥华成为它的创意广告牌,例如在城市出租车的灯牌上印上"蓝鲸心脏大小大约是这辆车的大小",在树木上写上"松鼠总是在无意中种植了数以百万计的树木",还有在气球、贩卖机等城市中常见的物品都印有Science World的创意科普知识。通过以科普知识的方式输入创意广告,并且融入城市的日常生活中,增强线下接触点,不仅使民众获取科学知识,也让Science World为大

---

① 《新文创消费趋势报告》,http://www.ice.tsinghua.edu.cn/。

量市民所感知。Minneapolis Instituteof Art 则是将世界名画放到学校中进行复仿，将名画与园林艺术进行结合，将梵高的《橄榄树》在学校草地上进行还原，不仅吸引了学校内的大批学生参观，也通过媒体使人们对梵高的名作更加了解。

（五）互动式展览提高沉浸体验，开辟博物馆展览新面貌

传统的博物馆展览方式多以静态的、非互动性的展览方式为主，会导致游览者在博物馆的互动体验性较差，而随着大众对休闲活动中的体验性的要求不断提高，其对于博物馆展览方式的创新也提出了要求。由于近年来数字技术媒介的高速发展，以技术为基础并具有交互、沉浸、虚拟、联结四大特点的体验型沉浸艺术展览，开始重塑人们对于旧有观展的感受，打造具有高互动性的数字空间，让观展人能够身临其境，参与到艺术作品中。另外，对于一些文化历史博物馆而言，则是通过设计 AR 博物馆，包括设计虚拟讲解员、AR 历史展品复原、AR 智能导览、AR 复杂展品分解等，基于实时交互的特点激起观众的兴趣与好奇心。

例如，世界著名的数字美术馆 Teamlab 就以沉浸式展览这种新的艺术形式，通过声、光、电调动游客五感并通过创造故事情境，让观众自发参与进来，达到长时间吸引参与者注意力的目的。据数据统计，在北京举办的 Teamlab 中国首展平均需要排队 2 小时才能进场，并且限制观展时间为 1 小时，可见沉浸式展览之火爆。秦岭博物馆则是与百度联手打造的 AR 博物馆，对兵马俑进行复原和三维呈现，不仅让兵马俑"活起来"，还可以与兵马俑进行互动问答，使休闲游览者获得更加真实的互动体验。

（六）线上观展实现博物馆数字化，带来博物馆观展新模式

线上观展是通过数字化技术，利用 AI 技术、VR 技术、影像技术对于博物馆的场景进行虚拟化或三维图像化，实现在线便可通过网络游览博物馆。疫情期间，由于博物馆均处于关闭状态，因而"云游博物馆"成了民众足不出户游览博物馆的新选择。线上观展通过采用音频、视频、图片、文

字等多种呈现方式，让观展者产生临场感，并且通过360°的展示方式让各个角度一览无余，比现场观展更加真切仔细。同时通过这种便捷式的接触，也让更多的受众深入了解博物馆，为线下博物馆带来更多的参观者。

谷歌公司设计了Google Arts & Culture应用程序，通过VR技术将全球70多个国家的1000多家博物馆汇聚到其中，容纳了这些博物馆的艺术画作、古器物、建筑、工艺品等馆藏精品，让用户能够用一部手机便能浏览全球著名博物馆的艺术品。"数字敦煌"则是将敦煌石窟艺术进行数字化，汇集敦煌石窟的图像、影像、考古研究和保护数据，数字化呈现敦煌石窟的全景，满足受众打破时空限制的休闲游览需求。

四 对中国博物馆休闲发展的启示

（一）名人效应打造博物馆休闲新繁荣

充分利用名人效应进行营销已经成为现代营销中重要且高效的营销方式之一。博物馆可以通过名人代言、与名设计师合作布展、邀请名人参与博物馆重要活动等方式，利用名人效应和粉丝效应进行营销，充分利用知名人物的知名度和粉丝流量提高消费者对于博物馆的关注度，从而吸引更多的受众到博物馆开展文化休闲活动，提高博物馆休闲的营销效率。

（二）影视营销促使博物馆走进民众生活

影视营销通过题材选取、故事情节编排、演员阵容和视觉特效的布置，使观看者对目的地留下深刻的印象，而影视又是大众日常生活中常见的休闲娱乐方式，因而能够使博物馆这种不可移动的休闲目的地迅速走进民众视线，成为博物馆休闲活动营销的绝佳方式。通过纪录片、电影、综艺、音乐影片等的拍摄同时利用名人效应进行营销，能够使目标受众感受到博物馆有趣的、有吸引力的一面，也能够带领更多受众感受到博物馆背后深厚的文化历史内涵，从而吸引更多的兴趣者前往博物馆开展文化休闲活动。

（三）文创产品开发打造博物馆新潮流

博物馆拥有丰厚的文化资源，文创产品的开发是将这些文化资源合理的应用到日常产品和服务中。在文创产品的开发中，通过对博物馆中的展品、建筑、布景等的核心元素进行精华提炼，并将大数据、虚拟现实、3D打印等高新技术应用在设计之中，带来传播文博产品难以实现的效果。同时，通过大数据的分析，能够针对性地进行文创IP的开发，设计受众喜爱的文创产品。在文创产品的开发中，需要避免同质化的现象，更深入的挖掘博物馆的文化内涵，而非进行表面的模仿，否则会过度消耗博物馆的品牌，这要求文创设计者花费精力做好大量基础工作，练好内功才能实现可持续发展。

（四）线下创意营销增强博物馆接触点

在信息传播速率高、传播数量庞大的时代背景下，博物馆只有走进民众日常生活，增加线下多接触点的营销，才能被目标受众所感知。线下接触点通过创意营销方式，如利用城市公共交通宣传、城市标识宣传、线下宣传点搭设等方式，使博物馆的宣传融入城市日常生活中，将科普知识通过风趣化的方式在日常生活中进行展现，让受众无时无刻都感知到博物馆的存在，让博物馆IP融入普通人的生活中。

（五）互动式展览带来博物馆沉浸体验

传统的静态式展览已经无法满足越来越多博物馆休闲受众对于游览体验性和互动性提高的需求，因而博物馆越来越注重发挥其休闲职能，同时对其体验性和互动性提高也提出了新的要求。沉浸式艺术展览通过视觉、听觉、触觉等多感官的体验输出，打破空间和心理上的距离，为展览提供了更多的动态性和互动体验性，通过合理利用社交媒体的营销也使沉浸式艺术展成为社交媒体中的热点话题，引起了年轻一代受众的喜爱，为博物馆带来更多的受众。而对于传统的静态博物馆展览，需要考虑通过建设生动的听觉导览系统、交互性体验、触觉体验等方式提高受众的互动感和体验性,从而提高受众的喜爱度。

(六)科技与文化联结开辟博物馆多维体验

数字化技术不仅改变了人们的生活,也改变了博物馆的发展方式。重视文化与科技之间的联系,如利用 VR、AR 技术还原文化历史场景,让博物馆"活起来",通过视觉、听觉、触觉等多感官感知使游览者如同身临其境一般,还通过文物的三维展示和活化展示增强沉浸感,提高互动性。同时,利用科学技术对于线上博物馆的打造,增加博物馆线上接触点,可以使受众足不出户就能游览并体验博物馆文化,进而触发目标受众对于线下博物馆的出行意愿。

参考文献

赵星宇:《从教育到休闲:博物馆观众研究思路的转向》,《博物馆管理》2020年第1期。

盛洁桦:《博物馆休闲理念探微——旅游人类学的启示》,《中国文物报》2019年1月22日,第3版。

吴彧弓:《沉浸式展览的"沉浸"何在?》,《美术观察》2019年第12期。

周欣琪、郝小斐:《故宫的雪:官方微博传播路径与旅游吸引物建构研究》,《旅游学刊》2018年第10期。

卢澜之、刘云:《基于现代名人效应的旅游形象提升研究》,《旅游纵览》(下半月)2015年第12期。

Sanghoon Jang, "Cultural Diplomacy, National Identity and National Museum: South Korea's First Oversea Exhibition in the US, 1957 – 1959," *Museum & Society*, 2016, 14 (3).

Choe, Jong – Ho., "A Study on PR Marketing for Cultural Tourism of the Museum and the Art Museum in Jeonbuk Province," *Journal of Museum Studies*, 2015, 28 (1).

Withers, Deborah M., "Learning at the Museum Frontiers: Identity, Race and Power," *International Journal of Heritage Studies*, 2011, 17 (4).

G.10 中国民族传统体育发展现状与展望
——以北京为例

齐飞 宋文龙*

摘 要： 中国民族传统体育在世界体育文化中扮演着重要角色，北京作为一个多民族人民聚居与民族文化共融发展的城市，其民族传统体育实现了较快发展，并体现出以下特征：项目挖掘力度不断加大、地方特色日益凸显，民族节事构成重要推动、文化传播效果显著，项目推广渠道日益多元、保障机制不断健全。以蹴球/冰蹴球、武术、龙舞、毽球为代表，对北京市民族传统体育项目的发展现状进行了典型经验的归纳。最后，提出中国民族传统体育发展应遵循的路径：完善可持续发展的制度保障、建立多主体参与的协同机制，加强民族传统体育改革创新、推进项目旅游和休闲化开发，深入挖掘特色项目文化内涵，以品牌为引领扩大国际交流。

关键词： 民族传统体育 民族传统文化 冰蹴球 北京

一 引言

中国民族传统体育作为民族文化繁荣和体育事业发展的重要组成部分，

---

* 齐飞，北京体育大学体育休闲与旅游学院讲师，主要研究方向为休闲体育、体育旅游；宋文龙，北京体育大学体育休闲与旅游学院硕士研究生。

近年来越发体现出强大的传承与再生能力。民族传统体育具有多元价值，推进民族传统体育繁荣发展不仅有助于加强民族交往交流交融进而深化民族团结，更是服务乡村振兴、体育强国、健康中国等国家战略的重要途径。因此，在全民健身、体育产业和民族发展规划、民族工作的系列政策中，均提出了要对民族传统体育发展给予全面支持与保障。2018年1月，国家体育总局、国家民委发布了《关于进一步加强少数民族传统体育工作的指导意见》，提出要繁荣发展少数民族传统体育，促进健康事业发展，要在统筹规划、理论研究、赛事组织、产业化发展、传承创新、文化交流、基地建设、人才培养等多方面对民族传统体育发展形成实际推动。中国是一个拥有56个民族的多民族国家，各民族的传统体育项目源远流长，既体现出种类繁多的表现形式和风格迥异的文化内涵，又在多民族文化交融中不断实现创新。北京作为中国的首都，是各民族团结和睦的缩影，不仅在推进民族工作中扎实发展民族传统体育，更将民族传统体育纳入其城市经济社会发展规划中，制定阶段性规划和政策保障体系。因此，本报告以北京为例，对民族传统体育发展的现状、典型案例进行系统分析与总结，并提出未来推动民族传统体育可持续发展的路径选择。

二 北京市民族传统体育发展现状

（一）项目挖掘力度不断加大，地方特色日益凸显

我国是一个多民族国家，各民族不同的生产方式、生活习惯和社会风尚催生了各地不同的民族文化，以及在不同文化渲染下的民族传统体育项目。早在1990年，中国体育博物馆、国家体委文史工作委员会就组织对我国民族传统体育进行了系统的挖掘，编撰了《中华民族传统体育志》一书，共整理出来自56个民族的977个传统项目，其中来自55个少数民族的项目有676个。[①] 具有代表性的如满族的珍珠球，蒙古族的骑马、射箭、摔跤，流

---

① 中国体育博物馆、国家体委文史工作委员会：《中国民族传统体育志》，广西民族出版社，1990。

行于侗族、壮族和仡佬族的抢花炮，深受侗族、苗族和水族喜爱的毽球等。民族传统体育发展至今，除健身目的和竞技导向外，无论是基于观赏还是参与休闲娱乐，其价值不断被发掘，且以类别众多、形式多样、活泼有趣的特征赢得越来越多人的青睐，构成人们日常体育休闲的重要组成部分。

北京在推动各族人民体育领域和谐发展和共建共享方面取得了显著成效。北京先后挖掘出100多个民族民间体育游戏，整理定型了30多个民族传统体育项目①，并通过史料收集与整理等方式将其特色进行宣传与推广，如出版了《京华民族传统体育项目50例》（1995年）、《民族传统体育100例》（2006年），在社会公开发行，并拍摄了系列项目展示、教学等专题片。近年来，北京市民族传统体育协会持续加大力度开展对各类民族传统体育项目的挖掘工作，各项目的地方特色日益凸显。蹴球、木球、珍珠球3个项目被列为全国少数民族传统体育运动会比赛项目，蹴球、珍珠球、弹弓术等列入非物质文化遗产目录，冰蹴球、冰嬉等民族传统体育冰雪项目，列入全国少数民族传统体育运动会表演项目和北京市民族传统体育运动会竞赛项目。② 在民族传统体育工作进一步加强推进的背景下，北京市民族传统体育初步实现与全民健身、体育休闲的有机融合。

（二）民族节事推动有力，文化传播效果显著

从全国范围来看，节事活动构成了民族传统体育传播的重要媒介。一是民族传统体育赛事。全国少数民族传统体育运动会自1953年开始举办，2019年为第十一届，该届运动会竞赛项目和表演项目分别为17个和100多个（见表1），参赛和参演人数超过7000人。二是民族传统体育会展活动。为了对民族传统体育文化形成广泛传播，在举办各届全国少数民族传统体育运动会的同时，向公众免费开放少数民族传统体育文化展，对民族传统体育

---

① 《第十届民族运动会将融入冬奥特色》，首都统一战线，2018年8月9日，http：//www.bjtzb.org.cn/wwwroot/sdtyzx/publish/article/4/16902.shtml。
② 《民族体育》，北京市民族宗教事务委员会，2019年3月27日，http：//mzzjw.beijing.gov.cn/bjmz/bjdmz/mzzhjs/mzty/201903/t20190327_15825.html。

的历史脉络和渊源，以及 55 个少数民族的民族传统体育项目形成全面展示。三是民族传统体育节日。各民族在长期历史发展过程中产生了基于不同风尚习俗的节日活动，如蒙古族的那达慕大会、傣族的泼水节、彝族的火把节，民族节日与体育活动相得益彰，吸引大量的参与和参观人群。

表1　第十一届全国少数民族传统体育运动会项目分布

项目类型	项目列表
竞技项目	花炮、珍珠球、木球、蹴球、毽球、独竹漂、龙舟、秋千、射弩、陀螺、押加、高脚竞速、板鞋竞速、民族武术、民族式摔跤（搏克、且里西、格、北嘎、绊跤、希日木）、民族马术（民族赛马、走马、跑马射箭、跑马拾哈达）、民族健身操（规定套路、自选套路）
表演项目	竞技类、技巧类、综合类

资料来源：河南省人民政府网站。

北京市曾主办第六届全国民族传统体育运动会，并举办过十届市级民族传统体育运动会。在办赛过程中，结合民族传统体育项目发展实际，主办方不断创新办赛组织形式与内容，如在 2018 年第十届北京市民族传统体育运动会上，首次将冬季体育冰蹴球、冰嬉和雪垒等列入比赛项目。各区、县根据地方民族体育发展实际开展区域性运动会，如 2019 年 6 月，海淀区举办第十三届民族社区运动会，共吸引了来自 12 个民族社区和村代表队的 400 余人参加。除了举办综合性赛事外，市级或区县级相关协会每年会组织面向高校和社会的多个项目的单项比赛。2020 年，第四届京津冀柔力球（线上）交流大会和 2020 年北京花棍（线上）表演赛成功举办，两项比赛分别吸引了 1507 人和 259 人参与。另外，各区县、各社区或学校也会举办民族体育节庆活动，如西城区民族民俗体育文化节、中央民族大学体育文化节等。但总体来看，相较于会展或节庆活动，赛事旨在引导社会人员参与的初衷体现并不明显，即参与者仍以单个项目爱好者为主，覆盖人群范围相对有限。

（三）项目推广渠道日益多元，保障机制不断健全

为了对民族传统体育实现有效推广，鼓励全民参与，北京市在项目推广

渠道及形式方面,体现出多元化的选择。一是推进训练和宣传推广基地建设。不仅在民族聚居地区建立推广基地,还在北京体育大学、首都体育学院、中央民族大学、中国农业大学等高校建立民族体育项目训练基地。加快推进民族传统体育在中小学的推广,通过将项目列入课程以及不定期的项目教学展示和模拟比赛来实现普及推广。截至2017年底,北京市民族传统体育协会共有13个民族传统体育项目与29所学校签约,在各个区域和学校共建立了50个推行普及基地。[1] 二是加大力度开展民族传统体育教育与各类从业人员培训工作。民族传统项目传承的重要途径为教育,北京市大量高校,诸如北京体育大学、首都体育学院即开设了武术与民族传统体育本科专业。此外,依托社会体育指导员培训为社会培养了大量的民族传统体育指导人才。为了推广创新型民族传统体育项目,开展各类项目教练员培训,如2019年"冰蹴球"培训班即为来自各学校的教师提供项目理论、技术实操、规则等多方面培训。参与人员通过培训可获得特定项目证书,并可通过注册的协会与居委会取得联系,进而为社区居民提供一定项目的指导。

  多元化推广渠道的探索建立和实际发展取得的良好成效离不开北京市对民族传统体育相关机构建设的高度重视。一是北京市民族宗教事务委员会。委员会利用职能优势切实推动少数民族文化体育的发展,并配合相关部门承办各项重大民族文化体育活动。为保障竞赛有序开展,近年来同北京市体育局、北京市教育委员会联合印发各年度北京市民族传统体育单项比赛规程。在社区活动中,还组织协调为民族工作重点社区和民族村配备多种民族传统体育器材,如推铁环、蹴球、板鞋等。二是北京市民族传统体育协会,该协会于1984年成立,是我国第一个成立的省、市(直辖市)、自治区级民族传统体育协会。[2] 协会由民族和体育相关部门的领导、专家以及民族传统体育的爱好者组成。三是北京市体育局,不仅将民族传统体育发展纳入地方体育规划中,更是联合其他机构开展各类丰富多彩的活动。与此同时,在国家

---

[1] 《北京市民族传统体育走进校园》,人民网,2017年11月22日,http://edu.people.com.cn/gb/n1/2017/1122/c1053-29661085.html。

[2] 中国民族年鉴编辑部:《中国民族年鉴2016》,中国民族出版社,2016,第721页。

体育改革背景下，各项目逐渐成立单项运动协会，如北京武术协会、北京市西城区冰蹴球协会等。随着各类体育社会组织逐步实现实体化运作，民族传统体育项目及文化将得以更广泛的传播。

三 北京市民族传统体育发展的典型案例与经验启示

综上来看，北京市民族传统体育发展在实践中取得了较快发展，而随着社会经济的发展及时代文化的变迁，很多民族传统体育活动在受众人群、开展形式、组织方式等方面也在不断创新，在保持传统特征的同时实现了向体育休闲、全民健身的功能转换。为了更好地对这一演进特征及当前发展现状进行分析，本报告将结合其发展实践选取其优势项目中的竞赛项目蹴球和武术、表演项目舞龙以及具有大众推广特征的毽球为代表，对其发展特征及经验进行归纳总结。

（一）蹴球/冰蹴球

蹴球，又名踢石球，由古代蹴鞠运动发展而来。蹴球作为一项民间传统体育游戏，曾深受北京市民的喜爱，大多在满族、蒙古族、回族等民族中流行，后由于失去游戏环境而逐渐退出老百姓生活。[①] 1984 年，北京市开始对其进行挖掘和整理。在 1986 年、1991 年和 1995 年的全国少数民族传统体育运动会上，蹴球列为表演项目。1999 年，在北京举办的第六届全国少数民族传统体育运动会上，蹴球被正式定名，并被国家民委和国家体育总局列入正式竞技比赛类项目。2017 年 6 月，蹴球（踢石球）被列入北京市第二批非物质文化遗产名录。与此同时，蹴球运动不断进入大众推广的阶段。

近年来，冰蹴球作为北京市民族传统冬季项目开始亮相，并被列为 2022 年冬奥会申办宣传项目。为了实现对这一项目的推广，北京市民族传

---

① 《蹴球》，国家民族事务委员会，2019 年 4 月 29 日，https：//www.neac.gov.cn/seac/c102721/201904/1133316.shtml。

统体育协会组织完成了关于冰蹴球的旱冰场地和仿冰场地的技术改造、器材设备研发（如在球底安装滚珠）和规程研讨，并在天坛体育馆、地坛体育馆、龙潭公园等地进行免费体验推广，在北京西藏中学建立了第一个冰蹴球项目训练基地。2016年，开始开展冰蹴球社会体育指导员培训。2017年，冰蹴球器材被收进北京奥运博物馆。2020年1月，第四届北京市冰蹴球挑战赛暨京津冀冰蹴球邀请赛成功举办，吸引了来自京津冀的近300人参赛。随着2022年冬奥会的临近和"三亿人上冰雪"目标计划的实施，冰蹴球得到进一步推广，不仅"冰蹴球"项目教练员（教师）培训班为多个学校的体育教师提供了系统的培训，这项运动本身也进入了更多人的视野，且在大中小学校园如火如荼开展。

（二）武术

武术作为中华民族的瑰宝，在我国源远流长。基于武术的起源与发展和人们的生产、生活方式密切相关，不同民族武术体现出特定的民族文化特征和不同的内容表现形式，相互之间也在进行不断交融。在第四届全国少数民族传统体育运动会上，武术被列为正式比赛项目。现实的传统武术以丰富多彩拳种形式向世人展示了中国文化的灿烂，而现代"竞技武术"则为了适应比赛而新编了各种套路。① 当前，由于武术运动集健身养生与表演技艺等功能于一体而具有广泛的群众基础。

20世纪50年代末60年代初，武术运动开始在北京蓬勃发展起来。为了促使民间武术运动的更好更规范发展，1962年，首届北京市武术运动协会成立。2019年，第七届北京市武术运动协会对11家武协，38家武馆、武校和俱乐部进行授牌。2019年12月，文化和旅游部办公厅发布了《国家级非物质文化遗产代表性项目保护单位名单》，其中八卦掌、通背拳项目的保护单位均为北京市武术运动协会。当前，北京市武术运动协会持续挖掘北京独有的武术文化资源，并致力于努力提升北京武术文化品牌的知名度。北京

---

① 武冬：《新时代中国武术发展的新思考》，《武汉体育学院学报》2020年第2期，第53~58页。

市武术拳种多样，20世纪80年代，原国家体委（现国家体育总局）曾认定了129种武术拳种、门派，据不完全统计，北京现在就有40多个。[①] 为实现武术运动向社会大众的推广，北京市社区武术比赛于2011年开始设立，每年均吸引了广大武术爱好者的参与。时至今日，天坛公园已成为中国武术文化传播与推广的重要窗口。

（三）龙狮

龙狮运动即舞龙、舞狮，以其较强的观赏性和美好的寓意一直深受广大群众的喜爱，尤其是在逢年过节或庆典仪式上，舞龙舞狮已是常见的表现形式。作为中华民族传统文化的瑰宝，39项龙舞和21项龙狮被列入国家级非物质文化遗产代表性项目名录。北京狮舞分为太狮和少狮两种类型，狮舞（白纸坊太狮）于2008年被列为第二批国家级非物质文化遗产。

1995年中国龙狮协会成立，主要负责龙狮活动的组织、管理和推广工作。在协会的有序组织下，中国舞龙舞狮的竞赛和交流活动日益频繁。北京市作为中国龙狮协会和国际龙狮总会的总部城市，更是积极响应龙狮运动的普及工作。北京市积极开展民族传统体育进校园活动，并将舞龙舞狮这一团体活动积极引入多个中小学。北京市第八十中学睿德分校获"全国中小学舞龙舞狮教育示范校"称号。怀柔区北房镇作为秦汉时期古渔阳遗址，舞龙舞狮远近闻名，并享有"舞龙之乡"的美誉。自2017年以来，北房镇连续举办三届渔阳龙狮文化节。北京市有多个知名的舞龙舞狮社会团体。如京西蓝靛厂义振旗缘太少狮会（原名万福顺义太少狮会）作为海淀区级非物质文化遗产，具有悠久的历史。成立于2000年初的崔各庄乡舞龙舞狮团，现有约30名成员，该团不仅参与北京市及各区县的演出活动，还受邀参加过多国或地区的文化交流活动，如2019年3月在希腊举办的"帕特雷市嘉年华演出活动"。

---

① 《北京市武术运动协会传统武术展演活动在京举行》，新华网，2019年10月28日，http://www.xinhuanet.com/enterprise/2019-10/28/c_1125162051.htm。

（四）毽球

毽球是在我国民间踢毽子活动基础上发展而来的民族传统体育项目，民间踢毽已有2000多年发展历史。在1995年全国少数民族传统体育运动会上，毽球成为正式比赛项目。由于毽球对场地及环境的要求较为简单，且对腿部、腰部及关节灵活性的锻炼效果显著，因此深受各个年龄和性别群体人们的喜爱，在北京市各个公园、社区，随处可见踢毽子的人群。

北京市毽绳运动协会于2003年成立，其主要任务为组织各类竞技比赛、开展群众毽绳活动、组织相关科学研究及培养毽绳人才等。此外，为促进毽球运动的开展，北京市体育局及各区县体育局会举办各类毽球裁判员培训，通过理论和实践考核，选拔和培养优秀的毽球裁判员以促进毽球赛事更好的开展。各区县体育局也常举办社会体育指导员毽球培训班，以加强毽球社会体育指导员队伍建设，提高全民健身服务的能力水平，同时提高群众对毽球运动的参与度，让社区居民了解并体验到毽球运动的魅力。北京市每年举办多种类型的毽球赛事，如北京市国际毽球公开赛、首都高校大学生毽球比赛、京津冀健身毽比赛。其中北京市国际毽球公开赛是各地毽球运动员和毽球爱好者交流的品牌赛事，2019年共吸引了来自各省市区系统及社区的113支代表队的近800名选手参与。

四 民族传统体育发展的形势展望与建议

（一）完善可持续发展的制度保障，建立多主体参与的协同机制

一是建立和完善项目清单。2016年10月，国家体育总局办公厅和国家民委联合发布了《关于开展少数民族传统体育调研工作的通知》，各地也根据地方民族传统体育发展实际进行了挖掘、整理与归档工作，但在调研过程中也发现部分项目传承流失的现象。未来应进一步提高民族传统体育项目认定的科学性，建立和完善项目清单，建立符合开发和可持续性发展的保护制

度。二是推动标准建设。《2019年体育标准化工作要点》中提到，要促进民族传统体育的对外交流，提升体育标准国际影响力，做好系列标准的发布和立项前期工作。①《2020年体育标准化工作要点》又进一步提出要继续推动民族传统体育设立新的国际标准化组织技术机构，推进民族传统体育国际化发展。② 因此，未来要持续加强民族传统体育的规范化发展，建立健全民族传统体育项目开发与发展的国家标准和地方标准。在标准实施过程中，注重标准性与趣味性的结合，以使项目在规范化发展的同时吸引更多人参与。三是加强资金保障。立足于民族体育文化传播的目标导向，将民族传统体育发展纳入区域发展规划中。开拓民族传统体育发展的融资渠道，如设立专项经费、体育彩票划拨、社会参与等。鼓励社会力量积极参与到民族传统体育项目的投资、活动组织和器材生产中来。

（二）加强民族传统体育改革创新，推进项目旅游和休闲化开发

人们了解民族传统体育项目多是依托电视或网络的赛事和节庆活动，由于认知不足而导致参与热情的低下，民族传统体育项目在发展过程中缺乏广泛的群众基础。在挖掘和开发民族传统体育项目中，应注重民族传统体育项目历史性与时代性、民族性与世界性的统一，不断创新发展模式。具体来看，要推进民族传统体育与社区、学校的进一步融合。使学生转化为民族传统体育项目的支持者和实践者，使社区居民成为民族传统体育文化的认同者和传播者。要推进民族传统体育与地方旅游业发展的有机结合。推进太极拳、武术、龙舟、舞龙、舞狮等民族传统体育项目的旅游开发，推动游客从观望者向观赏、参与的转变，结合项目发展实际，因地制宜推进产业化发展，培育其成为助力体育旅游发展的新亮点。开发组织具有中国民族特色和各地方特色

---

① 《体育总局办公厅关于印发〈2019年体育标准立项指南〉和〈2019年体育标准化工作要点〉的通知》，中华全国体育总会，2019年6月12日，http://www.sport.org.cn/xhgg/2019/0612/242726.html。

② 《2020年全国体育标准化工作要点》，山西省体育局，2020年5月18日，http://tyj.shanxi.gov.cn/video/show-1533.html。

的民族传统体育赛事，扩大赛事影响力。发挥较大城市在国际性民族传统体育赛事方面的引领作用，高度重视较小城市民族特色赛事举办对我国民族传统体育影响力的提升作用。要充分挖掘民族传统体育在地方扶贫和乡村振兴中的作用，以政策扶持民族传统体育相关企业发展，推动产业融合，推动民族传统体育发挥其综合带动作用。在民族传统体育创新发展过程中，应协调处理传统文化开发利用与保护的关系，避免传统项目和传统文化的过度商业化开发。

（三）深入挖掘特色项目文化内涵，以品牌为引领扩大国际交流

民族传统体育首先是民族的，由于各个民族具有居住的典型地域特点，使得民族传统体育的继承主体具有明显的地域性。因此，从全国范围来看，民族传统体育传承与传播的一大制约因素是地域限制和文化空间所导致的难以进行跨区域、跨文化、民族间的自然流动。近年来，随着城镇化进程加快，城镇化带来多民族人聚集的同时，也带来了更加多元文化的汇合，在人口加速流动和多元文化的冲击下，部分民族传统体育文化既面临本民族青年人才流出而使民族传统体育人才断层，又面临更加多元文化群体聚集对特色民族体育关注度不够的危险局面。在这一背景下，民族传统体育文化的挖掘和品牌的打造就成为首要之义。一方面，要有民族的就是民族的荣誉感与使命感，结合历史传统和时代要求，深入打造本民族体育特色项目，以灵活多样的赛事活动或展览展出等形式来不断提升民族品牌形象；与此同时，要以弘扬中华体育精神为导向，坚定体育文化自信，完善民族传统体育项目的文化传播机制建设，支持申报非物质文化遗产。另一方面，要真正做到民族的就是世界的，就需要不断扩大国际交流，通过讲好中国民族传统体育的历史故事、传播中国民族传统体育传承发展的新形象。积极利用国际体育赛事和中国少数民族运动会等功能平台，打造成为传播中华民族传统体育独特魅力的交流平台和示范窗口。例如，共建"一带一路"国家民族众多，各民族具有独特的体育活动，可以以"一带一路"民族体育传承与交流为突破口，加大民族传统体育的宣传力度，开发彰显中华民族特色的多元化活动，打造民族传统体育项目典型示范，树立各民族共享的、美美与共的中华民族形象。

G.11
4.0时代中国演艺产业发展路径探析

吴金梅[*]

摘　要： 在全球演艺产业迭代升级的大背景下，中国演艺产业正在迈上新的台阶。依托中国的大市场，在演艺产业化、资本化、普及化、数字化的总体趋势下，中国演艺产业既有机遇也面临挑战。做好顶层设计、构建演艺生态、打造中国IP、应用新技术实现演艺产品创新、加强政策引领、规范行业运行是中国演艺产业发展的路径选择。

关键词： 演艺产业　演艺生态　演艺IP

演艺活动是满足人们精神需求的文化产品，音乐、歌舞、戏剧、戏曲、芭蕾、杂技等各种类型的演艺活动丰富了人们的精神生活，展示了历史和人文风情，促进了各地区、各民族的交流。以演出为核心，与之相关的创作、策划、经济、票务等所形成的集群共同构成了演艺产业。经过多年发展，演艺产业生产模式已由单一产业资源聚集转型为多产业融合共生。当前全球演艺产业正在迭代换挡，中国演艺产业既面临发展的新机遇，也面对新挑战。

一　全球演艺产业迭代升级

从世界范围来看，演艺产业通常与其所在地区的社会同步发展，作为浓

---

[*] 吴金梅，中国社会科学院旅游研究中心副主任，北京城市副中心投资建设集团副总经理，研究员，正高级经济师，主要研究方向为旅游政策、旅游产业发展。

缩展示社会政治、经济、文化、生活的特有形式和重要载体，全球演艺产业经历了从分散到集中、从古典到通俗、从传统到多元，再到结合高新技术实现多重体验的发展过程。从市场分布来看，目前北美是全球最大的演艺市场，其市场份额为42%，欧洲演艺市场占比为27%，亚洲演艺市场占比为23%，南美、非洲、大洋洲等其他区域总占比为8%。当前，全球演艺产业正处在从3.0时代迈向4.0时代的过渡阶段。

（一）全球演艺产业发展历程

从演艺成为一个产业开始，全球的演艺产业从1.0时代到3.0时代已经走过了三个时代。在不同时代，其形成动力、剧场形式、剧目内容、表现形式都有所不同。

全球演艺产业1.0时代，推进演艺产业发展的动力主要来自政府（宫廷）、教会、资本团体，这些主体以赞助等形式为演艺产业提供了基本的动能；在剧场形式上，1.0时代主要为传统的实体剧场，剧场规模普遍较大，具有地区代表性；这一时期，在剧目内容上多为表现奢华宫廷生活、宗教故事等内容的作品，以莎士比亚和塞万提斯等人的戏剧作品为代表；在表现形式上，话剧、歌剧等是主流表现形式，舞台和环境设施较为简单。

全球演艺产业2.0时代，相较于1.0时代，民间资本资助的团体和自主营利性团体增多；以原有剧场为基础，演艺相关产业快速发展并聚集，开始出现了演艺产业集群；在这个时期，实体剧场呈现大规模具有代表性剧场与普通小剧场互为补充的格局；除传统的话剧、歌剧外，爵士、蓝调等通俗音乐，以及音乐剧、舞蹈等形式出现，丰富了演艺舞台。

进入全球演艺产业3.0时代，原有的演艺产业集群发展带动了周边的餐饮、酒店、零售商业等产业的发展，配套完善的演艺全产业链形成；演出场所已不再依赖传统实体剧场，流动舞台、实景山水、历史建筑、主题乐园和街头广场都成为演艺活动的可用空间；演艺活动呈现多种形式复合的特征，声、光、电和现代科技成为演艺活动的重要支持手段。

（二）迭代发展由3.0时代向4.0时代过渡

从演艺活动的需求端来看，随着社会的发展和物质的丰富，人们对于精神产品的需求逐步升级，传统演艺活动从内容到形式已经不能满足人们的需求；从演艺活动的供给侧来说，技术的进步尤其是互联网、电子技术及智能装备的发展，使得演艺活动从内容创作、表现形式到观演形式都有了更多的技术支撑、有了更多的表现方式。现阶段，供需两端正在共同发力引领演艺产业迈向新时代。

在这个阶段，全产业链集群进一步发展，聚焦度和专业度进一步提高，演艺产业与旅游、金融等产业充分有机结合；表现形式更加多元，线上舞台与线下舞台结合，使得观演形式和渠道更加丰富；内容多样，多种风格与内容并存，满足各类消费群体需求；新技术支撑新体验，沉浸式演出出现，5D全息投影、VR/AR等技术使观众有了前所未有的观演感受。

二 中国演艺产业稳步前行

中国演艺产业经历了改革开放之初的快速发展、急剧扩张、海外资源进入的泡沫式增长之后理性回归，近年来呈现了平稳增长的总体态势，当前已经进入了稳步发展的时期。

（一）中国演艺产业的发展方向日益明朗

"十一五"时期，《文化部关于加快文化产业发展的指导意见》首次明确表述了"演艺产业链"，要求"积极整合创作、院团、剧场、经济等演艺资源，形成剧本创意、演出策划、剧场经营、市场营销、演艺产品开发等紧密衔接、相互协作的演艺产业链"。

"十二五"时期，《文化部"十二五"时期文化产业倍增计划》将演艺产业作为重点行业，提出了要加快演艺与旅游等相关产业的融合，培育旅游演艺市场，丰富旅游演艺产品，避免同质化，设计开发演艺衍生产品，延伸演艺产业链。

"十三五"时期,《文化部"十三五"时期文化产业发展规划》提出要打造精品剧目,大幅扩大城乡居民演艺消费规模。促进高新科技在演艺行业中的应用,加强小剧场、文艺演出院线等文化消费场所基础设施建设,加快推进以演出剧场为中心的演艺产业链建设。

(二)演艺产业稳步成长,市场化尚未完成

中国演艺市场规模稳步扩大。数据显示,2014～2018年,我国演艺市场规模增长扩大,演艺总收入由2014年的434亿元增长到2018年的514亿元,其中票务市场收入稳定(见图1)。演出场次数稳定略有下滑,以北京为例,2017～2019年北京分别举办营业性演出24557场、24684场、22823场,[①] 演出场次维持在较高水平。

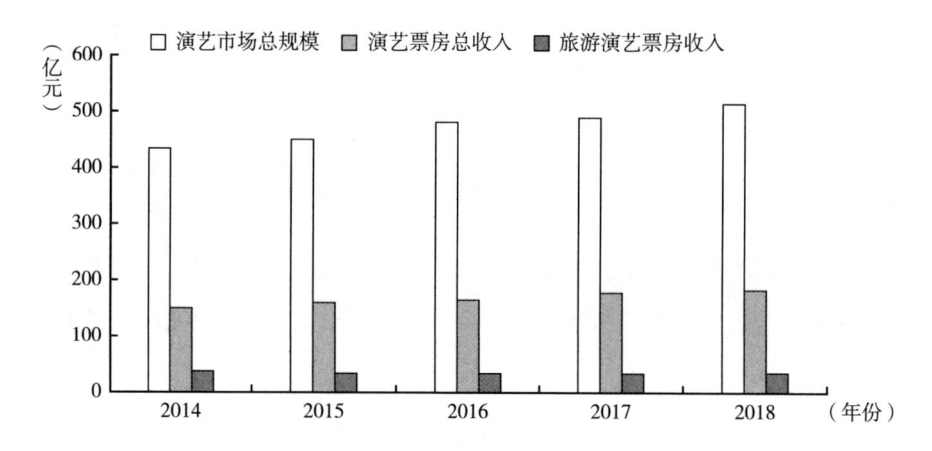

图1 2014～2018年中国演艺市场规模

资料来源:2014～2018年《中国演出市场年度报告》。

中国演艺市场收入构成显示尚未完成市场化发展。2014～2018年中国演艺市场各类型演出的票房收入大部分实现增长,其中专业剧场是票房收入的主要来源。在表演形式上,演唱会、音乐节近年来持续升温,已经超过旅

---

① 北京演出行业协会。

游演出成为第二大票房收入类别。旅游演出受取消捆绑消费等销售政策的影响，票房增长放缓（见图2）。

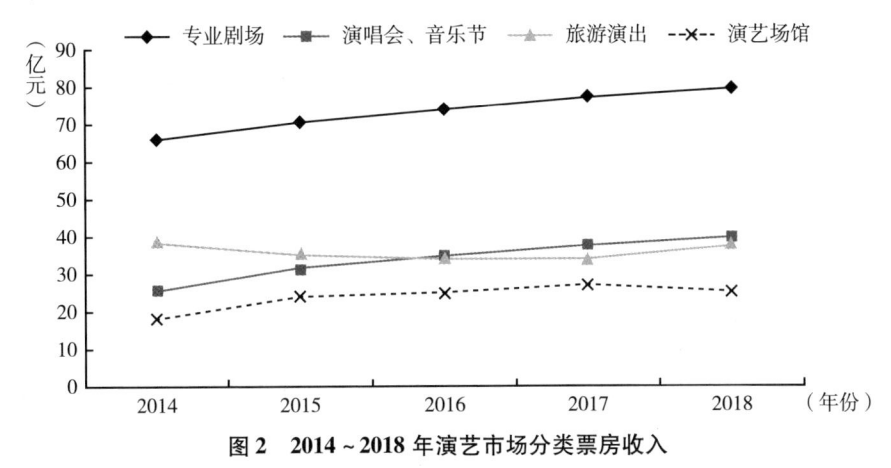

图2 2014~2018年演艺市场分类票房收入

资料来源：2014~2018年《中国演出市场年度报告》。

从数据分析可见，演艺市场各类收入占比中演艺票房收入（含分账）是主要来源，政府补贴收入（不含惠农）居各类收入中的第二位，获取政策支持仍为主要营利手段，中国演艺产业市场化尚未完成（见图3）。

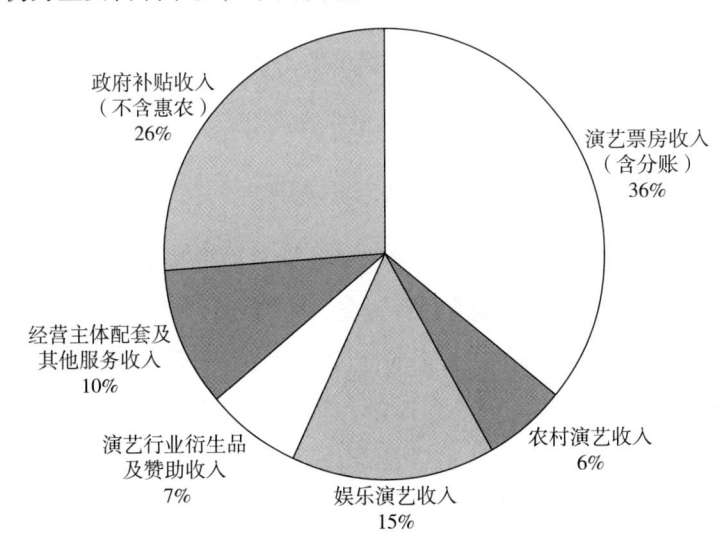

图3 2018年演艺市场各类收入占比

- 政府补贴收入（不含惠农）26%
- 演艺票房收入（含分账）36%
- 经营主体配套及其他服务收入 10%
- 演艺行业衍生品及赞助收入 7%
- 娱乐演艺收入 15%
- 农村演艺收入 6%

资料来源：2018年《中国演出市场年度报告》。

（三）演艺产业发展格局初步建立

从演艺产业市场格局来看，演艺产业上中下游全链条上 7 个紧密联系、相互协作、前后联结的产业已经形成，中国演艺产业基本格局已经建立（见图 4）。

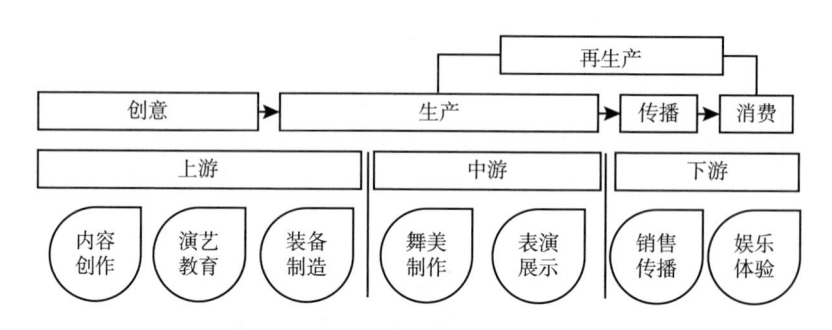

图 4　演艺产业发展格局

从演艺机制体制来看，各类演艺生产单位由事业型向企业型的转变快速推进，经营型、效益型成为转变发展的主导方向，并已取得成效，市场演化的体制转变基本完成。除了国有演出单位，集体、个人、股份制等形式的演出实体不断发展，出现了多种经济成分并存共荣的局面。国有演出公司经营能力迅速提高，涌现了一批具有较强经济实力的大型演出公司，其成为演出流通环节的中坚力量。

（四）细分市场活力逐步显现

新技术进入演出装备市场，服务需求扩大。演出装备是演艺活动的基础支撑。随着 VR 设备、微型麦克风等设备进入市场，高质量演出设备的需求越来越大，全套活动服务解决方案的提供成为装备产业的发展趋势。

小剧场发展快，满足了小众需求。2019 年，北京小剧场演出场次达 8096 场，观众人数达 135 万人次，较 2018 年增长 8.96%；票房收入为 1.55 亿元，较 2018 年增长 7.12%，[①] 呈现良好的增长态势。近年来，小剧场运

---

① 北京演出行业协会。

营逐渐成熟，并已逐步形成了自己的品牌与内容定位。

音乐演出收入增长，音乐剧表现亮眼。以北京市场为例，2019年音乐剧观众人数较2018年增长13.33%，达48.6万人次；票房收入增幅为61.43%，达1.46亿元。[①] 热门音乐剧纷纷推出，市场反应热烈，如改编自东野圭吾小说的音乐剧《白夜行》等受到广大青年观众的喜爱，《芝加哥》《猫》等国外经典音乐剧的引进，给音乐剧市场带来了稳定的观众和更高关注度。

三 演艺产业发展的趋势、机会与挑战

当今世界正在发生一系列的变化，来自政治、经济、自然等各个方面的改变深刻地影响着社会发展和人民生活，特别是2020年全球暴发的新冠肺炎疫情，在很大范围内、很大程度上冲击了各国的经济发展和社会生活。在当前这个时间点上，全球演艺行业呈现出步入新时期的趋势特点，同时演艺行业也正在面临一系列新挑战和新困难。寻找空间与机会、谋划生存与发展是当前全球演艺产业共同面对的问题。

（一）4.0时代演艺产业发展趋势

一是演艺产业化，产业价值链延伸。全球演艺产业在做强自身的同时，与旅游、零售、教育等多个产业融合，其价值链不断延伸。演艺与旅游进一步融合的背景下，主题乐园、实景演出、音乐节、戏剧节等各种演艺形式活跃呈现，与城市的文化、建筑、饮食等旅游吸引要素有机结合，成为具有独特吸引力的文化旅游城市发展的突破口。演艺与零售业结合，演艺衍生品出现，演艺产业通过内容打造，形成具有商业吸引力的品牌及IP，刺激新产品、新内容的呈现并转化为可消费的实体内容，在丰富演艺产业价值链的同时，也延长了演艺感受的时间、扩大了演艺感受的空间、扩大了市场。与此

[①] 北京演出行业协会。

同时，演艺产业的发展对于专业性演艺人才的需求促进了演艺教育的发展。演艺产业同时也发挥着教育作用，尤其是对青少年。各种演艺形式，特别是戏剧，因其内生的"体验感"成为青少年教育的有效载体。

二是演艺资本化，多元融资渠道形成。近年来，随着演艺产业在全球繁荣发展，演艺产业逐步实现了多元融资渠道，资本的注入为演艺产业的繁荣发展提供了支持和保证，同时资本获得的丰厚回报使这一投资循环形成了良性互动。从渠道上看，银行贷款、直接投资、股权/债权融资、基金投资、产业基金、政府直接投资、风险投资/私募基金、上市融资等多种融资渠道均已被打通；从主体上看，银行、企业、机构投资者、个人投资者、政府等各类主体都参与了演艺产业投资活动；从产品上看，各类金融衍生品、保险产品的介入为演艺投资提供了风险缓释的方式。

三是演艺普及化，丰富了大众文化生活。世界各地的街头演艺活动已经成为地方的文化特色之一；戏剧社、合唱团等演艺社团通过爱好者、参与者的活动完成了演艺的全过程展现；以毕业晚会、企业年会、机构庆典演出等为代表的演艺活动成为大众广泛参与的演艺形式；而以巴西狂欢节、草莓音乐节为代表的各类节事演艺活动更是带动了成千上万人同舞共唱。

四是演艺数字化，全面创新了演艺体验。科技创新与互联网正在颠覆传统演艺产业格局，为演艺产业向数字化发展提供了支持。一方面，原有的演出机构纷纷加速进军线上媒体，如英国国家剧院从2009年就开始打造高清戏剧电影，舞台与银幕的数字化结合已经成为趋势；另一方面，互联网技术的发展使得创作、演出内容制造、自媒体演艺形式创新等一系列全新的形式与内容开始出现，并对原有的传统模式形成了冲击。新冠肺炎疫情的出现加快了演艺从线下走向线上的步伐，各演出实体纷纷开启了线上"舞台"。

（二）演艺产业发展的机会与挑战

基于环境条件、技术进步、经济运行方式的变化，原有演艺产业链条中的一些环节正在经历颠覆式的改变。面对危机与挑战，一些主体将被淘汰，同时面对新的机会与空间，一些新主体将产生并得到发展。或者主动应变，或者被动重生，当前的挑战与机会特别值得关注。

一是发展格局的变化促进演艺资源流动。从全球范围来看，受多种因素的影响，发展格局将出现变化，地区性的发展不均衡将在今后一段时间内存在。演艺活动作为根植于社会经济生活之中的文化活动，其发展需要依托社会的稳定发展和相关产业的支撑。按照市场规律，演艺资源会向发展速度快、发展条件好的地区流动，中国等区域将是资源流入的主要目的地。从机会上来说，中国的演艺发展将获得更多的资源支撑，同时也将获得更先进的创作、运营、装备方面的经验，这将有助于中国演艺产业的发展。与此同时，中国演艺产业的各类主体将面临更强劲的竞争，学习、追赶、合作、共舞，是未来发展必须经历的过程。

二是观演需求升级促进内容形式创新。随着文化产业的发展，人们精神需求的满足已有了更多选择，网络、手机等电子设备的普及很大程度上改变了人们获得文化娱乐享受的方式，社会行为、社会心理正在发生深刻变化，快节奏的生活使得"文化快餐"受到青睐。与电子设备普及、快餐式文化产品需求增加相适应的是内容产品需求量日益增长。从最初的舞台，到影视，到实景，到直播，到沉浸体验，在短短几十年内人们不断享受演艺表现形式创新带来的新奇，并对演艺充满更多的期待。从机会来说，新的需求将带来新的更大的市场空间，将拉动创作、制作、演出、经纪等整个产业链的发展，同时也将不断催生新的业态，吸引新的资源。从挑战来说，原有的演艺市场将被挤压，特别是新冠肺炎疫情带来的演出限制使得一些演艺相关企业、机构、组织的生存受到威胁，网络传播带来的运营模式变化改变了产业链原来的利益分配格局，使得部分环节被裁掉，新的消费习惯的形成也将给演艺市场带来较大的影响。

三是科学技术进步带来转型升级新契机。声、光、电等技术的突飞猛进，使得演艺有了更多更酷炫的表现形式，VR、AR技术的应用，5G+8K等网络技术、传播形式的不断升级使得演艺有了更多的受众和更广阔的展示空间，而自媒体的发展则瞬间扩大了演艺供给。从机会来说，技术的进步使得演艺有了更多作品呈现，表现形式原来受到的约束都在技术的支撑下被一一破解，线上演出渐成气候，成为产业新增长点，更多的市场需求和资源供给以网络为平台向演艺聚集。从挑战来说，网上观演等消费行为将对演艺产业原有的利益链条形成冲击，同时先进的技术也将替代原有的演艺活动，如虚拟技术在一些场合可以替代真实的表演。

四是跨界融合发展形成演艺新动能。演艺正在与各个产业相伴发展，无论是"演艺+"，还是"+演艺"，在融合发展的大背景下产业的结合与碰撞都展现了新的活力。旅游和演艺结合下的实景演出、教育和演艺融合下的文化展演、演艺和科技共生的全新呈现……都展现了强劲的发展动力。从机会来说，随着演艺与生活服务业等各个业态融合发展，演艺有了更广阔的发展空间，产业结合下的动力组合倍增了发展的能量。从挑战来看，在融合发展中提升文化艺术品质将面临更高要求。

四　中国演艺产业发展的路径选择

在全球演艺产业迭代升级的大背景下，中国将全面建成小康社会，开启全面建设社会主义现代化国家的新征程，向第二个百年奋斗目标进军。中国有着深厚的文化积淀，随着物质文化丰富步入新时期，中国演艺产业发展有机会快步跃上新台阶，引领国际潮流。

（一）谋划发展蓝图，推动演艺产业升级

在中国演艺产业的发展中，顶层设计、上位指引一直不足。通过汇集政府、百姓、业界及相关各方智慧，在文化与旅游整合发展的大格局中，对"十四五"时期中国演艺产业发展进行全盘谋划，做好中国演艺产业发展的顶层设计，全面谋划中国演艺产业发展，是中国演艺产业发展的关键。应明确发展目标路径，整合相关资源，完善保障措施，确定引领型产业、支撑型产业、培育型产业、机会型产业、配套产业和衍生产业等不同层级的发展重点，全盘谋划、总体引领，从而快速提升中国演艺产业在国际上的竞争力。

（二）激发市场活力，构建演艺生态

基于当今世界的一系列情势之变，"以国内大循环为主体，国内国际双循环相互促进"的重大战略调整应运而生。对于中国演艺产业来说，国内大市场积蓄着强大发展能量，满足国内多层次不断升级的演艺需求，提升中国演艺产业的竞争力，建立立足国内、联通世界、走向世界的发展格局将使中国演艺产业在世界演艺产业发展中形成先发优势。围绕演出活动运用产业扶持、资本注入、市场环境打造等多种手段，持续激发创作、策划、经济、票务等产业中各主体的活力，加强产业融合，重构产业链条，不断吸引娱乐、数字文化、旅游、装备制造、动漫、网络等业态与演艺产业深度融合发展，为演艺产业提供创新动力。聚集演艺资源，建设都市演艺小镇等演艺聚合区，打造区域发展的演艺生态，形成代表中国演艺水平、比肩百老汇和伦敦西区的演艺新高地，对接世界，引领中国演艺发展。

（三）打造中国IP，加强内容创造能力

中国演艺产业要积极承担弘扬中华文明、建立文化自信的责任，要充分发挥演艺产业特定优势，深度挖掘中华民族的文化资源，将中国传统历史文化和民间特色文化融入演艺作品创作，积极展示百姓生活与社会进步，提高演出的文化承载力。中国的才是世界的，要着力打造具有世界影响力的中国演艺IP。加强各类别演艺活动与世界的交融、交汇，通过艺术创新让文化"活"起来，为观众提供精神娱乐产品的同时，提升其文化境界和艺术鉴赏能力。

（四）应用科技手段，创新载体形式

紧跟数字化、智能化、智慧化、集成化发展趋势，以互联网、高新技术为动力，实现产业升级。充分利用《关于促进文化和科技深度融合的指导意见》等政策，加快演艺生产、制作、消费的网络覆盖、配套服务等基础设施建设。将新冠肺炎疫情之下创新举办的"云剧场""云音乐节""云演

唱会"等表演形式完善固化,形成线上观演的演出"新风口"。在5G普及的背景下,利用VR、AR等数字虚拟技术打破原有演艺形式与观众间的壁垒,推动沉浸式观演升级,完善演艺配套服务,用高质量演出设备提供全套活动解决方案。文化演出在空间上,应借助新技术的支撑,积极与商场、地铁、书店、户外公共空间等结合,在专业剧场外开辟新的演艺空间。行业管理部门、行业协会要积极对接高新产业,发挥我国研发及制造全产业链的优势,主动提出需求、促进新技术在演艺产业中的应用。

(五)加强政策引领,完善行业规范

不断完善政策体系,引领市场资源向优势环节投入,支持弱势环节,实现可持续发展,健全配套和支撑体系,使其与演艺行业共同发展。用好各类现有政策和资金支持,先行做好区域环境打造、市场培育、人才引进、网络建设等的提升,充分发挥财政资金引导作用,增加优质消费和有效供给,在演艺教育、金融支持、国际交流等产业生态建设上持续加强政策引领。发挥政府监管、行业自律、主体自觉多个方面的积极性,建立与国际接轨的演出产业标准,营造健康有活力的市场环境,促进演艺市场规范健康发展。

参考文献

徐磊:《新型冠状病毒肺炎影响下,中国演艺产业的发展路径》,《戏剧之家》2020年第13期。

沈芬、肖剑忠:《杭州演艺产业发展策略研究》,《江南论坛》2020年第2期。

G.12
新形势下中国电影市场的转型与应变

曲丽萍 郭卿宇*

摘 要： 2018年以来，中国电影市场规模增速放缓，观众日趋理性，投资方更加审慎，电影制作成本攀升，传统的宣传发行方式没落，视频平台发展迅速，网生内容对观众的争夺加剧。进入新阶段，中国电影市场转型加快，院网融合提速，网络电影异军突起，互联网企业再次进军电影产业，传统电影公司开始布局电视剧和网生内容，发行公司转向制作，经纪公司开始多元化经营。面对快速变化的市场，影视公司和从业人员正努力适应并力求创新。

关键词： 电影市场 产业转型 院网融合

2010年开始，中国电影市场进入快速发展阶段。伴随票房的持续增长，以及商业购物中心的建设和县级影院的扩张，中国的银幕数量持续走高。2010~2015年，银幕数年均复合增长率为38%。2016年全国银幕总数为41179块，中国成为世界上电影银幕数量最多的国家。2015~2019年，中国的银幕数量从31600块增加至69787块，电影院数量也达到了12408家。[①]伴随银幕数量的增长，国内电影票房也从2010年的101.7亿元增长到2015

---

* 曲丽萍，上海大学上海电影学院副教授，主要研究方向为影视产业、文化产业规划；郭卿宇，江苏省广播电视集团三级导演，主要研究方向为文化产业、影视传播。
① 国家电影局发布数据。

年的440.7亿元。2015年中国电影总票房为440.7亿元，同比增长48.7%，全年观影人数为12.60亿人，同比增长51.1%。2017年中国电影总票房为559.1亿元，比2016年的492.83亿元，增长近13.4%。① 截至2017年，随着幸福蓝海、横店影视、金逸影视等院线公司陆续登陆资本市场，中国影视类上市公司已有17家。2018年对于中国电影市场而言是一个值得关注的年份，电影票房突破600亿元大关，达到609.8亿元，较2017年增幅为9.1%，近十年来增长速度首次低于10.0%；全国银幕总数为60079块，全年新增银幕9303块，同比增长18.3%，增幅也是近年来最低。2019年，全国共生产影片1037部，票房为642.66亿元，同比增速回落为5.4%。② 票房和银幕数量增速减缓，是市场变化的明显标志，更多的因素表明，中国电影市场进入了一个新的发展阶段。

一　中国电影市场进入转型期

（一）资本退潮后市场游戏规则的改写

自中国电影市场步入发展的快车道，每年两位数的增长率使得电影行业成为资本热捧的对象，过度投资给行业带来诸多不正常的现象：影院建设与商业地产捆绑，对市场容量考虑不充分；IP被争相抢购，小说及网络文学作品的影视版权交易价格频创新高；演员出现天价片酬且其片酬占投资比重过大，部分一线流量明星的片酬占电影全部成本的50%～80%，严重挤压电影制作和内容空间；制片方仅凭一个梗概或一位流量明星，就可以拿到全额投资等。诸如此类的情况屡见不鲜。在这一阶段，资本运作成为电影市场的主角，而忽视市场和观众盲目投资的后果很快就显现出来了。

---

① 国家电影局发布数据。
② 国家电影局发布数据。

2015~2019年，全国观影人次从12.60亿人增长至17.27亿人。观影人次的增长率远不及银幕数，除了2017年观影人次相比上一年增长了18.08%外，其余几年增长率都在10.0%以下，2019年增长率更是仅为0.6%（见图1）。①

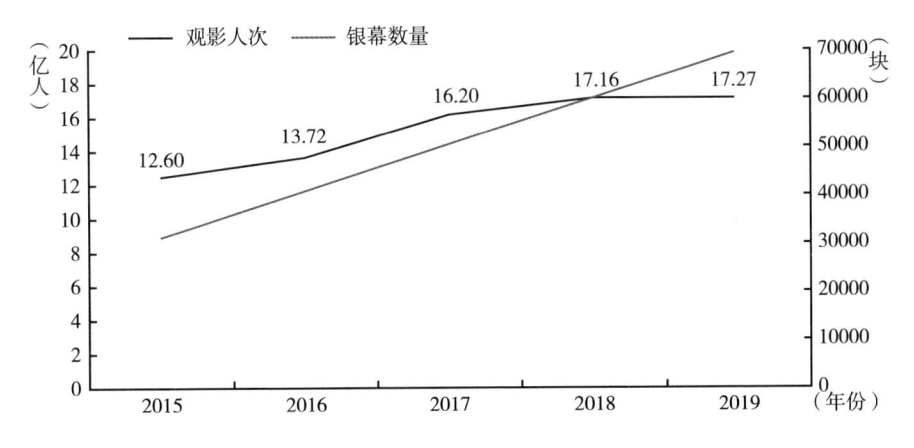

图1 2015~2019年全国观影人次、银幕数量增长情况

资料来源：国家电影事业发展专项资金管理委员会办公室。

中国电影观影人次增速放缓，一方面是由于以猫眼和淘票票为代表的网络平台通过票补拉新已到瓶颈，而政府相关部门对票补也进行了限制；另一方面是由于观众日益趋于理性，提高了对影片内容的要求。而且，一、二线城市的影院建设已趋于饱和，几年来粗放式的影院建设导致观影人次增长与影院银幕数的增加不匹配。

2018年以后，IP电影热度减退，既能赢得关注度又能够普遍赢得票房的IP影片屈指可数。另外，逃税风波引发的对于明星片酬的整治并没有明显的效果，制作成本仍然居高不下，而天价片酬并没有让获利的演员真正承担起票房担当。与此同时，中国经济进入下行周期，实体经济增速放缓，而影视业本身流动资金有限，资金占用量大，回款周期长，资金短缺成为常

---

① 国家电影局发布数据。

态。电影行业的高风险和高不确定性也影响了投资方的热情，投资人开始处于观望状态。从2017年下半年开始，电影行业的场外资金就已经开始减少，新冠肺炎疫情发生之后这一趋势更加明显。相较以往，电影市场高速发展状态和市场规则已经改变了。

（二）视频平台对影院冲击的加剧

近年来，以爱奇艺、腾讯视频、优酷为代表的视频平台发展迅速，在影像传播领域的话语权得到提升。2020年春节，当文化产业中绝大多数行业都按下"暂停键"时，只有在线视频行业按下了"快进键"。QuestMobile数据显示，2020年春节假期之后，在线视频行业用户规模较之前上涨了17.4%，移动视频的日均活跃用户增量更是从春节前的16%增长至36%。以几大视频平台为例，相较于疫情暴发之前，爱奇艺会员环比增加了1079%，腾讯视频、芒果TV会员环比分别增加了319%和708%。视频平台活跃用户增加，观众收视收听收看习惯改变，其对影院的冲击加剧。

（三）传统发行方式的没落

传统的电影发行方式多为地面网络发行，被派驻在全国各地的发行人通过与电影院沟通来建立和保持合作关系，以提高电影发行率。传统的发行方式能够有效提高电影早期发行速度，为高票价奠定了基础。票务平台的兴起，对传统的地面网络发行方式产生了革命性影响，地面网络发行模式已经受到严重冲击。售前电影的表现让影院提前感知市场的热度，预售数据因此变得尤其重要。

发行公司在受到新冠肺炎疫情冲击时，大多会裁员以保障公司现金流，而首当其冲的就是庞大的地推团队。待电影市场进入恢复期后，出于对未来市场不确定性的考虑，以及线上传播越来越重要的作用，原有的地推团队是否能得到恢复不容乐观，发行公司越来越多地转战线上。这就意味着电影传统的发行方式会比预期更快地终结。

（四）网生内容对电影观众的争夺

2014年，爱奇艺首次提出网络大电影的概念和标准，随后网络大电影迎来爆发式增长。近年来，网络电影观影人数快速增长，2019年"网络大电影"正式更名为"网络电影"，此举反映出行业对网络电影品质和口碑的提升充满期待。2020年春节期间，TOP10网络电影累计观影人次由2019年的1256万人增长至2539万人，TOP10网络电影票房由2019年春节档的3060万元增长至6303万元。[①] 网络电影不受时空的限制，尤其在全民居家期间，相较传统院线电影其有独特优势，传统电影观众转而选择网络电影。

二 被寄予厚望的档期：2020年春节档

（一）2020年春节档定档影片概况

从2013年开始，春节档的票房持续走高，尤其是2016年和2018年其同比增长率约为70%，2015年、2016年、2017年、2018年、2019年春节档七天总票房分别为17.97亿元、30.83亿元、32.3亿元、54.2亿元、54.4亿元，同比增长率分别为39.8%、71.6%、4.8%、67.8%、0.4%，[②] 随着春节档的崛起，更多重量级大片选择扎堆春节档，观影人群及电影业内越来越将春节档视为展示关注度和影响力的标志档期。

2020年春节原定档影片共有7部，分别是《夺冠》、《囧妈》、《姜子牙》、《唐人街探案3》、《紧急救援》、《急先锋》和《熊出没之狂野大陆》。这7部影片或是题材分量重（如《夺冠》），或是有持续热度的品牌延续（如《唐探》系列、《熊出没》系列），或者是由大导演执导（如《紧急救

---

① 骨朵数据。
② 猫眼研究院数据。

援》），或是出品方前有珠玉（出品《姜子牙》的光线传媒之前的《哪吒：魔童降世》票房超50亿元），观众因此保持了期待。

（二）2020年春节档票房预期

2018年，春节档上映的《唐人街探案2》、《红海行动》、《捉妖记2》和《西游记女儿国》最终档期票房总量达到54.2亿元。2019年，包括《流浪地球》、《疯狂外星人》、《飞驰人生》、《新喜剧之王》和《熊出没之原始时代》在内的影片，档期票房总量达到54.4亿元。依据2018年和2019年春节档票房，业界人士推测，按照既定安排，2020年春节档产出的票房乐观估计可能会达到70亿元。

（三）春节档票房归零之后

受突发的新冠肺炎疫情影响，2020年1月23日春节档7部影片全部撤档。之前，7部影片总宣传发行费用已超过10亿元。国内60%以上影城超过50%的利润来自春节档票房。春节档票房的归零，给影院和出品方、发行方都带来了巨大损失。春节档取消对于2020年的电影市场影响巨大，从政府到行业纷纷采取措施，力求将损失降到最低。

三 应对：从政府到行业

（一）政策扶持

地方层面，从2020年2月起，北京、上海、江苏、浙江、四川、广东、湖南、山东等省市纷纷出台政策，支持电影产业发展。各地推出的政策中，江苏推出的"影十条"比较受关注。其中的税收优惠、电影专资征缴使用、降低企业房租成本、加强用工政策保障、发放职业技能培训补贴等政策举措，能够把短期纾困和长远发展结合起来。另外，江苏还持续推进"苏影保"专项电影金融服务，建立电影金融会商协调机制，向电影企业倾斜支小再贷款等政策组合资源，出台电影金融风险分担政策，对电影企业放宽贷款贴息时限，对扩大电影企业贷款增量的金融机构给予奖励，对提供电影融资担保的机构发放财政专项担保补贴。这些政策以及后面的执行引发持续关注。

国家层面，2020年5月12日，国家电影专项资金管委会办公室出台《关于做好电影专资贴息支持影院应对疫情有关工作的通知》等一系列帮扶政策。国家电影专项资金管委会办公室对受新冠肺炎疫情影响严重、资金保障能力较弱的中小影院进行贴息，帮助影院缓解资金困难。5月13日，财政部、国家电影局发布的《关于暂免征收国家电影事业发展专项资金政策的公告》和财政部、国家税务总局发布的《关于电影等行业税费支持政策的公告》指出，湖北省自2020年1月1日至12月31日免征国家电影事业发展专项资金，其他省、自治区、直辖市自2020年1月1日至8月31日免征国家电影事业发展专项资金。据此，电影放映收入不缴纳增值税，可以增加3%的收入；广告收入不缴纳文化建设税，可以增加5%的收入。最长结转年限由5年延长至8年，企业调节空间更大了。2020年7月16日，国家电影局发布通知：低风险地区电影院7月20日开放营业，中国电影市场开始逐步恢复。

（二）行业自救

除了政府和有关部门在政策和资金上的支持之外，电影行业也采取了一系列自救措施，主要包括：影院清理食品库存，与影迷进行线上互动，提前预售套票回笼资金；编剧直播卖剧本；主创团队以劳务抵投资，低成本进行项目研发与拍摄；制作与发行公司与其他有相关业务的企业共享员工；等等。

除上述措施外，影视企业还创新形式，打破融资困境。2020年7月31日，华谊兄弟与招商银行达成战略合作，招商银行向华谊兄弟的影视片单计划提供不超过15亿元的综合授信额度，用于影视项目的开发制作等各环节。在以美国好莱坞为代表的制片体系中，银行根据制片公司的资质，以往出品影片的数量、质量、稳定性、票房等进行综合评估，给予相关企业一定的信用评级及额度，使得制片方通过片单就可以拿到银行贷款，用银行的钱进行拍摄和制作，待影片完成发行放映，收回成本后再向银行还款，这是一个完整、严谨且行之有效的融资渠道。在中国，之前由于市场不成熟、缺乏评估机制与评估人才，没有担保，银行通常不会为影片贷款。因此，华谊兄弟与招商银行的合作是国内第一份基于影视片单的综合授信，为中国影视和商业银行的产融结合开了一个好头。

此外，影视职业教育也在特殊时期为影视从业人员充电。前几年影视产业的飞速发展，使得从业人员素质参差不齐，影视职业教育一直被反复提及，却又一直被忽视。2020年春节后的一段时间内，影视从业人员拥有了充裕时间，线上影视教育开始发力，一些行业资深人士免费开设课程，让更多从业人员能在此期间提升职业技能，以更好的姿态迎接产业回暖。

四 趋势：新形势下中国电影产业的发展方向

（一）院网融合提速

2020年大年三十，由徐峥主演的院线电影《囧妈》转投网络，成为第一部春节档线上首映的电影，同时也成为世界上第一部采用IMAX摄影机拍摄的流媒体电影。《囧妈》的线上发行引发全网热议，并在大年初一收获巨量观影人次。《肥龙过江》等影片紧随其后登陆流媒体。环球影片出品的《魔发精灵2》作为第一部"网络首发"的好莱坞影片，定价19.99美元，在北美上映的头三周吸引了500万名付费观众，并获得了1亿美元的视频点播收入，让电影直接实现赢利。8月，迪士尼宣布《花木兰》放弃北美院线发行，选择于9月4日上线迪士尼的媒体平台Disney+进行付费点播。Disney+订阅用户只要额外支付29.99美元，就可以获得48小时内观看影片的权限，这个价格刷新了线上付费点播的新纪录。这些举措打开了视频平台与影视创作资源深度绑定的切口，引发了电影产业链的变革，加速了院线和网络的融合。从趋势上看，变化的不仅是播出端口，这也意味着传统电影制作公司开始向网络电影、网络剧进行大规模人才转移。

（二）网络电影异军突起

截至 2020 年 5 月底，共有 34 部网络电影分账破千万元，头部网络电影的盈利能力已经达到中等级别的院线水平。其中《倩女幽魂：人间情》凭借 4063 万元的分账票房稳居 5 月分账票房榜冠军，创造了 2020 年 1 月至今全网单平台分账票房新高。3 月下旬上线的另一部网络电影《奇门遁甲》也以双平台 5303 万元的分账票房成绩，刷新了此前《大蛇》创下的网络电影分账票房纪录。可以预见，网络电影异军突起将改变院线电影的生态，开启中国电影产业发展的一个新时期。

（三）互联网企业再次进军影视行业

进入 2020 年，影视业再一次看到了互联网企业的身影。3 月 24 日，抖音文化（厦门）有限公司成立，公司经营范围包括电影和影视节目制作、发行，演出经纪业务，文化、艺术活动策划，文艺创作与表演等。该公司由字节跳动有限公司 100% 持股。字节跳动在春节档购买《囧妈》版权，全网免费播出该影片，由此正式上线旗下网播平台，之后通过购买大鹏、柳岩主演的《大赢家》吸流量拉新需，让字节跳动头条系（今日头条、抖音 App、西瓜视频）这个短视频平台以长视频平台的姿态进入人们视野。4 月 3 日，360 金融开设 Finance Productions 电影工作室，致力于探索将人工智能技术与影视制作结合，通过深度机器学习，建立高拍摄效率、低成本的影视工业智能化流程。长期来看，互联网科技资本与企业的合作将加快对传统影视产业格局的重构，新的电影制作方式、发行与放映模式及盈利模式将不断涌现。

（四）传统电影公司开始布局电视剧和网生内容

电影业务的下滑和未来的不确定性，正促使更多影视公司开辟剧集业务。4 月，一向以电影为主营业务的光线传媒，接连发布了《山河枕》、《君生我已老》、《她的小梨涡》和《麒麟》等 14 部剧集片单；博纳影业也高调涉足网剧领域，出品的电视剧《掌中之物》已经杀青；华谊兄弟近年来电

影业务发展不顺,但剧集业务和网生内容已经成为新的盈利点,2020年,华谊兄弟旗下公司新圣堂影业出品的《人间烟火花小厨》分账票房突破了1亿元,创造了网剧分账票房新纪录。在电影业务不确定的情况下,加大在电视剧板块的投入,已经成为未来两年电影公司的一种趋势。华策影视、光线传媒、欢瑞世纪等成为影视行业上市公司中仅有的几家能够赢利的企业,其主要收入来源都不是电影,而是电视剧。华谊兄弟、光线影业、北京文化、万达电影、博纳影业五家头部电影公司公布了2020年的剧集计划,这五家电影公司2020年电视剧剧集片单总数超过60部。面对新冠肺炎疫情新形势下的市场,电影公司在剧集领域的开拓既是风险防范的手段,也是对电影主营业务的支持和补充。

(五)发行公司转型制作

对于大型发行公司而言,优质大片是它们争夺的对象,很多通过投资成为制片方之一,并以此拿到发行资源。但是,发行需垫付大笔宣传和发行费用,所以优质大片的宣传和发行一直被几家大的发行公司占据。而2020年春节档撤档后出现的影院关停,使得大量的宣传发行资金沉淀,对于发行公司的现金流造成损害。因此在影院关闭、片量变少的情况下,部分发行公司开始逐步转型创作。目前网络电影领域的几大公司,基本上都是从发行起家,以制作奠定行业地位。

(六)经纪公司转向多元化经营

2020年春节后,影视剧开机率降低,艺人拍戏机会减少,综艺改成云录制,线下商演活动更是全面取消。这让众多演员赋闲在家,经纪公司营收明显下降。以壹心娱乐为代表的经纪公司开始进军直播领域。从拼代言到拼带货,直播已经正式进入演员业务范围,也将成为经纪公司的主要业务之一。像壹心娱乐这样的头部经纪公司,平时只需要给艺人接戏就可以,现在都开始转型制作。经纪公司走上多元化经营之路。

（七）观影成为更具仪式感的活动

网络电影和短视频行业的发展，直接改变了受众的观影习惯。互联网时代，观影更加方便，受众拿起手机、打开电脑或电视，可以随时随地收看自身感兴趣的电影。反观院线电影，观众依据自己兴趣和影院的排片，买票进入电影院，自己或与朋友一起享受两个小时身心放松的观影体验，这种体验更像是生活中的调剂品。影院观影正成为一种有仪式感的生活消费。

五 思考：全球语境下电影产业经营与消费方式的变化

快速变化的电影市场使得无论在制作领域还是在发行领域，原有的"成功经验"都纷纷失效。电影产业经营与消费方式不断出现颠覆性的利益重构，重构产业链价值，重构与观众的联结。

（一）对优质内容的需求永不满足

不管是传统影视向网络转移，还是固定端向移动端转移，播出介质可能在不断变化，但是电影/网络电影、电视剧/网剧、综艺、游戏、动漫等文娱体验生产及出版发行行业对于优质内容的需求永不满足。

（二）短视频全面介入营销体系

短视频已成为瓦解传统广告业的主要力量。在直播之外，短视频已经成为各类产品营销推广的生力军。一些反应较快的中小影视公司，正在快速转型成为"视频广告公司"，生产各种剧情类、体验类视频广告，并参与线上线下推广服务。娱乐类、推广类、纪实类短视频的市场规模将远远超过传统影视市场。

（三）"她经济"快速发展

女性群体正迅速成为中国消费的推动力量，为消费品市场贡献大量的收入。从以"芒果TV"为代表的视频平台在2020年春节期间的异军突起，以及市场近年来以女性向审美为基准的影视作品和综艺节目大量推出，可以看出，市场上女性消费意愿与消费能力对电影市场的需求和供给产生了决定性影响。从2020年已进入申报流程的作品数量和题材来看，女性审美作品呈现增长态势。

（四）殿堂化生存和市场化生存并重

当下，市场上最宝贵的是受众的闲暇时光，所有的争夺都是围绕此展开。电影作为大片的展示地、社交场所以及具有仪式感的表现场所会继续存在。小部分电影会强化自身的高级感及品质感，向殿堂化生存靠拢；而大部分电影公司和从业人员将转战网络，网络作品在内容开发、题材拓展、主创团队、卡司阵容、制作水准上的提升将是趋势。更懂得C端付费模式、更敢于创新的影视公司将更具市场竞争力。在行业整体风向上，在打造内容时，应注重政策风向、审查边界、国际关系、外部环境影响。

唯一不变的是变化。中国电影市场进入转型期后，产业链条的每个环节都在发生着或多或少的变化，影视公司和从业人员正努力适应这种变化，并从中力求进行题材类型、技术研发、平台嫁接方式、营销管理模式甚至是知识体系的革新，以更好地服务于未来全球最大的单一市场，甚至是进一步走向国际。

参考文献

智研咨询集团：《2017—2023年中国电影院线市场分析预测及投资方向研究报告》，2017年6月。

中国电影家协会：《2020中国电影产业研究报告》，中国电影出版社，2020。

中国电影家协会：《2019中国电影产业研究报告》，中国电影出版社，2019。

中国电影家协会：《2018中国电影产业研究报告》，中国电影出版社，2018。

〔美〕爱德华·杰·艾普斯坦:《制造大片:金钱、权力与好莱坞的秘密》,宋伟航译,台海出版社,2016。

司若、黄莺:《多元体验建构:疫情下 2020 年中国电影产业发展趋势预判》,《北京电影学院学报》2020 年第 4 期。

刘汉文、陆佳佳:《2018 年中国电影产业发展概况与趋势预测》,《影博·影响》2019 年第 1 期。

G.13
智慧科技助力休闲创新与升级
——以腾讯文旅为例

舒展 黄翠[*]

摘　要： "新基建"为休闲的智慧化发展提供了机遇，市场需求呈现多样化、云端化、理性化趋势，供给呈现融合化、智能化、IP化的特点。新冠肺炎疫情防控常态化之下，以"云休闲"为代表的休闲将缓慢稳步恢复，产业要素联系将更加紧密，康养休闲业态将在智慧科技的助力下实现创新升级发展。腾讯文旅通过发展文旅休闲体验"云上"创新、场景线上重构、IP带动营销等，对促进休闲体验创新、文化和旅游融合、社会经济发展产生重要作用。

关键词： 智慧科技　云休闲　休闲旅游　旅游消费

一　新基建时代休闲的三大变化

（一）休闲需求偏好的变化

1.休闲需求多样化：亲近自然、独自出行、社交互动

休闲是一种满足自我实现需求的活动。休闲价值观实质上是指人们对休

---

[*] 舒展，华中科技大学传播学博士，腾讯文旅产业研究院院长，"一部手机游云南"项目负责人；黄翠，中国人民大学企业管理硕士，腾讯文旅产业研究院副秘书长。

闲与社会发展、工作关系的基本观点与看法，休闲需求受社会发展、环境氛围、收入闲暇、自我发展等因素影响。以旅游为例，2020年4月，中国社会科学院旅游研究中心、腾讯文旅产业研究院、腾讯用户研究与体验设计中心联合发布的《何日更重游？——新冠肺炎疫情下的旅游需求趋势调研报告》显示，新冠肺炎疫情期间，亲近自然、陪伴亲友、社交互动是我国居民最主要的旅游需求。首先，"亲近自然、感受山水"（83.7%）始终是首要休闲动机，自然观光类旅游产品（66.7%）依然是旅游者最偏好的旅游类型，其次是休闲度假类（54.9%）和名胜古迹类（54.9%）。舆情分析显示，复工复产后网民表示更想去亲近自然，游览大好河山，更加注重生态、健康游。其次，个人游超过家庭游，67.7%的旅游者会将个人游作为2020年优先选择的旅游方式，较上年有显著提升（+16.7个百分点），优先选择家庭游（-14个百分点）和团队游（-5.3个百分点）的比例较上年有显著下降。腾讯团队的进一步研究表明，优先选择家庭游比例下降主要是出于对降低老人、孩子出游风险的考虑；优先选择团队游的比例下降，可能原因包括：新冠肺炎疫情导致公司团建减少，远距离旅游、出境游需求减少以及老年人出行受阻。复工复产后，总体旅游动机均值较2019年有所提高（+4.0个百分点），其中进行社交结识新友提高最为显著（+8个百分点），"了解文史丰富知识"（+7.4个百分点）以及"健康治疗修养身心"（+5.0个百分点）也有了较大提高。

2. 休闲方式云端化：在线体验、虚拟体验、安全体验

当前我国休闲发展仍处于较低水平，较为短缺的市场供给与日益增长的需求不匹配。尤其在新冠肺炎疫情防控后期，休闲需求的爆发式增长加剧了这种供求矛盾。在"新基建"背景下，数字技术成为影响文旅休闲产业发展和市场需求偏好的重要变量。根据《何日更重游？——新冠肺炎疫情下的旅游需求趋势调研报告》，以在线、虚拟、安全为特点的云端休闲方式深受大众喜爱。首先，在线休闲需求扩大明显。新冠肺炎疫情防控期间，超过一半消费者使用过"景区在线直播"。另外，40.9%的受访者对"文旅消费补贴优惠券线上发放"感兴趣，认可这种补贴优惠可以促进旅游消费。智慧科技使得部分文旅产品在新冠肺炎疫情防控期间仍能克服时空限制，服务

游客，满足其休闲需求且使用转化比高，此类休闲或将成为复工复产后的一大发展热点方向。其次，新冠肺炎疫情扩大了市场对虚拟化文旅休闲产品的需求。截至2020年4月，在使用过"网络虚拟景区""线上博物馆""数字文博互动小程序"的消费者中，有一半左右在复工复产后仍然通过这些虚拟体验方式来满足休闲需求。随着新冠肺炎疫情防控常态化与虚拟体验产品的普及，虚拟休闲需求将更旺盛。最后，科技强化了大众对卫生安全的感知与信任。超半数旅游者在旅游过程中关注与旅游卫生安全高度相关的"应急救援信息推送"和"客流预警及疏导信息"，"一码通等数字身份识别服务"被40.9%的受访者关注，大多数受访者表示认可该项服务，并觉得有必要持续推广。

3. 休闲消费理性化：信息对称、周边选择、保障消费

时间、预算、风险是休闲计划最关键的因素。根据对人群需求满足的层次划分，旅游消费属于享受型消费，在新冠肺炎疫情影响下显示出较大的消费弹性。根据《何日更重游？——新冠肺炎疫情下的旅游需求趋势调研报告》，大众未来一年的出游动机虽有增加，但有22.2%的人难以估计未来一年相关消费支出增减情况，消费行为将更加理性。首先，移动互联网等技术的普及和旅游休闲内容分享平台的兴起使消费者更加追求信息对称。根据比达咨询的《2020上半年度中国旅游行业发展分析报告》，消费者获取休闲信息的方式已经发生变化，对传统OTA平台、旅行垂直社区的依赖度降低，而更多使用小红书类（63.7%）的内容社区和平台。其次，周边、境内成为最高频的休闲距离选择。根据腾讯团队的进一步研究，在不同旅游类型中，周边游预期出游次数（1.7次）依然最高，而省外境内游的人均出游次数较上年增加最多（+0.3次）。当旅游消费支出增加时，人群优先选择的旅游类型也是省外境内游。最后，受新冠肺炎疫情影响，旅游者在未来一年选择目的地时最看重安全卫生。旅游者对退费政策、应急措施、旅游保险给予更多关注。未来一年，旅游者选择目的地时，"社会安全秩序"、"卫生健康状况"和"自然景观"是最看重的因素。其次是交通、应急措施、餐饮、住宿条件。几乎所有旅游关键因素被看重的比例均较上年有提升，特别是

"应急措施"(+10.2个百分点)、"退费政策"(+8.4个百分点)、"旅游保险"(+7.9个百分点)提升显著。

(二)休闲供给方式的变化

1. 休闲产品的文旅融合化

2019年,我国人均GDP已超过1万美元,文化消费正呈高速增长态势,休闲产品的文化内涵也在逐渐丰富。随着技术的成熟与文化需求的升级,文化遗产、文学动漫IP、诗词书画等文化事物因技术赋能而具有了休闲属性,被活化后的文化事物突破了原有的物理限制和使用方式,旅游休闲的消费价值由此增加。如以"数字故宫""数字秦陵"为代表的小程序,用VR展示、AI问答、IP再造等方式创新文博产品的展陈方式,用新文创方式丰富互动体验,促进文化休闲与旅游休闲深度融合。

2. 休闲服务的智能科技化

新一代信息技术基础设施网络化、云化、虚拟化、智能化的特征可以使休闲供给与需求实现更有效的交互与整合,从而解决供需不匹配的矛盾。首先,休闲作为一种具身性的体验活动,对活动场景时空条件要求较高。以5G、云计算、大数据为核心的新一代信息技术为城市居民的休闲体验提供了重要的技术平台,为云端休闲便捷、流畅、仿真、互动等效果提供支持,填补了休闲体验者的零碎闲暇。云逛展、景区直播、预约分流、扫码入园等智慧休闲体验产品已成为文旅复工复产的标配。

3. 休闲营销的文娱IP化

文娱IP是近年来的休闲营销热点,提倡在商业范畴之外连接更多文化主体。腾讯集团副总裁兼腾讯影业首席执行官程武认为,实现全域旅游的关键是文旅IP化,通过从景点到IP的转换,连接起更广泛的用户情感,让游客愿意一来再来,最终推动整个产业的跨越式发展。自2018年起,腾讯与云南省积极合作,用文娱IP推进全省旅游休闲品牌的营销,IP业务覆盖腾讯旗下游戏、动漫、文学、音乐、体育及QQ六大新文创内容及平台,极大丰富了云南省文旅品牌的内涵。

（三）"新基建"加速休闲的智慧化发展

1."新基建"的政策机遇

2018年12月，中央经济工作会议首次提出"新基建"概念，要求2019年重点"加强人工智能、工业互联网、物联网等新型基础设施建设"。此后，国家层面不断加强对"新基建"的支持，要求加快推进信息网络等新型基础设施建设，推动产业和消费升级。"新基建投资"被写入2020年政府工作报告，在拉动经济方面被寄予厚望——"加强新型基础设施建设，发展新一代信息网络，拓展5G应用，建设数据中心，增加充电桩、换电站等设施，推广新能源汽车，激发新消费需求、助力产业升级"。"新基建"的本质是通过系统创新来激活新需求和促进新消费，即通过整体技术水平的提升，激活潜在的需求，并促进新型消费形态和消费形式的快速发展，以实现经济社会的协调可持续发展。

在党中央密集部署之下，"新基建"迎来发展契机。据不完全统计，截至4月中旬已有13个省区市发布了2020年"新基建"相关重点项目投资计划，其中8个省份计划总投资额共计33.83万亿元。目前，腾讯的云计算全网服务器总量超过100万台，带宽峰值突破100T；AI领域拥有超过6500项全球专利。未来五年，腾讯将投入5000亿元，用于云计算、人工智能、区块链、服务器、大型数据中心、超算中心、物联网操作系统、5G网络、音视频通信、网络安全、量子计算等领域布局。

2."新基建"促进文旅休闲转型升级

从短期来看，"新基建"促进文旅休闲的数字化转型是为了应对新冠肺炎疫情导致的经济下行趋势。在国内新冠肺炎疫情防控常态化背景下，基建投资发力将为提振短期经济增长动能、稳就业创造有利环境。从长期来看，"新基建"不仅可以更好服务新冠肺炎疫情防控，赋能文旅休闲产业新经济发展，还是智慧城市建设的必然要求。"新基建"与文旅休闲的融合将重塑传统文旅休闲的供给模式和业务流程，促进旅游新场景、新业态的发展，无人酒店、无人驾驶、智慧餐厅、景区机器巡检等智能化休闲场景将迅速涌现并不断被优化,为消费者创造更好的休闲环境与条件。

智慧文旅生态架构包括基础设施层、全域数据层、To G 生态层、To B 生态层和 To C 生态层。其中在基础设施层,以人工智能物联网(AIOT)、5G 网络、数据中心等为代表的新型基础设施共同组成了智慧文旅的基础,直接服务智慧文旅建设,推动文旅产业数字化转型,为智慧文旅发展提供技术保障和实现手段。

二 智慧科技赋能文旅休闲的创新实践

(一)以智慧科技创新"云旅游"休闲体验

腾讯作为互联网行业领先的"科技+文化"企业,在数字科技的研发与应用方面经验丰富,构建了智慧文旅的生态体系,助力"云旅游"休闲体验等多种创新形式。业界普遍认为,"云旅游"不仅可以有效丰富线上文旅产品创新供给,还能让景区景点保持被关注度,吸引潜在游客。

首先,旅游直播是新冠肺炎疫情防控期间最受关注的"云旅游"形式。腾讯文旅早在 2018 年 10 月上线的"游云南"App 中就开始探索景区直播功能,该平台是最大的 24 小时景区实景直播集群,覆盖全省 95% 的 A 级景区,实时直播云南风景。"游云南"App 的慢直播板块建设是旅游直播内容领域的创新探索,游客在游前可通过该平台获取天气、人流等景区实时信息,有助于游客更好地做出旅游决策。新冠肺炎疫情防控期间,旅游直播成了目的地最直观、最快捷、最有效的宣传利器。

其次,2020 年 2 月,"游云南"App 推出的滇池"云"喂海鸥活动引发众多用户参与。新冠肺炎疫情防控期间,"宅家抗疫"压抑了居民的休闲需求,各地纷纷推出云春游、云赏花等视频服务,上云、上直播成为云南不少景区的共同选择。每年的 11 月至次年 3 月,上万只红嘴海鸥从西伯利亚迁徙至云南滇池越冬,形成了往年滇池旅游的一道重要的风景线。由于新冠肺炎疫情防控期间旅行限制,"游云南"App顺势推出"云"喂海鸥活动,直播海鸥饲养员的工作状态。

最后,在2020年的"五一"假期,腾讯文旅联合欧洲旅游委员会及海外合作伙伴,依托腾讯翻译君发起"声相连,疫后见"活动,号召用户通过手机AI语音跟读学习,使用不同国家语言为疫情严重国家加油,表达对兄弟国家的美好祝愿,活动得到来自9个国家的广大用户的热情参与。截至2020年,腾讯文旅与海外合作伙伴联合打造的海外小程序矩阵已日渐壮大,强大的矩阵协同效应,将打破信息孤岛,打破语言、文化交流的障碍,使各方共享数据红利,全面协同发展。

(二)重构线上场景,激活文旅休闲消费潜力

腾讯文旅坚持"产业互联网"战略,致力于用技术重构线上场景,激活文旅休闲消费潜力,拥有众多典型的线上文旅休闲案例。

其一是以"云游敦煌"为代表的腾讯线上文博实践,其不仅突破文物展览的时空限制,还通过技术赋予文物全新的生命活力。"云游敦煌"由敦煌研究院、腾讯、人民日报社新媒体中心联合推出,是首个可以提供丰富的敦煌石窟艺术欣赏体验的微信、QQ小程序。2020年2月20日,在小程序上线后的10日内,小程序总访问量已经超过500万人次,独立访问用户累计超过100万人,其中,"80后""90后"占比超过六成。该小程序具有动画剧、全景洞窟、故事讲述、壁画填色、智慧导览等功能,除了可以使用户近距离领略敦煌石窟艺术的风采,感知敦煌壁画中丰富的文化内涵和充盈的美学价值外,还可以定制专属敦煌色彩、敦煌石窟主题内容。其中,智慧锦囊、壁画故事、敦煌诗巾等采用年轻人常用的表达方式,提供新鲜玩法,让用户在了解文物知识的同时,参与定制纪念品。

其二是腾讯利用其游戏IP优势联动国家级非物质文化遗产项目保护单位推出系列线上休闲活动。2019年4月,人气AR探索游戏《一起来捉妖》"云南万物有灵计划"上线,受到了广大年轻人群的喜爱,多次占据App Store免费游戏排行榜榜首。该游戏由腾讯文旅及其他部门联合云南省开发,

计划发挥"线上+线下"的独特玩法优势，实现游戏场景与旅游目的地的深度结合。目前，该游戏与丽江古城开展深度长线合作，从丽江特色的 IP 游戏形象开发到线下活动落地，计划把丽江打造成为数字时代的"神仙地方"。不仅如此，2019 年 10 月 27 日，爆款游戏《王者荣耀》联合上海豫园、洛阳应天门、徽州古城、重庆山城巷举行"王者千灯会"夜间灯光秀。活动期间的仪式、流程、内容均根据游戏 IP 与地方特色展开，并由游戏内电视台、千灯会专题站、企鹅电竞、虎牙、斗鱼等平台同时直播，由此创新了文旅休闲与游戏休闲的深度融合形式。

（三）以文娱 IP 融合带动文旅休闲种草营销

腾讯具有丰富的内容产业生态和较强的文娱 IP 开发能力，腾讯文旅结合目的地特色与需求，打造地方文旅休闲卖点，提升目的地营销效果。腾讯文旅立足于腾讯"新文创"战略指导与业务资源，与云南省文化和旅游厅达成战略合作，联动腾讯动漫、腾讯游戏、阅文集团、QQ 音乐、腾讯体育、QQ 等多个业务部门打造云南旅游 IP，涉及腾讯旗下的新文创内容与连接业务。

一是腾讯动漫基于国产漫画《一人之下》推出了概念潮牌"人有灵"，第一季上线不到 12 小时，三款人气角色编号限量款全部售罄；第二季将与云南老字号品牌合作，结合云南的扎染、刺绣等传统工艺，制作云南特色国潮服饰，希望基于腾讯动漫这一月活跃用户达 1.2 亿人的平台打造国漫 IP 的旗舰平台，助力云南文化符号活化，成为当下年轻人流行文化生活的一部分。

二是"游云南"App 和腾讯影业出品的电视剧《我们的西南联大》合作推出同名旅游线路。双方按照一种前置、创新的影旅联动模式，宣传营销西南联大 IP 和电视剧涉及的景点。"游云南"App 作为平台方连接了庭院情景剧、文史专家讲解、沉浸式体验等新型旅游元素，助力昆明夜间经济发展、特色小镇建设。

三是 QQ 炫舞团队与云南合作推出线下炫舞比赛与线上游戏 IP，传播云南艺术之美。双方经过近 1 年的耐心筹备，在 2019 年 6 月发起炫舞比赛"篝火计划"，由著名舞蹈家杨丽萍老师担任艺术顾问。与此同时，腾讯在

炫舞游戏中开发上线了《雀之灵》等舞蹈，让炫舞平台上的年轻舞蹈爱好者，直观体验与感受云南艺术之美。双方还计划围绕《雀之灵》以及傣族文化，共同开发系列文创衍生品，助力"孔雀舞"在数字文化时代释放更多活力。

三　休闲智慧化探索的价值意义

（一）丰富和升级国民休闲新体验

随着VR、AR、5G等数字技术在休闲行业的加快应用，文旅产业发展模式的变革和新业态的发展速度也同步加快，形成新的休闲体验场景，如文博场所的数字化展示、景区的虚拟现实娱乐、目的地的直播等。例如Google Arts & Culture开创的"在线博物馆"，迄今为止已上线全球70多个国家和地区的1000多家博物馆，并通过VR、AR、3D扫描、AI等技术提供胜过线下参观的体验感，深度搭建在线用户与文旅产品间的互动关系。技术变革是影响个体休闲时空感知的重要因素，技术的发展必将导致体验认知的改变与体验需求的迭代，使数字文旅更具体验性。秦始皇帝陵博物院与腾讯、央视新闻联合打造的"数字秦陵"小程序，是秦陵全方位旅行服务平台，结合了"综合导览"与"趣味文创"两大功能，不仅为游客提供参观预约、导览讲解等优质服务，还采用VR全景、小游戏、表情包等形式创新性地融合了秦文化科普与文创新体验，增加互动感。未来，随着数字技术在休闲行业的进一步渗透，智慧文旅将成为用户在进行休闲活动时的一种习惯性体验。

（二）助力文旅深度融合与边界扩展

智慧科技是实现产业融合与产业创新的重要推动力，正全方位、多角度、全链条地改造文旅产业，逐步打破文化和旅游产业的边界，促进两个产业在更广范围、更深层次、更高水平上实现深度融合。"新文创"是腾讯开展文化和旅游业务的核心战略之一，并指导腾讯与故宫博物院、敦煌研究院等开展了一系列传统文化活化合作，助力其文旅产业融合方式、融合路径、融合模式等多方面的变革升级。2020年，腾讯与河南省合作，利用旅游、文创、影视等形式包装河南省非物质文化遗产。相关举措包括双方共建黄河非遗数字馆、宋词音乐创作、沉浸式北宋华服秀、IP跨界打造等，将文化保护与利用与旅游休闲体验相融，使之成为市民娱乐、休闲和日常生活的一部分。

（三）激活消费促进社会经济发展

2020年7月1日，联合国贸易与发展会议（UNCTAD）发布报告称，受新冠肺炎疫情影响，全球旅游业发展已停滞近4个月，至少造成1.2万亿美元损失，即全球GDP的1.5%。报告提醒说，如果国际旅游业发展中断持续8个月，损失或上升到2.2万亿美元，即全球GDP的2.8%，这一预测与联合国世界旅游组织（UNWTO）的预测接近。新冠肺炎疫情使旅游和休闲市场暂停，在旅游消费暂时阻断的背后也孕育了提质升级的需求，倒逼行业加速改变升级，文旅数字化的快速发展推动了产业高质量复苏和发展。云南省各级文旅部门不断加强智慧化管控，通过大数据、云计算等智慧引导手段科学分流疏导，让市民、游客在云南游玩期间更安心、更舒心。2020年5月1日，云南省级全域旅游智慧化平台"一部手机游云南"App推出入园预约功能。只要打开"游云南"App或微信小程序，不到两分钟，游客便能完成景区分时预约。2020年"五一"小长假期间，云南共接待游客996.62万人次，实现旅游总收入78.58亿元，旅游市场安全有序、平稳回暖。截至5月10日，已有283家景区在预约系统开通账号，其中132家实现分时预约。"五一"小长假期间，该系统共产生5460个预约单，预约游客超过1万人次。

四 智慧科技在文旅休闲领域的应用展望

（一）"新基建"促进文旅休闲要素互联互通

随着5G、区块链、云计算等技术的成熟及其在休闲行业的进一步应用，休闲市场生态将呈现出去中心化、万物互联的特征。在我国,区块链技术与文旅融合目前已经雏形初显。智慧科技将去除休闲消费的冗余环节,简化并保障消费者身份验证、支付流程、信息数据等的安全,提升休闲行业的运作效率和服务质量。另外,AR、VR、MR、XR等技术将进一步与5G等技术融合,给旅游展示带来全新的技术和手段,优化当前"云产品"的不足,将真实环境和虚拟、旅游项目及公共服务设施叠加在一起,用沉浸式营销"颠覆"消费者体验。与此同时,文旅休闲行业内对相关技术人才的需求也将变大。

(二)线上线下融合催生休闲新体验

在数字科技高速发展的时代,人们将越来越习惯智慧、便捷、高效的生产生活方式,对文旅休闲体验的需求不再停留于传统的业态,而是会有更多智能多元交互、创意新奇体验、智慧便捷服务等方面的需求。新冠肺炎疫情防控期间兴起的"云休闲""云旅游""云会展"正是对这类需求的一种及时响应,同时也加速了休闲产业的数字化进程。随着新冠肺炎疫情防控进入常态化,线下的休闲活动将逐渐恢复,并与线上的"云休闲"方式进一步融合发展,催生形成线上线下融合互动的休闲新模式。

(三)智慧科技将升级康养与研学新模式

文旅融合始终是未来休闲产业的主旋律,受新冠肺炎疫情与休闲价值观改变的影响,康养休闲将呈现爆发性增长趋势。国务院发布的《"健康中国2030"规划纲要》指出,应积极促进健康与养老、旅游、互联网、健身休闲、食品融合,催生健康新产业、新业态、新模式。根据世界旅游组织的报告,安全、卫生、健康是各国复工复产时最关心的内容,放宽旅游营业限制的同时,应加大对健康卫生的政策限制。新冠肺炎疫情防控常态化下,这将成为一种长期趋势。在"新基建"政策机遇下,康养休闲业态也将进行数字化、网络化、智能化的升级改造,形成实时、快捷、高效、低成本的物联化、互联化、智能化康养服务,为居民提供日常康养新方式。此外,从日本、美国等地的旅游产业实践来看,更具获得感、认知性的研学旅游是一个重要方向,尤其是在数字化服务的加持下,其将更加有趣、有料、有体验感,从而更好地满足人们的休闲体验需求。

参考文献

中国社会科学院旅游研究中心、腾讯文旅产业研究院、腾讯用户研究与体验设计中心:《何日更重游?——新冠肺炎疫情下的旅游需求趋势调研报告》,2020年4月28日,https://cdn.prowork.qq.com/cdc/20200428.pdf。

《"云游敦煌"小程序用户十天破100万,80后和90后占六成以上》,搜狐网,2020年3月5日,https://www.sohu.com/a/378091199_119778。

张苗荧:《加快区块链和文旅融合是大势所趋》,《中国旅游报》2019年11月6日,第3版。

UNCTAD:*Covid-19 and Tourism: Assessing the Economic Consequences*,2020.

UNWTO:*World Tourism Barometer and Statistical Annex*,2020.

G.14 网红经济下的乡村休闲产业发展机遇、变革与突破

王莹 陆娟萍[*]

摘 要： 互联网技术下产生的网红经济进一步拉近了人们对乡村的认知距离，拓展了人们的休闲空间，为乡村休闲产业发展带来机遇。网红经济以集聚变现、精准营销、时效性强的特征深刻影响着人们的休闲消费行为与产业发展模式，为使网红经济为乡村休闲产业"赋能"，助力乡村休闲产业的突破与发展，还需要在把握影响消费决策主要因素、利用垂直营销闭环锁定细分市场、提升对市场信息的获取与反应能力等方面寻求变革，从源头优化做起，开展治理的顶层设计，努力打造乡村休闲产业的柔性产业链。

关键词： 网红经济 乡村休闲 数字乡村 休闲产业

乡村休闲是指在乡村自然环境和人文环境中进行的乡村消遣、乡村旅游、农耕体验和其他"发生在乡村"的休闲活动。乡村广阔的公共活动空间、户外开放空间、园区休闲空间为人们休闲活动的开展提供了场所，能够满足人们对健康绿色产品、户外运动产品、康养旅居产品、乡村房车产品等低密度家庭、亲朋好友小型乡村休闲产品的需要。随着网红经济时代的到

---

[*] 王莹，浙江工商大学旅游与城乡规划学院教授，硕士生导师，主要研究方向为旅游目的地开发与管理；陆娟萍，浙江工商大学旅游与城乡规划学院硕士研究生。

来，人们的休闲消费行为发生了巨大的变化，对休闲产业营销模式产生深刻影响。2020年新冠肺炎疫情期间，网红经济受到各级政府、企业与平台的高度重视，并且其主要负责人参与直播带货，在乡村休闲形象维护、产业复苏、消费促进中发挥了积极的作用。然而，快速发展的网红经济也给休闲产业带来暂时的不适应，网红经济自身也暴露出诸多需要加以规范的问题，因此需要理性梳理与充分认知网红经济的特征与发展趋势、乡村休闲产业面临的机遇与挑战，以寻求网红经济下乡村休闲产业发展的新突破。

一 网红经济给乡村休闲产业发展带来的机遇与挑战

（一）网红经济的特征及发展趋势

1. 网红经济的发展与主要特征

网红经济是指网络红人在社交媒体上聚集流量与热度，通过对广大粉丝进行营销，将粉丝的关注力转化为购买力，从而实现流量变现的一种商业模式。随着互联网技术的进步及"互联网+"模式的成熟，网红经济历经了四个发展阶段，实现了全媒体、多平台、网红类型多样化、变现渠道多元化发展。商务大数据监测显示，2020年1~6月，电商直播超1000万场，活跃主播数超40万人，观看人数超500亿人次，上架商品数超2000万。直播场景越来越丰富多样，产业带直播、老字号直播、非遗直播、文化旅游导览直播等纷纷涌现。[1]

网红经济的最大特征如下。第一，聚集变现。通过制造热点、实时互动吸引消费者的眼球，实现流量聚集，再通过激发消费者的好奇心，促成扎堆消费。第二，精准营销。网红自带个性标签，在将其粉丝关注力变为购买力的过程中完成对用户的分类及画像构建，筛选留下的粉丝都具有相似的品位

---

[1] 中华人民共和国商务部：《商务部召开网上例行新闻发布会》，http：//www.mofcom.gov.cn/xwfbh/20200730.shtml，2020年7月30日。

及诉求，品牌方即可对其进行精准营销。第三，时效性强。以热点吸引消费者短期流量聚集效果较佳，但用户流量会随着产品的质量不断转换场景，网红面临持续高质量产出的压力与粉丝审美疲劳的潜在风险。

2. 网红经济的发展趋势

5G技术的发展以及网络的普及，为网红经济的发展提供了更优秀的技术支持，未来三年，网红电商市场规模将破万亿元，预计2020年网红电商市场规模将达3000亿元。[1] 网红经济发展表现出明显趋势：其一，人们从关注电商平台交易数据到关注网红主播的带货能力、粉丝量，带货能力、粉丝量成为衡量竞争力的重要指标；其二，直播间带货已满足不了围观者的体验需求，直播间现场化、移动化、多元化，置身于田间、山野、农庄，线上线下融合发展，提升体验性，唤起情感共鸣；其三，受到资本市场的青睐，网红们从单打独斗逐渐变成团队化运作，由网红、平台、MCN（Multi-Channel Network）、PGC（Professional Generated Content）组成的网红经济产业链不断完善，在网红培养、内容策划、广告获取、网民互动等方面实现专业化合作，提升用户的转化效率，实现模式化发展。

（二）网红经济下乡村休闲产业发展的机遇与挑战

1. 机遇

网红经济缩短人们对乡村的认知距离，激发乡村休闲消费的需求。互联网将原来偏远、信息封闭的乡村置身于信息开放共享的时代，短视频、直播等传播形式适应了城市消费者利用碎片化时间找寻乡村休闲信息的习惯，特别是年轻消费群体通过网络"种草"，激发乡村休闲消费激情，一些乡村"网红民宿""网红打卡地"正是通过这一新经济模式，快速有效地将产品展现并售卖给网络终端的消费者。2020年"五一"前夕七大平台同步直播的全国100位县长"文旅助农"直播大会，开播一小时便创造了3000多万元的销量。[2]

---

[1] 《克劳锐：2019 网红电商生态发展白皮书》，2019 年 9 月。
[2] 中国文化传媒网：《文旅助农！百名县长、七大平台直播"带货"》，http：// www.ccdy.cn/portal/detail？id = c00275b2 - ec8d - 47d7 - 8cdf - 2a6bf89a544c，2020 年 4 月 26 日。

网红经济促进产业发展要素流动,成为乡村休闲产业发展新引擎。网红经济与乡村休闲产业的结合,为乡村创造了大量的就业机会。实体乡村休闲产品的生产、网红与内容生产、孵化与平台运营和金融、物流等配套专业服务,均为年轻人就业、创业创造了条件。年轻人的回归,不仅带来全新的理念、技术与信息,也带来资本与投资,有利于盘活农村闲置土地,优化资源配置,并能进一步促进政府对乡村基础公共服务设施的投资与政策倾斜。

2. 挑战

信息赋能不足。信息技术是网红经济发展的基础,一些乡村仍然面临乡村电网、网络、通信、物流等基础设施薄弱的困境,2019年末我国农村互联网普及率为38.4%。[①] 农村电商虽然有一定的基础,但局限于终端产品销售,与乡村休闲产业相关的外界用户对接存在信息不对称、不透明,供需无法有效匹配。

人才短缺。长期以来,乡村存在人才匮乏问题,留守老人居多、年轻人不足现象普遍,老人在网络认知、掌握与应用方面存在困难。目前虽然也涌现出一些"三农"网红,但大多以个体为主,网红经济产业链各环节人才严重不足,内容参差不齐、简单重复,缺乏内涵与深度。

资本匮乏。资本对网红经济虽然有极大的关注,对直播平台的投入也在增加,但从整体来看,资本倾向于头部网红,对乡村休闲的关注度还存在不足。这与乡村休闲产业相对低端,雷同性较为明显,缺少独特的形象和IP,在网红经济时代很容易被替代、容易流量流失、资本投入风险较大有一定的关系。

二 网红经济倒逼休闲产业变革

购买习惯改变是网红经济发展的逻辑基础,进而影响了人们的消费决策

[①] 国家统计局:《中华人民共和国2019年国民经济和社会发展统计公报》,2020年2月28日。

与消费行为,从市场源头上改变了乡村休闲产业的发展思维,促进了对前台互动、中台内容创新、后台产品服务跟进的循环发展模式的探索。

(一)缩短决策程序,网红与社交评论的影响因素需要高度重视

传统休闲消费决策是一个复杂的动态过程,受到个人因素、环境因素等的影响,要经历动机、认知、学习、记忆、态度的心理过程。网红直播带货的兴起,网红的体验、推荐以及粉丝的互动评论在一定程度上替代了消费者的自行评估过程,消费者在接触产品信息后,受好奇心驱使,容易冲动,购买决策变得瞬时化,大幅缩短了消费决策路径,不断创造出增量需求。网红的核心价值不是流量与变现,而在于情感唤起,对于体验性极强的乡村休闲活动,网红可以是真实的人,也可以是虚拟的人、事与物,在网红培育、直播互动中植入情感是提升黏度的关键。

(二)实现精准营销,利用垂直营销闭环锁定细分市场

在传统营销模式中,产品、价格、渠道和促销四环节边界相对明显,在网红经济下,它们的边界开始模糊,促销与渠道合一,产品、价格可以进行快速定制。在与乡村休闲相关的直播中,网红可以凭自己的标签,定位于某个细分领域,并将攻略、现场体验及感想定向传播给粉丝,完成精准聚焦,通过对产品卖点高互动性的营销,粉丝可直接通过屏幕下方的购买链接下单,构建垂直营销闭环模式。这种视联网(visual of things)的联动生产将视频引入生产端,使后台走向前台,激发乡村休闲产业的生产活力,动态、实时的视觉效果更能增进互信、增加体验感。这种快速圈定目标群体进行精准营销的方式,能充分满足休闲消费差异化与个性化的需求,并实现快速变现。

(三)去中心化广告营销模式,提升对市场信息的获取与反应能力

原有的中心化广告营销模式,正在逐步被 KOL(Key Opinion Leader)/KOC(Key Opinion Consumer)去中心化的社交裂变营销替代,网红经济借助互联网超强的社交互动功能,改变了消费者与供应商的关系,市场信息反

馈来自网红以及其与粉丝的交流。及时捕捉市场信息,并快速做出反应,就是网红经济下的产业核心竞争力所在。乡村休闲供应商不必事先凭自己的市场预测来生产产品与提供服务,而是通过网红向粉丝收集休闲市场需求信息,进行个性化私人定制,特别是5G技术的应用,加快了生产端、内容端、服务端相结合的柔性供应体系的形成,倒逼乡村休闲产业智能化升级,快速掌握市场需求的变化、反向定制生产链,从而可以有效避免产生大量投资中的沉没资本。

三 网红经济助推乡村休闲产业发展的浙江实践

浙江省乡村休闲得到持续快速发展,2019年全省休闲农业总产值达到442.7亿元,乡村接待游客2.6亿人次。[1] 这不仅得益于政府的重视与有效的投入,良好的互联网生长环境也助推了浙江省乡村休闲产业的发展。

(一)浙江实践

1. 高度重视乡村互联网经济发展与直播网红培育,为乡村休闲产业发展打开空间

长期以来,浙江省政府高度重视农村网络建设、电商培育、平台合作,截至2019年,拥有活跃的涉农网店2.2万家,实现农产品网络零售842.9亿元,增长26.3%。[2] 以阿里为主导的农村电商平台建设成效显著,培育了赶街等一大批优秀电商企业,涌现出桐庐、临安、遂昌、丽水四个农村电商发展成功模式。各地政府与以阿里为代表的平台努力探索,推进由农产品销售向乡村休闲产业的渗透,农村电商向数字乡村转型。2019年浙江省确定杭州市、宁波市等4个市,杭州市临安区、德清县等11个县(市、区)为

---

[1] 浙江省文化和旅游厅:《浙江省文化和旅游厅关于省十三届人大三次会议湖15号建议的答复》,http://ct.zj.gov.cn/art/2020/7/16/art_1229116410_51040964.html,2020年7月16日。

[2] 浙江省互联网信息办公室:《浙江省互联网发展报告2019》,2020年5月。

数字乡村试点示范市县，探索建立与乡村休闲产业发展、行业管理服务能力、农民生产生活水平相匹配的数字乡村发展模式。① 2020 年新冠肺炎疫情让农产品滞销，各地各级政府高度重视村播基地、村播街的打造，通过乡村振兴课堂、村播学院等多种平台对有兴趣参与直播的村民进行培训与指导，出台政策引进培育"村播"人才。

2. 维护与强化网红经济发展所需要的信誉基础，形成良好的互联网生态环境

浙江省块状经济特征明显，民营企业众多，市场经济条件下形成的信誉体系是电商发展的基础，也为网红经济发展营造了良好的市场信用环境，吸引众多头部网红来浙江发展。针对快速发展的网红经济，各政府部门在强化法制监管上进行积极探索，开展关于产品质量、知识产权、消费者权益保护、电子商务等法律法规的放心消费宣传教育活动，提升网红的品牌意识、创新意识和知识产权保护意识，"维权有去处""经营有指导"效果明显。2020 年 6 月，浙江制定了全国首个直播电商服务规范标准，主要从平台、主播、商家、消费四个维度提出了要求，为乡村休闲活动相关的网红直播管理提供了依据。

3. 快速开拓乡村休闲空间与创新休闲产品，以实体产业发展撑起直播内容

自 2003 年"千村示范、万村整治"工程实施以来，浙江省乡村生产、生态和生活环境得到极大的改善，乡村休闲公共设施配套不断完善。截至 2019 年底，浙江省已建成农村文化礼堂 14341 家、乡镇图书馆分馆 1381 个、文化馆乡镇分馆 762 个、农家书屋 20371 个，且全部实现对社会公众免费开放②；拥有中心村全民健身广场（体育休闲公园）61 个、社区多功能运动场 296 个、国家级运动休闲特色小镇 3 个、省级运动休闲基地 20 个；新建和改造提升农村公路 12000 公里、农村公厕 6.4 万座③。大力发展休闲

---

① 浙江新闻：《数字乡村和数字农业工厂怎么建 这些地方率先试点示范!》，https：//zj. zjol. com. cn/news. html? id =1343205，2019 年 12 月 9 日。
② 浙江省文化和旅游厅：《浙江省文化和旅游厅关于省政协十二届三次会议 571 号提案的答复》，http：//ct. zj. gov. cn/art/2020/7/16/art_1229116413_51061692. html，2020 年 7 月 16 日。
③ 浙江省统计局：《2019 年浙江省国民经济和社会发展统计公报》，2020 年 3 月。

农业、文化休闲、户外运动休闲等多业态,配套完善休闲服务设施,统计在册的民宿有 16000 多家,总床位数超过 15 万张[1];成功创建了 24 个国家级休闲农业和乡村旅游示范县、29 个全国休闲农业和乡村旅游示范点,28 个村和 19 个景观分别入选中国最美休闲乡村、中国美丽田园[2]。

(二)值得探索的问题

面对技术更新带来的网红经济的快速迭代与发展,浙江省与全国一样,在乡村休闲产业与网红经济融合发展中依然面临诸多困惑。

1. 多中心化与乡村休闲目的地整体形象

对于乡村休闲目的地建设来说,整体形象的塑造与传播极为重要,形象模糊混乱很难对潜在的消费客源产生持久吸引力。目前与乡村休闲相关的网络主播有草根农民、经营者、各地政府官员、明星、成名网红等不同群体,不同的主播有自己的直播需求,输出的内容、要达到的目的不尽相同,有的重在直播农村的自然场景、田园风光、民风民俗,有的只侧重于原创表演和搞笑、纯粹记录生活流水;有的只为分享与传播,有的则为直播带货。粉丝对目的地形象的认知容易受直播内容与主播的感情表达左右,产生不同的感知。

2. 流量维护与乡村休闲目的地文化挖掘

面对每天出现的海量信息,消费者的目光很容易随着热点"网红"的出现而转移,用户流量不断解构重构,如何保持黏度是重大挑战。要想留住消费者、吸引网络终端的用户,需要树立品牌意识,挖掘文化、创新内容、讲好故事,并在直播中加以合理表达。从感情表达角度,生活在乡村的村民主播最为真实可信,但他们对乡村休闲产业的认知、融地方文化于直播内容

---

[1] 浙江省文化和旅游厅:《浙江省文化和旅游厅关于省政协十二届二次会议第 627 号提案的答复》,http://ct.zj.gov.cn/art/2019/12/18/art_ 1229116413_ 41178819.html,2019 年 12 月 18 日。

[2] 浙江省文化和旅游厅:《浙江省文化和旅游厅关于省十三届人大三次会议湖 15 号建议的答复》,http://ct.zj.gov.cn/art/2020/7/16/art_ 1229116410_ 51040964.html,2020 年 7 月 16 日。

的能力、自我形象设计与直播技能均存在严重不足，无法展示乡村休闲的绿色生态价值、文化体验价值，不能有效实现从单纯地卖农产品向更多的"卖过程""卖风情""卖生活"转变。

3. 大数据分析与乡村休闲柔性产业链打造

未来网红产业的创意策划、内容制作以及分发都将随着信息技术的发展发生重大变革，专业创意团队，组织化生产，标准化作业，跨平台、多渠道内容分发，使网红可触及的用户范围更加广泛，使快速生产成为可能。面对乡村休闲产业发展的巨大空间与多元化内容，如何借助网红经济发展，利用现代信息技术与大数据分析工具，精准捕捉市场信息、定位消费需求，快速将休闲资源进行匹配，最大限度地结合消费者个体诉求定制其所喜爱的休闲产品与服务，是精准营销、供应链打造中需要不断探索的领域。

4. 利益诱导与乡村休闲品质保障

网红经济对乡村产品销量以及乡村推广有显著的提升和促进效果，一些利益相关者在利益的诱导下可能会产生一些不良行为。网红主播为了吸引更多的流量，会在对乡村的推广过程中使用滤镜，特别是随着AI修图能力的大幅提升与普及，通过相机拍摄的乡村休闲娱乐项目经过后期的剪辑，难以保证真实性；销售农产品时，部分网红的目的只在于吸引流量后快速变现，会夸大宣传，忽视农产品质量保障。一些"网红公司"在提供资源及进行培训时也很容易被资本操纵。资本的逐利性在网红经济这个时效特征明显的新模式下，容易暴露出负面效应：乡村休闲文化挖掘不够深入，缺乏系统长远的统筹考虑，以夸张手段甚至不当手段圈粉以实现快速变现。

四 网红经济下乡村休闲产业高质量发展的探索

网红经济下乡村休闲产业的发展，要以实体产业的品牌塑造为出发点，渗透至网红与内容打造之中，即从源头优化做起，以制度的顶层设计为保障，努力打造乡村休闲产业的柔性产业链，实现高质量发展。

（一）制度设计

1. 顶层设计

面对网红经济的渗透，紧紧围绕市场需求谋划乡村休闲产业发展。第一，制定乡村休闲产业政策导向，明确网红经济下文旅、农业、工信等部门的合作目标，共同推进乡村休闲基础设施建设，通过数字乡村建设提升综合管理效率。第二，加强法治建设，以《电子商务法》为基础，完善税收、公平竞争等方面存在的法律漏洞，维护网络安全，保障消费者权益。第三，建立"人才双向流动"机制，以畅通智力、技术、管理下乡返乡通道为目的，以国家公布的"互联网营销师"新职业目录为依据[1]，精准定位乡村人才需求点，细分人才层次，出台针对性政策。第四，采用财税、金融政策，用好中央财政资金，统筹包括"新基建"在内的各类与乡村休闲产业发展相关的专项资金的使用，充分发挥财政资金的杠杆和导向作用。

2. 行业规范

《互联网直播服务管理规定》[2]《网络直播营销行为规范》[3]的正式施行标志着国家层面对网红经济发展规范化引导的开始，各地要结合乡村休闲产业发展的实际，对网红群体、内容生产与平台企业开展行业管理。第一，制定内容标准。制定乡村旅游、度假、养生等休闲产品直播要素与内容标准，规范图像应用、文字表达，加强自媒体、网络发布、网络直播的内容规范。第二，建设诚信体系。制定对网红经济相关人才培育的规范要求，遵守和贯彻国家相关法律、法规、政策，促进行业内的相互监督和保护。第三，强化市场监管。积极培育多元市场主体并为其营造良好的市场环境，强化企业在乡村休闲产业中的创新主体地位和主导作用，保障乡村休闲市场产品安全、

---

[1] 中华人民共和国人力资源和社会保障部：《人力资源和社会保障部办公厅 市场监管总局办公厅 统计局办公室关于发布区块链工程技术人员等职业信息的通知》，http://www.mohrss.gov.cn/gkml/zcfg/gfxwj/202007/t20200706_378490.html，2020年6月28日。
[2] 中华人民共和国国家互联网信息办公室：《互联网直播服务管理规定》，2016年11月。
[3] 中国广告协会：《网络直播营销行为规范》，2020年7月。

推进乡村休闲市场诚信体系建设，为主播、运营企业提供良好的网络生态环境。

（二）品牌IP打造

1. 以乡土文化挖掘统筹打造全产业链品牌IP

5G、VR等新兴技术的应用，跃变式提高了移动终端的表现力，优化了用户内容消费体验，为乡村休闲创意的实现与传播奠定了基础，但无法替代创意本身。信息的频繁更新也使竞争更加残酷，品牌IP既可以形成竞争壁垒，也有利于头部网红培育，更能吸引资本，从而形成较好的示范效应。

乡村休闲目的地品牌打造要延伸到网红经济产业链，在统一的品牌IP下进行线下线上形象策划、内容包装、产品设计、网红培育。要挖掘乡村休闲文化核心价值，突出乡村特色，挖掘、修复独特的乡土文化，通过不同的主题定位、文化提炼、创意植入来塑造个性与灵魂；充分考虑在短时间内抓住观看者内心的网红经济特征，注重内容叙述的编排与氛围的渲染，赋予内容更多的传播价值和社会价值，从情绪上抓住观看者，引起情感共鸣，实现产品变现；充分体现乡村休闲的乡村性、乡土性，以与自己的生活、亲身经历密切相关的内容表达真情实感，打动观众。

2. 以乡村休闲产品创新充实内容营销

乡村休闲活动是串联乡村空间和乡土情感记忆的情境体验方式，这一体验通过农事体验、民俗演绎、田园度假实现由田间到餐桌、由生产到生活、由休憩到养生的全方位的独特体验路径，构成与城市休闲截然不同的魅力。利用网红直播精准营销优势，创新开发满足消费者需求、体现产业融合的休闲产品，对休闲产品进行整体设计与推广。在直播中进行再次创新，基于大数据分析与挖掘，以用户为导向，深层次挖掘文化资源与消费者诉求，对文化资源进行包装、设计，实现产品转化、定制化发展。不断拓展乡村休闲业态，实现乡村休闲由观光娱乐向乡村生活体验的转变，发展旅居生活方式、异地工作方式、文化游憩方式等新型乡村休闲方式，打造城乡居民共享休闲生活圈子。

(三)人才培育

1. 明确培养目标与要求

网红经济下的乡村休闲产业发展需要大力培养三种人才：一是直播网红，他们可以是当地村民、经营者、网络红人、明星、各级政府官员，在产品变现中起着关键作用；二是运营人才，在网红经济产业链中，内容策划、数据分析是重要内容；三是县（市、区）、镇（乡、街道）、村的基层管理者，他们的理念、能力影响着乡村休闲产业发展的走向与进程。无论哪类人才，在开放、变化的网络大环境下，必须具备以下基本素质：第一，有强烈的社会责任感，有正确的道德观念与法律意识；第二，有良好的职业素养，既热爱与熟悉乡村休闲、尊重乡村文化，又乐于用网络传播乡村休闲文化，实现自我价值；第三，有一定的技术能力，熟悉互联网技术、擅长新媒体营销、掌握直播的技巧，具有寻找与当地文化气质相吻合的契合点的能力。

2. 探索培养方法

第一，与企业（平台）合作培养模式。乡村休闲目的地可以引进网红孵化平台，创办乡村网红孵化基地，对需要培育的潜在网红（在文艺、手工、美食、种植、养殖等方面有特色才能的）提供大规模、普适性、专业化的网红孵化培训；与直播平台合作，进行直播技巧的培训与分享。第二，与院校合作培养模式。根据国家新职业目录，在职业技术学校新增相关专业，进行系统培养，强化校企合作，进行定向培养。第三，短期培训模式。通过短期班、交流分享、基地培训、自主实操、外出学习等多种方式提升专业技术与实践能力。

(四)资本运作

1. 引导工商资本投入乡村休闲产业

工商资本投入乡村休闲产业能缓解当前投资不足的问题，在网红经济背景下，要对乡村休闲产业发展与项目建设做出新的思考与安排，对投资项目进行分类引导，并在招商引资中采取"一事一议"政策，以多种模式吸引投资者。信息化是未来乡村休闲产业发展的基础,全国数字乡村的建设还处于起步与探索阶段,要重点引导资本对乡村的"新基建"投入。对于线上线下全产业链各环节项目的投入,则可更多地采取市场机制引导专业化投资。

2. 规范工商资本运作

工商资本的逐利性也会导致投资的盲目性,要在利用好工商资本的同时规范资本运作。根据项目分类设置不同的准入门槛、明确投资规模,鼓励优质资本进入,规避同质化现象,避免出现违背社会主流价值观的牟利行为。处理好外来资本利用与村民利益保障的关系,探索网红经济下乡村休闲产业发展的资本运作模式与村民参与模式,健全利益联结机制。

参考文献

孙明泉:《乡村休闲产业发展的动力源泉和产业扶助》,《生产力研究》2007年第8期。

孙婧、王新新:《网红与网红经济——基于名人理论的评析》,《外国经济与管理》2019年第4期。

中国社会科学院习近平新时代中国特色社会主义思想研究中心课题组:《一部手机"撬动"的直播经济异军突起》,《光明日报》2020年8月7日,第7版。

G.15
国外城市休闲空间分类及其特征研究*

——以布宜诺斯艾利斯为例

蒋 艳**

摘　要： 布宜诺斯艾利斯的城市休闲空间独具魅力，可分为物质空间、休闲行为空间和休闲社会空间。物质空间包括文化场所、绿色空间、休闲消费场所和特色公共交通空间。文化场所分布密集、种类繁多、功能多元，很多是建筑遗产；绿色空间覆盖率高、类型多样，提供健身和娱乐设施，还有些是文化场所和政治舞台；休闲消费场所种类繁多，有些在文化场所或绿色空间；特色公共交通空间和绿色空间或文化场所重合。表演、节庆等活动可将任何城市空间转化为休闲行为空间。为满足居民的休闲需求，某些非公共空间会暂时开放为休闲社会空间。

关键词： 休闲空间　休闲消费　布宜诺斯艾利斯

随着中国城市化进程的加快，城市休闲空间实践也在快速跟进，但目前还存在很多问题。阿根廷的首都布宜诺斯艾利斯（以下简称"布市"）作为全球著名的国际休闲城市，有很多值得学习的地方。布市的城市休闲空间类

---

* 资助项目：2019 年度浙江外国语学院校级全外语课程项目"休闲学"。
** 蒋艳，管理学博士，浙江外国语学院国际经济与旅游管理学院旅游系副教授，中国社会科学院旅游研究中心特约研究员，主要研究方向为城市休闲与旅游文化。

型多样，在不同休闲空间、休闲时段，可以提供的休闲产品种类繁多。本报告拟对布市的城市休闲空间进行分类，分析其特征，为中国城市休闲空间发展提供启示。

城市休闲空间是城市空间的一种形式，强调休闲性。它有两种特殊的形式，即历史街区和建筑遗产空间，赋予城市独特的个性和吸引力。很多学者对城市休闲空间进行了分类。[①] 本报告采用李洪波和夏日的分类方法，即将城市休闲空间分为物质空间、休闲行为空间和休闲社会空间。[②] 本报告将从这三个角度展开，分析不同城市休闲空间之间的关联，政府、企业、非政府组织（NGO）和当地居民等利益相关方对城市休闲空间的建设，以及城市休闲活动等。

一　城市休闲物质空间

（一）城市休闲物质空间类型的划分标准

一种是根据空间范围划分。物质空间是由有形的休闲设施及相关建筑设施共同组成的环境空间[③]，可分为更加具体的空间，包括面状休闲空间（如历史街区、较大面积的公园和墓地等）、点状休闲空间（如博物馆、文化中心、教堂、剧院、中小型公园广场及雕塑等）和线状休闲空间（如卡通漫步主题线路等）。物质空间范围大小不一、类型不同。大型休闲物质空间包括小型休闲物质空间。如巴勒莫索霍（Palermo Soho）区休闲活动丰富，受到游客追捧。区域内传统建筑、涂鸦艺术随处可见，绿色空间密集，内部有多个相对独立的休闲空间。

[①] 林章林：《上海城市旅游休闲公共空间的时空演化模式》，《旅游科学》2016年第2期；李包相：《基于休闲理念的杭州城市空间形态整合研究》，博士学位论文，浙江大学，2007；庞学铨：《谈谈城市休闲空间之美》，《湖北理工学院学报》（人文社会科学版）2016年第3期。

[②] 李洪波、夏日：《国外城市休闲空间研究进展》，《城市问题》2016年第7期。

[③] 李洪波、夏日：《国外城市休闲空间研究进展》，《城市问题》2016年第7期。

另一种是根据休闲功能划分。范围较小的城市休闲物质空间，可根据休闲功能，分为文化场所、绿色空间、休闲消费场所和特色公共交通空间。这些空间大多在重要的建筑遗产空间内。游客可在这些休闲场所获得双重休闲体验，包括历史文化体验和休闲功能体验。

（二）城市休闲物质空间类型及特征

从传统建筑、文化活动、艺术空间等角度来评价的话，每个街区的吸引力各不相同。其中最有特色的历史文化街区有巴勒莫（Palermo）区、圣特尔莫（San Telmo）区、雷科莱塔（Recoleta）区、市中心等。这些历史文化街区保存相对完整，街区范围较大，整个街区内遍布着大量建筑遗产，且城市格局保留完整，文化生活丰富，具有较高的休闲旅游价值。

本报告将布市的城市休闲物质空间分成文化场所、绿色空间、休闲消费场所和特色公共交通空间四部分。这四个空间和重要的历史文化街区有交叉。在重要的历史文化街区里，有吸引力的文化场所、绿色空间、休闲消费场所和特色公共交通空间较多。

1. 文化场所特征

（1）分布密集、有多重功能

布市是一座文化之城，整座城市遍布着文化场所。作为世界上曾经最富裕的城市，过去积累的财富留给城市巨大的遗产，包括有形的建筑文化遗产、无形的艺术文化积淀，其中文化场所的遗产留存最多。文化场所可以大致分为几类，包括博物馆（含艺术馆、天文馆等）、文化中心、展览中心、剧院、教堂、墓地、大学、名人故居、图书馆等。这些文化场所都对外开放，各种类型的文化场所功能存在交叉。

第一，多种文化功能交叉。有些教堂同时是博物馆，如犹太教堂（Templo Libertad）是布市犹太博物馆（Museo Judío de Buenos Aires）的一部分；有些文化中心还是宗教活动场所，如法赫德国王伊斯兰文化中心（Centro Cultural Islámico Custodio de las Dos Sagradas Mezquitas Rey Fahd）是清真寺；有些文化中心兼有博物馆功能，如博尔赫斯文化中心（Centro Cultural

Borges）；有些图书馆兼有博物馆功能，如马里亚诺·莫雷诺阿根廷共和国国家图书馆（Biblioteca Nacional "Mariano Moreno" de la República Argentina）；有些博物馆又是名人故居，如天使波提卡博物馆（Museo Botica del Ángel）就是动画师、画家和舞台设计师爱德华多·贝尔加拉·莱乌曼（Eduardo Bergara Leumann）的故居。

第二，文化功能和休闲消费功能交叉。有些休闲消费场所又是文化场所，如太平洋拱廊（Galerías Pacífico）和雅典人书店（El Ateneo Grand Splendid）。有些文化场所既是娱乐场所，又是旅游景点，如哥伦布剧院（Teatro Colón）。同个城市公共空间，在不同时间段的功能不同，有时是文化旅游功能，有时是休闲消费功能。而大量的其他剧院，更多的被认为是休闲消费场所。

第三，文化功能和行政功能交叉。有些大使馆设在名人故居，如美国驻阿根廷大使馆是著名科学家阿尔伯特·爱因斯坦（Albert Einstein）故居。萨米恩托宫（Palacio Sarmiento）既是国家博物馆，又是阿根廷国家教育部所在地。波兰驻阿根廷大使馆于1912年建成，结合新古典主义风格和法国风格，是当时布市建筑的标志，从此布市有南美小巴黎的美誉。该大使馆会偶尔对公众开放。

第四，文化功能和绿色空间交叉。有些文化场所既是绿色空间，又是旅游景点，可供参观，如雷科莱塔公墓（Cementerio de la Recoleta）。另一个地标阿根廷钢花（Floralis Genérica）是布市非常重要的雕塑，具有很高的艺术价值。其他很多广场也是一样，既是城市的绿色空间，又因很多大型雕塑而具有文化功能。

（2）很多文化场所是建筑遗产

过去建造的大量优质漂亮的建筑构成了城市财富。如今或继续延续原先的功能，或被赋予崭新的功能。如博尔赫斯文化中心所在建筑设计于1889年，1945年改建，1989年被列为国家历史古迹，1991年重新开放，包括博尔赫斯文化中心、太平洋拱廊和胡里奥·波卡舞蹈工作室。

很多博物馆前身是私人豪宅，如国家装饰艺术博物馆（Museo Nacional

De Arte Decorativo）和拉雷塔博物馆（Museo Larreta）。萨米恩托历史博物馆（Museo Histórico Sarmiento）曾是贝尔格拉诺（Belgrano）市政厅所在地，会召开全国代表大会。

文化中心也大量使用原有的建筑，如基什内尔文化中心（Kirchner Cultural Centre，KCC）前身是邮局。报社"新闻界"（La Prensa）原来的建筑也被改造成文化中心"文化之家"（Casa de la Cultura），有画展、图书馆。

大多数教堂历史悠久，已被纳入建筑遗产范围。圣卡耶塔诺教堂（Iglesia de San Cayetano）建于1875年；皮拉尔圣母大教堂（Basílica Nuestra Señora del Pilar）建于1732年，是布市第二古老教堂；圣佩德罗·冈萨雷斯·特尔莫教会（Parroquia San Pedro GonzálezTelmo）初建于1734年，1942年被宣布为国家历史古迹。

布宜诺斯艾利斯大学（Universidad de Buenos Aires，UBA）是阿根廷最大的大学，每栋建筑都是建筑遗产。圣马丁国立大学（Universidad Nacional de San Martín，UNSAM）校园本身就是工业遗产重新利用的典范。校园本是火车修理厂，现在仍然保留了原来的铁轨等工业遗迹。

（3）博物馆种类繁多、功能多元

布市博物馆数量巨大、种类极多，包括了美术馆、艺术馆、文化中心等。根据"猫途鹰"网站信息，布市有188家博物馆被排名，分为特色博物馆、画廊、历史博物馆、艺术博物馆、科学博物馆、儿童博物馆、自然历史博物馆、军事博物馆、观景台与天文台等。

除了专门博物馆，很多公司、基金会、办公场所、教堂、大学等机构也设有博物馆。阿根廷汽车俱乐部博物馆（Museo del Automóvil Club Argentino）属于阿根廷汽车俱乐部（Automóvil Club Argentino）；布大法学院里有布大法学院博物馆与历史档案馆（Museo y Archivo Histórico de la Facultad de Derecho de la UBA），对公众开放。

（4）文化中心数量众多，功能综合，为居民提供文化休闲空间

布市有很多文化中心。在谷歌上输入"Centro Cultural"关键词查阅，获得336个结果，删掉几十个其他场所，仍有约300个文化中心。几乎所有

的区都有自己的文化中心，尤其在富人区，有很多大大小小、各种主题的文化中心。大的如KCC，具有很强的综合性功能，包括博物馆、音乐厅等。举办活动频率很高，参与度也高，尤其是免费的音乐会，很受追捧。不是所有文化中心都有博物馆，虽然文化中心大多有绘画作品展示等。几乎所有人都可以在此找到自己的爱好。

文化中心的规模、人气各不相同。KCC人气最旺，2019年5月18日在谷歌上有两万多条评价，且评分为4.5分。

不同文化中心的定位不同。KCC、博尔赫斯文化中心等这类文化中心面向所有人，有些文化中心，如塔托·博雷斯文化中心（Centro Cultural Tato Bores）更为社区化，人们可在中心唱歌、跳舞、演奏，其内还有室内篮球场，也有艺术作品展等。这些文化场所更多的是通过脸书（Facebook）和自己的成员互动。

2. 绿色空间特征

（1）绿色空间覆盖率高

布市不仅是文化之城，也是绿色之城，绿化面积占城市总面积的1/10以上。尤其在富人区，绿色空间覆盖率尤其高。城市绿色空间大致可以细分为公园、花园、广场、植物园等。

布市对城市公共空间的充分利用，尤其是见缝插针式的城市绿色空间创造，值得所有城市学习。阿韦利诺·古铁雷斯博士小广场（Plazoleta Dr. Avelino Gutiérrez）为仅约600平方米、狭长的三角形空间，被夹在两条埃米利奥·米特（Emilio Mitre）路之间，但在这个狭窄的小空间里，设计了一个有雕像、绿地、植物、鲜花、水泥凳的错落有致的城市休闲空间，其中最大型也最显眼的是阿韦利诺·古铁雷斯博士（Dr. Avelino Gutiérrez）雕像，还有宗教雕像和瓷画，充满了浓郁的宗教气息。

（2）绿色空间内部各不相同

第一，绿色空间有各种类型。主要包括公园、广场、花园、植物园、游乐园等。一般来说，公园较大，广场较小；公园和花园一定有绿地，而广场、游乐园不一定。很多广场公园有雕塑，纪念历史人物和历史事件，如贝隆总统广场（Plaza President Juan Domingo Perón）的贝隆总统雕塑、阿根廷军队武器广场（Plaza de las ArmasEjércitoArgentino）的马岛30年英雄纪念碑（Monumento 30 años Heroes de Malvinas）。还有的是利用城市角落空间，如面前的月亮广场（Plaza Luna de Enfrente）利用古鲁查加（Gurruchaga）街和索莱尔（Soler）街交叉口的角落，配备若干娱乐设施，形成城市休闲空间。当然，绿色空间都有一些标配，如长凳、垃圾桶、装狗屎的塑料袋等，其中长凳最为普遍。有些公园还会对凳子进行艺术设计，如法兰西广场（Plaza Francia）在普埃雷东大道（Av. Pueyrredón）一侧设计了几组精致的水泥矮凳，搭配浅色碎石，在绿荫中构成特色休闲空间。

第二，绿色空间范围大小各不相同。在巴勒莫、雷科莱塔和贝尔格拉诺等富人区，绿色空间覆盖率高，甚至连成一片。沿着菲格罗亚·阿尔科塔总统大道（Av. Pres. Figueroa Alcorta），一直到纪念碑球场（Estadio Monumental Antonio VespucioLiberti），横跨巴勒莫、雷科莱塔和贝尔格拉诺三个区，都是成片的绿色空间。内部又被分为很多公园、广场、花园等，各有名字。如帆船赛湖（Lago de Regatas）旁边的一片绿地有两个名字，分别是 C. A. 普埃雷东博士广场（Plaza Dr. C. A. Pueyrredón）和弗洛伦西奥·桑切斯广场（Plaza Florencio Sánchez）。城市内还分布着大量小片独立的绿色空间。朱利安·贝什泰鲁（Julián Besteiro）城市公园就是由华恩丝大道（Av. Warnes）、蓬塔·阿雷纳斯（Punta Arenas）路、帕斯·索尔丹（Paz Soldán）路和选民大道（Av. de los Constituyentes）四条道路形成的一千多平方米的城市公园。

第三，绿色空间分开放和封闭两种类型。开放空间是指绿色空间没有围墙，如拉斯赫拉斯公园（Parque Las Heras）；封闭空间是绿色空间有围墙，大多仅在某个时间段开放，如植物园，工作日的开放时间是 8：00 – 18：45，周末开放时间是 9：30 – 18：45。

第四，绿色空间的安全性各不相同。一般而言，白天比晚上安全；封闭空间比开放空间安全；小空间比大空间安全。绿色空间的安全性也受其所处区域安全性的影响。其一，晚上大面积的开放绿色空间最不安全。这些空间往往会成为流浪汉（其中一部分为吸毒者）晚上过夜的场所，危险系数上

升。而且一旦发生危险，路人不易察觉。其二，封闭空间比较安全，因为流浪汉不会去这些空间，如德国广场（Plaza Alemania）的开门时间是早上九点到晚上九点，而晚上九点正是布市夜生活刚开始的时间。其三，绿色空间在晚上可能出现色情交易，如帆船赛湖附近。其四，小面积的绿色空间相对安全。面积小，又是开放空间，如果处于大道旁边，人流量较大，安全性较高。其五，处于不够安全区域的绿色空间在晚上危险性提高。多雷戈广场（Plaza Dorrego）面积极小，位于圣特尔莫区中心，是布市主要的旅游胜地。白天游客较多，比较安全。但到晚上，安全隐患增加。这种隐患主要源于圣特尔莫区本身晚上不够安全。

第五，绿色空间分收费和免费两种，大多免费开放。很多绿色空间本是开放空间，无法收费。个别绿色空间收费，如日本花园。所有收费的绿色空间都是封闭空间。

（3）很多绿色空间提供健身和娱乐空间

绿色空间是城市重要的休闲空间，会提供各种基础的便民休闲设施，如直饮水等。绿色空间的面积不同、所处位置不同，配备情况也不同。一般来说，富人区、大型公园配备的健身和娱乐设施更加完善。

绿色空间也是重要的户外运动空间，会配备健身和娱乐设施，如游泳池、健身器械、跑步道等。运动场这类绿色空间本身就是户外运动空间，如纪念碑球场。其他绿色空间也会吸引各类专业运动俱乐部，并为他们提供场地。国家公园巴勒莫的帆船赛湖（Lago de Regatasde Palermo）里有一系列高尔夫主题的休闲空间。很多俱乐部聚集在这里，因为该公园面积大、环境优良，适合各类运动。

很多公园等绿色空间成为重要的锻炼场所。很多阿根廷人热爱运动。高档公寓多会配备健身房，也有很多专业的健身机构，还有很多人选择室外运动。玫瑰花园（Paseo El Rosedal）旁边的伊莎贝尔公主大道（Av. Infanta Isabel）从傍晚开始，就成为很多人从事夜跑、滑板等活动的休闲空间。解放者大道（Av. del Libertador）沿途的开放公园也是居民跑步、训练足球的地方。很多健身机构会将运动场地转移到公园内，如EPO训练俱乐部的教练经常带学员在解放者大道附近的公园健身，旁边放着"training epo"的企业Logo，顺便进行广告宣传。

（4）部分绿色空间也是文化场所和政治舞台

布市拥有悠久的历史和丰富的文化，这使很多绿色空间又是文化场所。最明显的表现是几乎所有广场上都有各种类型的雕塑，既体现城市的艺术气息，也是城市历史的象征。

最典型的是五月广场（Plaza de Mayo）和多雷戈广场。多雷戈广场建于16世纪末期，面积极小，只有一千多平方米，却见证过很多历史，是布市文化最多元的地方之一。每周末都会举行圣特尔莫博览会，整个广场有食物、音乐、探戈，充满了浪漫气氛。这个广场不仅是城市绿色空间，也是文化空间、旅游景点。五月广场更是整个城市的中心，它位于市中心的核心位置，周边是总统府、天主教主教座堂（Cathedral Metropolitana）等重要机构。五月广场是民众表达政治观点、宣传宗教信仰的舞台，也是反对重大社会经济政策的抗议地首选。国会广场（Plaza del Congreso）作为另一个重要政府机构——国会附近的广场，也扮演了类似重要的发声功能。

如果说多雷戈广场是提供文化场所的绿色空间，国会广场是展示政治观点的舞台，五月广场则是展示文化形象和政治观点的平台。所有人都可以在此游行示威，很多警察严阵以待，尤其是在某些大型抗议活动期间，以避免暴力升级。五月广场和国会广场相距不远，且都处于政治中心区域，很多游行示威活动会选择在两个广场之间进行。

方尖碑（Obelisco）和五月广场一样，同样具有非常特殊的政治含义和巨大的影响力，是很多人表达政治观点的地方，也是很多重大活动的舞台。2018年青奥会就选择方尖碑作为舞台背景。很多节庆活动也把方尖碑作为活动起点，如2018年的巴西文化节。

3. 休闲消费场所特征

（1）休闲消费场所种类繁多

第一，住宿场所包括酒店、公寓、民宿和旅店、青年旅舍等。最高端的酒店是阿维尔宫酒店（Alvear Palace Hotel）。在所有住宿类型中，市民提供的住宿，可帮助游客与当地居民有更亲密的接触。这类住宿大概有几个来源，分别是爱彼迎（Airbnb）民宿平台、寄宿家庭（homestay）平台和闲置房间（spareroom）平台。

第二，购物场所包括商场、市场、书店、画廊等。其中画廊既是文化广场，又是购物场所。绘画艺术在布市有深厚的民众基础，画廊市场广泛。商场或购物中心分布在城市的各个社区，有些购物中心又是文化场所，如阿科斯区购物中心（Arcos District）是遗产更新改造的典范，充满传统和创意。

第三，餐饮场所包括餐馆、咖啡馆、酒吧、冰激凌店等。布市餐饮场所是当地重要的休闲消费场所，也是当地人重要的社交场所。布市的美食类型多样，几乎涵盖了全世界的美食。对于阿根廷人来说，美食即烤肉，烤肉即生活，是好友相见、家人团聚的标志。在布市众多的咖啡馆中，有一些尤其受游客欢迎，如1858年开业的托同尼咖啡馆（Café Tortoni）、19世纪开业的紫罗兰咖啡馆（Las Violetas）。这些咖啡馆不仅出售咖啡，还出售文化和优美环境。比拉咖啡馆（La Biela）通过雕塑的方式，传递咖啡馆的历史文化。这些咖啡馆也受到了一些诟病，尤其是托同尼咖啡馆，它最大的问题是咖啡质量一般。这些咖啡馆成为人们怀旧、社交的场所，喝咖啡反而成为次要的事情。但由于阿根廷人对文化的怀旧情结，这些传统咖啡馆仍很受欢迎。相较于对咖啡馆的矜持态度，阿根廷人更加热爱酒吧，其中巴勒莫旧城区就是以酒吧和夜生活著称。还有一些非常独特的酒吧。如南酒吧（Bar Sur）是钢琴吧，也是《春光乍泄》中黎耀辉做侍应生、何宝荣跳探戈的酒吧，墙上挂有当年的剧照。爵士酒吧声名狼藉酒吧（Notorious）成立了音乐俱乐部，是布市欣赏爵士音乐的最佳的地方之一。布市还遍布许多品质优良的冰激凌店，也是社交的重要场所。

第四，娱乐场所包括体育场、剧院、赌场等。阿根廷是热爱运动的国家，尤其对足球充满狂热。布市比较重要的两个体育场是阿尔贝托·J.阿曼多体育场（Estadio Alberto J. Armando）和纪念碑球场。布市还有大量的剧院,其中最有名的是哥伦布剧院。一些文化中心也提供表演场地,如博尔赫斯文化中心有探戈表演。

(2) 有大量充满文化价值的休闲消费场所

这些休闲消费场所充满历史传统、文化内涵和美学价值。布市最古老的药店明星药房(Farmacia De La Estrella),建于 1895 年,其内部装饰有极高的艺术价值。现在仍然保留了原来的家具,包括穆拉诺(Murano)玻璃、马赛克地板、壁画等。太平洋拱廊内饰 12 幅重要的壁画,极具美学价值。这些文化内涵的价值在于它们能够提升吸引力,进而增加休闲消费场所的价值。最典型的是托同尼咖啡馆。虽然它的咖啡质量被很多人诟病,但仍可以吸引很多顾客,甚至成为布市最受欢迎、评价最高的咖啡馆,其背后的历史文化美学价值功不可没。这些休闲消费场所的特色,使之无法被替代,从而具备了成为旅游吸引物的条件,而不只是作为旅游设施存在。

(3) 休闲消费场所与文化场所和绿色空间交叉

布市有大量的历史建筑和文化场所,容易出现休闲消费场所和文化场所交叉。文化场所大多是非营利性的,而休闲消费场所是营利性的。区分文化场所和休闲消费场所,看以哪个为主。博尔赫斯文化中心提供收费的探戈表演,同时还有大量藏品免费展出,在功能上更多地偏向于文化活动,被认为是文化场所。而有些酒吧、咖啡馆虽然也会举办免费的音乐会,但仍然被认为是休闲消费场所。

还有些公共场所具有多重性质。如圣特尔莫市场(Mercado San Telmo)是休闲消费场所,游客可在这里淘到很多工艺品,享受咖啡和美食,其又具有悠久的历史,充满文化内涵和美学价值,被评为国家古迹,是旅游景点。

休闲消费场所也可在绿色空间内,如固定的旧书摊位和不固定的周末市场。

(4) 休闲消费场所内部功能交叉

休闲消费场所的功能不但和其他类型的场所有交叉,其内部功能也存在交叉。有些酒吧和咖啡馆虽是餐饮场所,但也有娱乐功能,如提供音乐演奏、探戈表演等。甚至有些酒吧本身就是音乐主题的,如爵士酒吧,提供爵士乐和探戈表演等。反过来，有些剧院也会提供餐饮服务。如布市居民探戈（Tango Porteño）表演艺术剧院提供晚餐和酒水。客人也可以选择只欣赏探戈表演。服务内容不同，价格不同。

4. 特色公共交通空间特征

（1）特色公共交通空间内部空间重合

卡通漫步（Paseo de la Historieta）从严格意义上说只是一条线路，用卡通漫画把一些街道串成一个主题。起点在国防（Defensa）街和智利（Chile）街交叉口，终点是幽默博物馆，途经12条街道。这些街道并不只有这个主题和功能，还有很多其他主题和功能。

（2）特色公共交通空间和绿色空间重合

玫瑰宫和女人桥之间新打通的人行步道，空间开阔，体量不逊色于城市广场，再加上有树木、其他休闲设施，该人行步道既是道路，又是广场，功能也存在重合。

七月九日大道（Av. 9 de Julio）不仅是世界上最宽的道路，还是城市绿色空间。道路上总共有23个公园，代表23个省。

卡通漫步不仅和一些城市街道重合，还和一些绿色空间重合。雕塑伊西多里托和帕托鲁齐托（Isidorito y Patoruzito）与雕塑加图罗（Gaturro）就在城市绿色空间贝隆总统广场里的两个角落。阿根廷女子公园（Parque Mujeres Argentinas）南侧的玛尔塔·林奇（Marta Linch）街上有四座雕塑，分别是黑鬼和卡维塔（Negrazón y Chaveta）雕塑、第欧根尼和男性流浪汉（Diógenes y el Linyera）雕塑、水手大虾（Langostino）雕塑以及没有气味的佩雷拉和门迭塔（Inodoro Pereyra y Mendieta）雕塑。

（3）特色公共交通空间和文化场所重合

如漫步广场（Paseo La Plaza），Paseo意为步行，La Plaza意为广场。仅从名字来看，它既是条步行街，又是个广场，事实也是如此。步行道贯穿整个公共空间，入口在科连特斯大道（Av. Corrientes），出口在蒙得维的亚（Montevideo）街。沿着步行道，有表演大厅、绿色空间、餐馆、酒吧等城市休闲空间。

二 城市休闲行为空间

休闲行为空间是指休闲者休闲活动在城市空间中留下的投影[1],即在从事休闲活动时,就将所在空间转变成了休闲空间。最典型的城市休闲行为空间是公共交通空间,包括道路、汽车、地铁、火车及站台等。所有参与者的行为搭建了城市休闲空间。这些行为可能是长期的、定期的,也可能是不定期的、暂时的。

(一)日常生活的休闲行为空间

日常生活的休闲行为空间主要为公共交通空间,包括公交巴士、地铁、火车以及地铁站、火车站。布市作为艺术之城,街头艺术表演随处可见,很多人选择在公共交通工具上表演。笔者曾多次在公交巴士上看到有人演唱,表演完收小费,收拾乐器下车。地铁、火车上也有一些人唱歌、表演杂技,甚至演说。在他们表演的那段时间,公共交通空间暂时变成了城市休闲空间。布市的地铁站更为特殊,很多地铁站充满艺术设计,很多街头艺术家的艺术表演,更是丰富了地铁站作为休闲空间的功能。

(二)节庆活动的休闲行为空间

节庆活动期间,某些城市空间暂时形成休闲行为空间。2018年9月举办巴西艺术文化庆祝节时,主办方在里瓦达维亚大道(Av. Rivadavia)和玻利瓦尔(Bolívar)街交叉的三角处搭建舞台,活动主场在罗克·萨恩斯·佩尼亚总统大道(Av. Pres. Roque Sáenz Peña)上,从方尖碑到舞台之间,整条大道都是节庆活动空间。这些相关街道都暂时由公共道路变成了城市休闲空间。2018年青年奥运会期间,2018年10月6日晚上7点到10点是青奥

---

[1] 李洪波、夏日:《国外城市休闲空间研究进展》,《城市问题》2016年第7期。

会开幕式，七月九日大道封闭，成为狂欢现场。五月大道等方尖碑周边街道都暂时封闭，成为休闲行为空间。

（三）定期活动的休闲行为空间

1. 兼休闲物质空间和休闲行为空间的城市公共空间

第一类是文化场所叠加城市文化休闲行为空间。这类城市公共空间原本就提供城市休闲物质空间，如博物馆等。对于休闲者而言，在不同状态下，体验到的休闲空间功能并不相同。西裔美洲人以撒·费尔南德斯·布兰科艺术博物馆（Museo de Arte Hispanoamericano Isaac Fernández Blanco）本身是新殖民主义风格的建筑遗产空间，展示16~18世纪阿根廷殖民期间的艺术品，提供双重的城市休闲物质空间，即建筑遗产和艺术展品空间。还会举办文化活动，如古典音乐会，带给观众独特的休闲体验。此时，该博物馆提供了音乐表演的休闲行为空间。观众前往该博物馆的主要目的是听音乐，在该情境下，该空间更多的是属于休闲行为空间，但仍然是休闲物质空间。

第二类是绿色空间叠加城市文化休闲行为空间。广场等城市休闲物质空间也可以提供休闲行为空间。2018年10月底在秘鲁共和国广场（Plaza República del Perú）举办咖啡展，很多咖啡品牌在秘鲁共和国广场摆摊，现场还有露天音乐会。这个咖啡展不仅是商业活动，也是文化活动。活动期间，秘鲁共和国广场身兼休闲物质空间和休闲行为空间两种特质。

第三类是绿色空间叠加城市消费休闲行为空间。布市有兴盛的街头市场。有些是固定的，如世纪公园（Parque Centenario）的书摊，常年出售二手书籍等文化商品。还有个别地方的菜场，也常年占据某个公共空间的一个角落。还有一些是不固定的，如周末市场，仅在周末和节假日出现。周末市场往往选择公园、广场等比较开阔的室外公共休闲空间。托克阿托·德·阿维尔市长广场（Plaza Intendente Torcuato de Alvear）在20世纪60年代就以街头集市而闻名，通常被称为"嬉皮士集市"（feria hippie）。世纪公园有草地、湖、喷泉、雕塑等，是周边居民的休闲场所。在周末节假日提供城市休闲行为空间。摆地摊者离开后，世纪公园的消费休闲空间就消失了。相较于城市休闲物质空间，城市休闲行为空间更为灵活，会随休闲者需求等因素而变动。

2. 仅提供休闲行为空间的城市公共空间

大学作为文化场所，除了那些开设博物馆并对外开放的大学，一般不作为城市休闲物质空间，公众一般也不会将大学作为休闲物质空间，但大学仍会定期提供城市休闲行为空间。布大法学院会在周末举办免费音乐会，其间音乐厅就成为城市休闲行为空间。大学会在脸书上公布消息，对所有人开放。布大为了纪念哲学与文学院合唱团成立20周年，在学校的帕科·乌龙多文化中心（Centro Cultural Paco Urondo）举办演唱会。其间该文化中心暂时成为城市休闲空间。

教堂都对公众开放，但并非所有教堂都是城市休闲物质空间，如华人基督教堂。但当教堂举办演唱会时，就暂时成为城市休闲行为空间。阿根廷长老教会举办2019年女高音卢琼蓉南美洲感恩、传爱声乐演唱会，该演唱会期间，阿根廷长老教会为城市提供休闲行为空间。

城市道路原本并无休闲用途，也有部分人利用短暂的间隙时间，将城市道路暂时变成休闲空间。有街头艺人在汽车等候红灯的极短时间内，在汽车前面表演杂技，并在变成绿灯前，向司机索要小费。还有一种是抗议活动，由于充满欢乐，也可视为抗议中的自娱自乐。城市街道被短暂占用，成为休闲空间。路过的司机还会和抗议人群互动。绿灯亮起，抗议人群回到道路旁边。红灯亮起，再次占据街道。自从水、电、煤气等费用大幅上涨后，这样的抗议活动每周五傍晚在贝尔格拉诺区等城市街道定时上演。对居民来说，这种抗议活动也是情绪宣泄的方式。从某种程度来说，他们也因此将城市道路暂时变成了休闲行为空间。

三 城市休闲社会空间

休闲社会空间是指休闲空间是社会关系的产物，并时刻对社会关系与其自身进行再生产。① 换言之，社会需求让某些城市空间成为休闲空间，且这些休闲空间会随着社会需求而不断调整。布市的城市休闲社会空间大概可以分为两类。一类是偶尔、不定期向公众开放的场所，这些场所或是半公共空间，或是私人空间，一般较难进入，但为了满足社会需求，不定期对外开放；另一类是为了满足社会需求而设计的一些休闲产品，而这些休闲产品所在的空间就成了休闲空间。

（一）定期或不定期开放的非公共空间

最典型的城市休闲社会空间是平常不对外开放的办公场所、私人豪宅等，如阿根廷总统府（Casa Rosada）和阿根廷国会（Congreso de la Nación Argentina）。这两处是阿根廷最高权力机构，但会定时向民众开放。总统府每周六免费开放，需提前预约，经过严格安检后，由导游带领参观部分空间。

布市还有很多类似的机构，建筑历史悠久，极具美学价值。布市文化部会和这些部门合作，不定期推出一些活动，帮助民众了解城市。2019年5月初推出的45个了解阿根廷古迹的免费活动，布市参与的政府机构有国会宫、法国大使馆、意大利大使馆、巴西大使馆、秘鲁大使馆、阿根廷国家银行等。类似活动不多，但会不定期推出，活动期间提供导游服务。

除了公共机构外，还有一些私宅在特定时间对公众开放。2018年10月底120座私人豪宅免费开放参观。这些建筑遗产充满历史和文化价值，平常不对公众开放，有意参观者，需要先上官网（http：//www.openhousebsas.org/）登记。

（二）休闲产品占据的空间

除了文化部不定期推出休闲活动，还有旅游行业等专门设计休闲产品，并创造休闲空间。电车之友协会（Asociación Amigos del Tranvía，AAT）经营一条遗产电车，每周末推出免费乘坐有轨电车活动，为两公里长的环线。

---

① 李洪波、夏日：《国外城市休闲空间研究进展》，《城市问题》2016年第7期。

官网公布电车运营时间。旅行社"我亲爱的布宜诺斯艾利斯"(Mi Buenos Aires querido)也会在脸书上发布"曾经的卡巴利多区"(El pasado en el barrio de Caballito)活动。坐历史电车(tramway histórico de Buenos Aires)的多是带着孩子的家长,电车约半小时一趟。英国杂志《有轨电车和城市交通》(Tramways and Urban Transit)将该环线列入国际前12名。[1] 这些休闲活动轨迹构成了城市休闲社会空间。

旅游巴士作为一种特殊的交通工具,不仅具有交通功能,连接布市重要的历史文化景点,更为乘客暂时提供了休闲空间。乘客可以欣赏沿途风景、用耳机听观光巴士的讲解。

还有其他一些休闲产品,如"猫途鹰"上推荐的布市排名第一的休闲与游戏是密室逃脱游戏。虽然商家对营业场所进行了一些设计,但这些场所本身并不是休闲空间,除非在密室逃脱游戏进行中。

四 结论及启示

本报告从物质、行为、社会这三个角度,全方位分析了布市的休闲空间及其特征,还将休闲物质空间细化为文化场所、绿色空间、休闲消费场所和特色公共交通空间。布市的特色历史街区范围很大,且包含了以上空间,因此不单独展开分析。

布市的城市休闲空间为中国城市休闲空间发展提供了很多启示。第一,历史文化底蕴是休闲的灵魂,居民活动偏好是休闲的氛围。在休闲活动中,城市休闲空间文化氛围持续积淀。第二,保护历史遗产对提升城市休闲空间吸引力极其重要,可以提升商业价值,甚至成为城市吸引物。第三,历史遗产应该活在日常生活中,构成城市休闲生活的一部分,这又会反过来营造出充满文化的休闲空间。第四,要充分利用城市的每个角落,发挥艺术想象

---

[1] Mitre Emilio & Bonifacio Jose, Caballito Historic Tramway, Buenos Aires Ciudad, https://turismo.buenosaires.gob.ar/en/article/caballito-historic-tramway.

力，创造充满文化气息的休闲场所。第五，城市休闲空间的初衷在于提升城市生活品质，因而，要以居民需求为导向。只有宜居的城市，才能真正长期吸引游客。第六，城市休闲空间的布局源于历史传统、居民偏好，反过来，这又会帮助城市形成独具魅力的当代文化，并实现城市休闲空间的内生式可持续发展。第七，安全是城市休闲空间的重要因素。不安全的空间会阻碍休闲活动。第八，宽容的城市文化更容易催生充满个性、独特的城市休闲空间。

Introduction to China's Leisure Development Report 2019-2020

China's Leisure Development Report 2019 - 2020 (Green Book of Leisure No. 8) is compiled by experts organized by Tourism Research Center of Chinese Academy of Social Sciences (CASS). This book is an important part of the Social Sciences Academic Press, which consists of two main reports and more than ten special reports.

General report I reviews comprehensively the development environment of national economy, policies in leisure-related fields, the development trend of main industries, and the dynamics of national leisure trends. The main report points out that from 2019 to 2020, affected by many factors such as changes in the public health environment, China's economic growth has fluctuated but quickly recovered. Social development has reflected the inherent requirements of building a well-off society in an all-round way. Policies in the field of people's livelihood have been further strengthened. The diversification of the consumer market has become more obvious, and public policies and fiscal investment have been increased to better meet residents' leisure needs. In the future, it is necessary to accelerate the construction of a systematic leisure regulations and policy system, continue to strengthen the protection of residents' leisure time, increase support for the leisure industry through policy combinations, cultivate new growth points for leisure consumption, and achieve high-quality leisure development.

General report II is based on a survey of 12220 valid online questionnaires, which portrays a three-dimensional picture of the current state of leisure in China in terms of leisure time, leisure activities, leisure consumption, leisure attitudes, leisure constraints and leisure service expectations. The survey finds that Chinese people are paying more and more attention to leisure; online leisure is developing rapidly, and the difference in participation of different groups is small, which has become an indispensable part of daily leisure life; leisure demand is greatly released, and there is still an imbalance between supply and demand; leisure time and leisure places are the two major factors restricting the development of leisure activities.

More than ten other special reports belong to chapters such as "Leisure Demand & Consumption", "Leisure Supply & Industry", covering public cultural venues, theme parks, museums, traditional ethnic sports, performing arts, movies and other fields, as well as family leisure, bird watching photography and other topics. Case studies of Beijing, Hangzhou, Shenyang, Buenos Aires and other places provide a direct basis for us to understand the characteristics of leisure development in different regions.

As the earliest domestic green book on leisure development, this book is an important reading material for the government, industry, academia and the public to understand the frontiers of leisure development in China.

Contents

I General Reports

G. 1 China's Leisure Development and Future Prospects: 2019 −2020
    Tourism Research Center, Chinese Academy of Social Sciences / 001

Abstract: There are fluctuations in economic growth in our country due to influences of public hygienic conditions during 2019 − 2020, but with rapid recovery; social development reflects the intrinsic requirements on building a moderately well-off society in an all-round way, and the strength of policies in the people's livelihood is further strengthened; the diversification in the consumer market is more prominent, public policies and fiscal investments are further updated; therefore, residents' demands on leisure can be satisfied in a better way. With respect to characteristics of industries related to leisure, a combination between culture and tourism, universe tourism and night economy support the development in the tourism industry and the leisure industry, with the emphasis on domestic tourism; there is a more balanced trend in cultural leisure development, with many highlights in on-line products and services; there is perfect policy guidance in sports and leisure, showing a trend of integrated development in the industry. Improvement in product and service quality, expansion in on-line advantages, the subject of the domestic general circulation in markets, and acceleration in modernized progress in governance composite the main characteristics of the leisure industry. In the future, it is needed to accelerate the construction of an independent leisure system and policy system and strengthen the leisure time guarantee for residents, to strengthen the support of the leisure industry based on policy mix and cultivate new growth points of leisure consumption, so as to realize high-quality development in the leisure industry further.

Keywords: Leisure Industry; Public Policies; Industry Innovation

G.2 Leisure Participation Survey of Chinese Citizens (2020)

Study Project of LPSCC / 026

Abstract: The 19th National Congress of the Communist Party pointed out that the main social contradiction in our society has been transformed into a contradiction between the people's growing need for a better life and unbalanced and insufficient development. It has been three years since this important argument was put forward. In order to explore the changes of people's needs for a better life and the good life's development after three years, this article takes leisure, an important part of a better life, as an entry point, and collects data through online questionnaires. This article comprehensively analyzes the current leisure situation of different ages, different genders, different incomes and education levels, and different regions in China in terms of leisure time, activities, consumption, motivation, attitude, effect, obstacles and service expectations. The research found that: Chinese people are paying more and more attention to leisure; online leisure is developing rapidly, the difference in participation of different groups is small, it has become an indispensable part of daily leisure life; leisure demand is greatly released, and there is still an imbalance between supply and demand; Leisure time and leisure places are the two major factors restricting the development of leisure activities.

Keywords: Leisure Time; Leisure Activities; Leisure Consumption; Leisure Motives and Attitudes; Leisure Obstacles

Contents

Ⅱ Leisure Demand & Consumption

G. 3 Chinese Vacationing for Better Life: Rise, Representation
and Industry Response *Wu Wenzhi, Wang Dandan* / 071

Abstract: With the rapid development of our country economic society, people's pursuit of a better life is bound to cause of the change of the mode of tourism, especially with the change of the mainstream customers, the upgrading of consumption culture and holiday, holiday system of mature, in collaboration with the western holiday, gradually formed a more accord with the Chinese consumer habits, reflects the Chinese cultural psychology of Chinese culture, and reflects the landscape feelings in Chinese traditional culture, rural life, elegant features such as culture, the ideal home, hitting the supply structure and the way of traditional holiday travel, leading the Chinese resort product, resorts and resort destination of innovation. In the localization process, it further highlights the application of Chinese culture and Chinese scenes, so as to better promote the cultural enabling and compound management of the accommodation industry, introduce the Internet thinking and experience economic model for the development of scenic spots, and provide the development of tourist destinations with a Shared and good life experience solution.

Keywords: Better Life; Chinese Style Vacation; Industry Response

G. 4 Family Leisure of Urban Residents in China: Present and Trend
Cheng Suiying, Cheng Weijin and Cheng Li / 091

Abstract: Family leisure mostly refers to the activities that two or more family members participate in together and individual family member who carries out activities independently at home, which can be divided into core family leisure and balance family leisure. With the rapid development of Internet and under the influence of coronavirus epidemic, there are some new features in Chinese family leisure activities: indoor activities take the dominant position. Online leisure becomes the mainstream, fitness and health management have been more and more attention. According to the family leisure questionnaires by 631 respondents, we can draw a conclusion about basic family leisure profile of time, space, content, attitude and satisfaction. It can also be predicted that Chinese family leisure activities will be diversification, equilibrium and normalization in the future.

Keywords: Urban Residents; Family Leisure; On-line Leisure

G. 5 The Change of National Demand for SUV Purchase under the Background of Leisure Consumption

Fang Yuan, Wang Ming / 112

Abstract: China's auto industry has stepped into the age of inventory, having private car has become a widespread phenomenon. With the change of family structure and the pursuit of leisure life, SUV is favored by more people while faced with great changes of industry and brand competition. Take NetEase Auto 163 & Travel 163 as an example, this essay will analyze the consumption status, trends and prospects of SUV, explore the innovative attempt of content marketing so as to provide premium content for the user and the most effective marketing strategy for the brand.

Keywords: Automobile Consumption; Sport Utility Vehicle; NetEase Auto163; Circle Marketing

Contents

G.6 Residents' Leisure Activity in the Public Cultural Venues and It's Influencing Factors
Zhang Haixia, Xue Rui, Zhou Yin and Huang Mengdie / 128

Abstract: Public cultural venues are the space carriers to show the quality of life of residents and the ability of local cultural services. The quantity and quality of supplication and supply-demand relationship of public cultural venues are indicators of urban public governance. With Hangzhou as the case, this paper demonstrates the supply and demand of public cultural venues and analyzes residents' leisure behavior tendency. The results show that: ① The public cultural venues in Hangzhou are still highly agglomerated in the downtowns, which can be divided into four "local-venue typed models" according to the relationship between economic development and the layout of public cultural venues; ② There is indistinct age differentiation for residents' preference for public leisure, while there is distinct age differentiation for other kinds of motivation. And residents have higher satisfaction on the public libraries and museums than other cultural revenues; ③The main objectives of residents' participation in public leisure are "to learn" and "to recreate", while the functions of promoting public communication and public health are not well-developed; ④The residents are highly satisfied with the built environment of public cultural venues and lowly satisfied with the management, service and distinction of cultural venues. The influencing factors are the temporal and spatial inaccessibility of public cultural venues, the length of residence, educational level and income. Therefore, it's imperative to optimize the layout of public cultural venues by implementing the regionalization and classification strategy, the accessibility strategy and quality strategy.

Keywords: Public Cultural Venues; Leisure Activity; Hangzhou

G. 7 On the Leisure Bird Watching Photography: A Case Study
of Shenyang and Its Adjacent Areas　　　　Yin Detao / 141

Abstract: Among the leisure birdwatchers in Shenyang and its adjacent areas, retired elderly people account for the majority, and men are more than women, and the proportion of high-income and highly educated people is high. With the increase of the space distance or time distance to the bird watching place, the number of bird watching photographers decreases, the number of older people decreases correspondingly, and the proportion of women also decreases accordingly. In Shenyang and its adjacent areas, the occasional type accounted for a higher proportion of leisure bird photographers, and the proportion of female was higher than that of active type and skilled type; the proportion of active type was the highest, and the range of travel photography of skilled type was the widest; affected by the new epidemic situation, the number of bird watching photographers increased significantly, and the number of women increased significantly. Popularizing the ethical knowledge of birds and nature photography, improving the quality of bird photographers and improving the environment of leisure bird photography will promote the healthy development of leisure bird photography.

Keywords: Leisure; Bird Watching Photography; Shenyang

Ⅲ Leisure Supply & Industry

G. 8 The Development Trend and Prospect of Theme Parks in China
　　　Li Yi, Cui Feng, Liu Xiaofeng, Li Dengli and Zhang Yuzhu / 153

Abstract: In recent years, with the upgrading demands of tourism consumption, the deepening of supply side reform in tourism industry as well as the guiding changes of national policies, the theme park industry in China senses the need to profoundly reflect on its future direction and mode of development. This urgency is accompanied by the significant impact of COVID -19 pandemic in

2020, meaning that rational predictions about the future of theme parks are particularly imperative.

On the basis of practical experience, this article, which integrates major elements like market and policy, forecasts the development trends and competition environment of theme park industry in the context of new era. In addition, some specific thoughts about the future industry development are also provided in this article for reference.

Keywords: Theme Park; Tourism Consumption; Cultural Intellectual Property

G. 9 Museum-based-Leisure: Current Situation and Prospect

Liu Xiaojie, Shen Han / 169

Abstract: Museum has unique and profound historical and cultural attributes. It is an excellent way for people to understand the culture and history of a city. It plays an important role in the establishment and promotion of the city's brand. Through the analysis of the situation and development trends of museums, the article points out that museum as leisure is constantly innovating and developing in terms of marketing and operations, mainly reflected in celebrity marketing, film marketing, cultural and creative product development, increased offline contact points, immersion exhibition and online digital operation. Eventually, provides a reference for the development of Chinese museum.

Keywords: Museum Leisure; Cultural Consumption; Heritage Protection; Cultural and Creative Product

G. 10 Present Situation and Prospect of China's Ethnic Traditional Sports Development

—*Taking Beijing for Example*   *Qi Fei，Song Wenlong* / 182

Abstract：China's ethnic traditional sports play an important role in the world sport culture. As a city where multi-ethnic people gather and develop harmoniously, Beijing has achieved rapid development in its ethnic traditional sports, and embodies the following characteristics. The excavation of ethnic traditional sports has been intensified, and different features are highlighted in different regions. Ethnic festivals constitute an important impetus, and the effect of cultural communication is remarkable. Project promotion channels are increasingly diversified, and the guarantee mechanism has been constantly improved. Then the report summarizes the typical experience of the development of Cuqiu, Martial arts, Dragon dance and Shuttlecock in Beijing. At last, the report proposes that the development of China's ethnic traditional sports should follow the following path. It should make the institutional guarantee of sustainable development more perfect, and establish the cooperative mechanism of multi-agent participation. China's ethnic traditional sports should be reformed and innovated constantly, and realize the integration with tourism and leisure in the exploiting process. It should further explore the cultural connotation of characteristic projects and expand international exchanges with more powerful brand.

Keywords：Ethnic Traditional Sports；Ethnic Traditional Culture；Lce Hockey；Beijing

G. 11 Assessing the Development Paths of China's Performing Arts Industry in Era 4. 0   *Wu Jinmei* / 193

Abstract：Under the background of upgrading and iteration in global performing arts industry, China's performing arts industry is stepping up to a new level. With China's large-scale market and the general trend of industrialization, capitalization, popularization and digitization, China's performing arts industry faces both opportunities and challenges. The future development paths of China's performing arts industry include improving top-level design, building performing arts ecology, creating China's IP, applying new technologies to achieve performance product innovation, and strengthening policy guidance and regulation of industry operation.

Keywords: Performing Arts Industry; Performing Arts Ecology; Performing Arts IP

G. 12　Chinese Film Market's Transition and Solutions Facing New Trends　　　　　　　　　　*Qu Liping, Guo Qingyu* / 205

Abstract: The growth of Chinese films market has slowed down since 2018. The audience has become more rational, the investors become more cautious. At the same time, the cost of film production has risen, the traditional way of publicity and distribution has declined, and the video platform has developed rapidly. Meanwhile, the network video has intensified competition to win the attention of audience. All of these making Chinese films enter a new phase in its development. In 2020, with the impact of the epidemic, the transformation of China's film market will accelerate. Likewise, the integration of cinema and network will speed up, online movies will rise abruptly. Moreover, Internet enterprises will enter the film industry again, traditional film companies will consider laying out TV series and online content. In addition, distribution companies will turn to production, Entertainment brokerage Company will start diversified operation. Facing the fast changing market, film companies and employees are trying to adapt and strive for innovation.

Keywords: Chinese Film Market; Industrial Transformation; Integration of Cinema and Network

G. 13 Smart Technology Helps the Innovation and Upgrading of the Leisure Industry

—*The Case of Tencent Culture and Tourism*

Shu Zhan, Huang Cui / 218

Abstract: The new infrastructure era provided opportunities for the development of the smart leisure industry. Demands were diversified, virtualized, and rationalized, and supplies was characterized by integration, intelligence, and IP in the market. Tencent's rich smart leisure practice had promoted "cloud" experience innovation, online scene reconstruction, and IP-driven marketing. It played an important role in promoting the experience innovation of leisure activities, the integration of culture and tourism, and the development of social economy. Under the new normal of epidemic prevention and control, the leisure industry would slowly and steadily recover, the links between industrial factors would be closer, and the health and leisure industry would develop rapidly.

Keywords: Smart Technology; Cloud Leisure; Leisure Tourism; Tourism Consumption

G. 14 Opportunities, Reformations and Breakthroughs of Rural Leisure Industry under Wanghong Economy

Wang Ying, Lu Juanping / 230

Abstract: Wanghong economy generated by Internet technology has further narrowed people's cognitive distance to rural areas, expanded people's leisure space, and brought opportunities for the development of rural leisure industry. With its characteristics of agglomerative realization, precise marketing and strong timeliness, Wanghong economy has a profound impact on people's leisure consumption behavior and industrial development mode. Whether Wanghong economy can "empower" the rural leisure industry and help the breakthrough and development of the rural leisure industry, we need to seek reformations in the following aspects: grasping the main factors influencing consumption decision, using the vertical marketing closed-loop to lock market segment, and improving the ability to obtain and respond to market information. We should start from the source optimization, carry out the top-level design of governance, and strive to build a flexible industrial chain of rural leisure industry.

Keywords: Wanghong Economy; Rural Leisure; Digital Rural Areas; Leisure Industry

G. 15 A Study on Classification and Characteristics of Urban Leisure Space in Buenos Aires *Jiang Yan* / 243

Abstract: The urban leisure space in Buenos Aires has unique charm, including material space, behavioral space and social space. Material space includes cultural places, green space, leisure consumption places and special public transportation space. Cultural places are densely distributed, with various types and functions, many of which are architectural heritages. Green space has high coverage rate and various types, providing fitness and entertainment facilities, and some are also cultural places and/or political stages. There are various types of leisure consumption places, some in cultural places or green space. Special public transportation space overlaps with green space or cultural places. Performances, festivals and other activities can transform any urban space into leisure space. In order to meet the residents' needs, some non-public places are temporarily opened as leisure social space.

Keywords: Urban Leisure Space; Leisure Consumption; Buenos Aires

社会科学文献出版社

皮 书

智库报告的主要形式
同一主题智库报告的聚合

❖ 皮书定义 ❖

皮书是对中国与世界发展状况和热点问题进行年度监测,以专业的角度、专家的视野和实证研究方法,针对某一领域或区域现状与发展态势展开分析和预测,具备前沿性、原创性、实证性、连续性、时效性等特点的公开出版物,由一系列权威研究报告组成。

❖ 皮书作者 ❖

皮书系列报告作者以国内外一流研究机构、知名高校等重点智库的研究人员为主,多为相关领域一流专家学者,他们的观点代表了当下学界对中国与世界的现实和未来最高水平的解读与分析。截至2020年,皮书研创机构有近千家,报告作者累计超过7万人。

❖ 皮书荣誉 ❖

皮书系列已成为社会科学文献出版社的著名图书品牌和中国社会科学院的知名学术品牌。2016年皮书系列正式列入"十三五"国家重点出版规划项目;2013~2020年,重点皮书列入中国社会科学院承担的国家哲学社会科学创新工程项目。

权威报告·一手数据·特色资源

皮书数据库
ANNUAL REPORT(YEARBOOK) DATABASE

分析解读当下中国发展变迁的高端智库平台

所获荣誉

- 2019年，入围国家新闻出版署数字出版精品遴选推荐计划项目
- 2016年，入选"'十三五'国家重点电子出版物出版规划骨干工程"
- 2015年，荣获"搜索中国正能量 点赞2015""创新中国科技创新奖"
- 2013年，荣获"中国出版政府奖·网络出版物奖"提名奖
- 连续多年荣获中国数字出版博览会"数字出版·优秀品牌"奖

成为会员

通过网址www.pishu.com.cn访问皮书数据库网站或下载皮书数据库APP，进行手机号码验证或邮箱验证即可成为皮书数据库会员。

会员福利

- 已注册用户购书后可免费获赠100元皮书数据库充值卡。刮开充值卡涂层获取充值密码，登录并进入"会员中心"—"在线充值"—"充值卡充值"，充值成功即可购买和查看数据库内容。
- 会员福利最终解释权归社会科学文献出版社所有。

数据库服务热线：400-008-6695
数据库服务QQ：2475522410
数据库服务邮箱：database@ssap.cn
图书销售热线：010-59367070/7028
图书服务QQ：1265056568
图书服务邮箱：duzhe@ssap.cn

卡号：627348364793
密码：

S 基本子库
SUB DATABASE

中国社会发展数据库（下设 12 个子库）

整合国内外中国社会发展研究成果，汇聚独家统计数据、深度分析报告，涉及社会、人口、政治、教育、法律等 12 个领域，为了解中国社会发展动态、跟踪社会核心热点、分析社会发展趋势提供一站式资源搜索和数据服务。

中国经济发展数据库（下设 12 个子库）

围绕国内外中国经济发展主题研究报告、学术资讯、基础数据等资料构建，内容涵盖宏观经济、农业经济、工业经济、产业经济等 12 个重点经济领域，为实时掌控经济运行态势、把握经济发展规律、洞察经济形势、进行经济决策提供参考和依据。

中国行业发展数据库（下设 17 个子库）

以中国国民经济行业分类为依据，覆盖金融业、旅游、医疗卫生、交通运输、能源矿产等 100 多个行业，跟踪分析国民经济相关行业市场运行状况和政策导向，汇集行业发展前沿资讯，为投资、从业及各种经济决策提供理论基础和实践指导。

中国区域发展数据库（下设 6 个子库）

对中国特定区域内的经济、社会、文化等领域现状与发展情况进行深度分析和预测，研究层级至县及县以下行政区，涉及地区、区域经济体、城市、农村等不同维度，为地方经济社会宏观态势研究、发展经验研究、案例分析提供数据服务。

中国文化传媒数据库（下设 18 个子库）

汇聚文化传媒领域专家观点、热点资讯，梳理国内外中国文化发展相关学术研究成果、一手统计数据，涵盖文化产业、新闻传播、电影娱乐、文学艺术、群众文化等 18 个重点研究领域。为文化传媒研究提供相关数据、研究报告和综合分析服务。

世界经济与国际关系数据库（下设 6 个子库）

立足"皮书系列"世界经济、国际关系相关学术资源，整合世界经济、国际政治、世界文化与科技、全球性问题、国际组织与国际法、区域研究 6 大领域研究成果，为世界经济与国际关系研究提供全方位数据分析，为决策和形势研判提供参考。

法律声明

"皮书系列"(含蓝皮书、绿皮书、黄皮书)之品牌由社会科学文献出版社最早使用并持续至今,现已被中国图书市场所熟知。"皮书系列"的相关商标已在中华人民共和国国家工商行政管理总局商标局注册,如LOGO( )、皮书、Pishu、经济蓝皮书、社会蓝皮书等。"皮书系列"图书的注册商标专用权及封面设计、版式设计的著作权均为社会科学文献出版社所有。未经社会科学文献出版社书面授权许可,任何使用与"皮书系列"图书注册商标、封面设计、版式设计相同或者近似的文字、图形或其组合的行为均系侵权行为。

经作者授权,本书的专有出版权及信息网络传播权等为社会科学文献出版社享有。未经社会科学文献出版社书面授权许可,任何就本书内容的复制、发行或以数字形式进行网络传播的行为均系侵权行为。

社会科学文献出版社将通过法律途径追究上述侵权行为的法律责任,维护自身合法权益。

欢迎社会各界人士对侵犯社会科学文献出版社上述权利的侵权行为进行举报。电话:010-59367121,电子邮箱:fawubu@ssap.cn。

社会科学文献出版社